Franz J. Seubold: Was die Kleriker verschweigen
© Copyright bei Franz J Seubold 2017 © Copyright und alle Rechte dieser
Ausgabe bei Zwiebelzwerg Verlag Gregor C. Schell, Willebadessen 2018
Umschlaggestaltung: Heike Laufenburg
Druck und Bindung Kolorit Bremen GmbH
Gesamtherstellung von Zwiebelzwerg Verlag
Klosterstr. 23, D-34439 Willebadessen, Tel&Fax 056461261
www.zwiebelzwerg.de, verlag@zwiebelzwerg.de

Franz J. Seubold

Was Kleriker verschweigen

Ist die Bibel wirklich Gottes Wort

Zwiebelzwerg Verlag

Zitate aus dem AT und NT stammen aus der Bibel von 1972, der württembergischen Bibelanstalt Stuttgart.

Eine unnachsichtige, respektlose Betrachtung der Bibel, eines „katholischen" Atheisten. Eine Begutachtung, wie man sie bisher nicht gelesen hat. Wörtlich genommen, wie denn sonst? Nicht ohne Ironie, mit spitzen Bemerkungen, wobei der Klerus nicht gut wegkommt.

Eine Darstellung, die den Klerus nicht gefallen wird. Zwar nicht wissenschaftlich betrachtet, aber mit dem Ratio eines (ungläubig gewordenen Katholiken), für den das AT eine Zumutung ist für den Verstand. Und, der einen Jesus erkennt, der nicht hochmütiger sein könnte, was die Kleriker verschweigen!

Gott

hat also den Menschen nach seinem Ebenbild erschaffen. Einen Spiegel hatte er sicher nicht. Muss er sich vermutlich in einer Wasserlache gesehen haben, um eine Kopie von sich machen zu können. ER wusste also, wie er Adam modulieren musste. Aber bei Eva? Auch deren Aussehen hat er bildschön hinbekommen.

Fantasie hatte er, das sieht man an der Gestaltung der Natur überhaupt, den Pflanzen und Tieren. Er ist ein großer Künstler.

Die Vorhaut ist ein wichtiges Erkennungszeichen, wenn es um Gott und seinen Untertanen geht. Warum hat er Adam damit ausgestattet? Hätte er nicht wissen können, dass Juden und später Moslems diese wegschneiden? Demonstrieren diese damit gegen seine Unfehlbarkeit? Oder machen diese Gläubigen Fehler? Und das nach seinem Willen? Denn *Nichts geschieht ohne des HHERRN Befehl:* Klagel 3;37 -886- (entsprechend: *Jedermann Schritte bestimmt der HERR:* Spr. Salomos 20;24 -732-), wie uns das AT wissen lässt. Kann er doch nichts voraussehen? Ist das Ganze doch nicht *„Wort Gottes"*, sondern alles das Resultat von Schriftstellern, was uns die Bibel mitteilt? Besonders im AT?

Beim Propheten Jeremia 9;24 -828- lesen wir: *„Es kommt die Zeit, spricht der HERR, dass ich heimsuchen werde alle, die an der Vorhaut beschnitten sind...."* Das klingt nach Drohung. Man muss annehmen, die den Frevel begehen, ihre Vorhaut wegzuschneiden, oder wegschneiden lassen, können sich auf etwas gefasst machen. Dann wird der Text wieder rätselhaft: *„denn alle Heiden sind nur* un*beschnitten, aber ganz Israel hat ein unbeschnittenes Herz."*

Eigentlich müsste dem Alleinherrscher im Universum die Unversehrtheit doch gefallen, weil er die *„heimsuchen will, die an der Vorhaut beschnitten sind,* was nach Bedrohung klingt. Heiden sind unbeschnitten. Weiter geht es mit *„ABER ganz Israel hat ein unbeschnittenes Herz".* Es kommen Zweifel auf. Was ist denn nun richtig? Beschnitten oder nicht? Man muss Konfusion vermuten.

Heiden mag der HERR gar nicht: 5Mose 7;4 -217-, *„Denn sie werden eure Söhne mir abtrünnig machen, dass sie anderen Göttern die-*

nen; so wird dann des HERRN Zorn entbrennen über euch und euch bald vertilgen. Sondern so sollt ihr mit ihnen tun: Ihre Altäre sollt ihr einreisen, ihre Steinmale zerbrechen ihre heiligen Pfähle abhauen und ihre Götzenbilder mit Feuer verbrennen." Heiden hasst der HERR, macht sich aber nicht die Mühe, sie von sich zu überzeugen – lieber vernichtet, „zerschmettert", oder „vertilgt" er sie, „mit der Schärfe des Schwertes" und will sie auch geschlachtet sehen. Ein kriegerischer Gott!

Die Kultur des Heiden hassenden Gottes Zebaoth pflegt auch der Heilige Bernhard. Der wurde 1174 heiliggesprochen und 1830 zum Kirchenlehrer erhoben. *Die Heiden niederzumachen und auszurotten hält er für „die vornehmste Aufgabe all jener, die das Waffenhandwerk gewählt haben". Der Krieg für Christus und den Glauben ist nach Bernhard immer gerecht. „Der Kämpfer Christi kann **ruhigen Gewissens töten** und im Frieden sterben. Stirbt er, so arbeitet er für sich; tötet er, so arbeitet er für Christus. Der Tod der Heiden gereicht zu seinem Ruhm, denn er bedeutet den Ruhm Christi*, läst uns Karlheinz Deschner in „Abermals krähte der Hahn" (Seite 565), über den Heiligen wissen. Welch vornehme Vorbilder sind diese Heilig gewordenen „Brüder" im Christentum geworden!

Der Heilige Bernhard ist auch bei Martin Luther eine Größe im Glaubensgeschäft. Bei Wikipedia kann man lesen: „Größte Wertschätzung erfuhr Bernhard von Clairvaux von Martin Luther, der über ihn schrieb: „Ist jemals ein gottesfürchtiger und frommer Mönch gewesen, so war's St. Bernhard, den ich allein viel höher halte als alle Mönche und Pfaffen auf dem ganzen Erdboden".

Alle, die meine Ideen vertreten, sind gut. Das gefällt jedem.

Wie einst die Heiden, die „Ungläubigen" also, so werden heute (2015/16) bei der Terrororganisation „Islamischer Staat" in Syrien, alle verfolgt und mit dem Tod bedroht, die nicht so irrgläubig sind wie sie selbst. Diese Islamisten vernichten auch Kulturgüter die nicht in ihr Denkschema passen, wie es der HERR von den gläubigen Juden im AT verlangt.

Andersdenkende sind bei vielen Menschen wenig beliebt. Um andere Meinungen zu akzeptieren, braucht man Verstand.

Sein Hass auf alles, was den HERRN nicht liebt, verschmäht ER. Welche Gehässigkeiten hat er seinem Propheten Jesaja eingeflößt? Da lesen wir bei 34;2 -784-: *„Denn der HERR ist zornig über alle Heiden und ergrimmt über alle ihre Scharen. Er wird an ihnen den Bann vollstrecken und sie* **zur Schlachtung** *hingeben, und ihre Erschlagenen werden hingeworfen werden, dass der Gestank von ihren Leichnamen aufsteigen wird und die Berge von ihrem Blut fließen"*. Etwas weiter bei Jesaja 34;6 -784- geht es blutrünstig weiter: *„Des HERREN Schwert ist voll Blut und trieft von Fett, vom Blut der Lämmer und Böcke, vom Nierenfett der Widder"*. Der unsichtbare Gott hat laut Jesaja auf Erden gewütet. Wie glaubwürdig ist das alles! Und welche Gehässigkeit wird hier verbreitet.

„ Welch ein „lieber Gott" äußert sich hier! Von Missionieren hält dieser HERR-GOTT nichts, wie seine irdischen Prediger, die ihren Glauben in die Welt getragen haben, dabei aber nicht immer zimperlich waren.

Hat man solche Gehässigkeiten von seinen Propagandaleuten, den „Auserwählten" vor dem Altar schon mal über dem Teufel gehört, dem gefürchteten Gegenspieler vom „lieben Gott"?

Im Brief des Paulus an die Epheser, befasst sich der später Heilig gewordene ebenfalls mit der Vorhaut. Da heißt es: 2;11 -238-:
„Darum gedenket daran, dass ihr die ihr vormals nach dem Fleisch Heiden gewesen seid, und die Unbeschnittenen genannt wurdet..."

Heide zu sein, dazu unbeschnitten, ist dem HERRN ein Gräuel, weil Paulus darauf aufmerksam machte. Als später Heilig Gewordener musste er das wissen.

Bei 1Mose 17;24 -30- erfahren wir: *„Und Abram war 99 (neunundneunzig) Jahre alt, als er seine Vorhaut beschnitt."*

Abram (später Abraham) hat erst in diesem hohen Alter seinen Allerwertesten verstümmelt. Gott erschien Abram bei 1Mose 17;1 -29-: *Als nun Abram neunundneunzig (99) Jahre alt war,* **erschien** *ihm der HERR und sprach zu ihm: „Ich bin der allmächtige Gott; wandle vor mir und sei fromm."* (Ein Gott, ein Angeber). *17;2 -29-: „Und ich will meinen Bund zwischen mir und dir schließen und will dich über alle Maßen mehren."* Abram muss also Gott gesehen haben, weil er ihm „erschien". Unsere Kleriker erzählen uns, noch nie hat ein

Mensch Gott gesehen. Aber Gott selbst behauptet ja bei 2Mose 33;20 -114-: *„Mein **Angesicht darfst du nicht sehen**; denn kein Mensch wird leben, der mich sieht:"* Also wird niemals ein Mensch Gott sehen (Richtig: was es nicht gibt, kann man auch nicht sehen). Und dann lesen wir bei 2Mose 24,9-102- Außergewöhnliches: *„Da stiegen Mose und Aaron, Nadab und Abihu und 70 (siebzig) von den Ältesten hinauf* (auf den Sinai) *und **sahen den Gott Israels"***.
Die Bibel ist also ein wirklich „wahrhaftes" Buch. Verständlich, dass Glaube gefordert wird, nicht Wissen. Denn Wissen ist der Tod des Glaubens. Schriftsteller, die das alles verzapft haben, hatten halt nicht immer den Überblick.

*„Da sagte der HERR, du sollst nicht mehr **Abram** heißen, sondern **Abraham**":*1Mose 17;5 -29- Weil der HERR nun einen Bund mit ihm geschlossen hat. Bei 1Mose 17;7 -30- meint der HERR: *„ Und ich will aufrichten meinen Bund zwischen dir und mir und deinen Nachkommen, von Geschlecht zu Geschlecht... so dass ich dein und deiner Nachkommen Gott bin."* Wie es scheint, hat der HERR sich damit seine Untertanen geschaffen!
Dann sagt dieser Gott, dass er ihm, Abraham, das Land geben will, *„darin du ein Fremdling bist"*. *1 Mose 17,8 -30-* Das ist wieder typisch Bibel: zwiespältig! Abraham ist im eigenen Land ein Fremdling. Kurioser geht's wohl nicht.
Vergessen wir die Vorhaut nicht. Hier geht es nicht um Sex – aber die Vorhaut ist ein wichtiges Mittel im Glauben. Besser: im Bund mit dem HERRN. Denn um den Bund dieses Gottes mit Abraham vollkommen zu machen, lässt uns das „Wort Gottes" wissen: 1Mose 17;10 -30-: *„Alles was männlich ist unter euch, soll beschnitten werden. Eure Vorhaut sollt ihr beschneiden. Das soll das Zeichen sein des Bundes zwischen mir und euch. Jedes Knäblein, wenn's acht Tage alt ist, sollt ihr beschneiden."* Jetzt sind wir wegen der abgeschnittenen Vorhaut aufgeklärt. Zu erkennen unter den Menschen ist der Bund mit dem HERRN nicht, denn – dieses wichtige Merkmal ist unter der Bekleidung versteckt. Vermutlich soll diese Bund-Gemeinschaft auch nicht erkannt werden. An einen Geheimbund möchte man Denken.

Wie wertvoll die Vorhaut in der Bibel gehandelt wird, zeigt das Beispiel bei Samuel 18;25 -336-: „*Saul sprach: So sagt zu David: 'Der König begehrt keinen andren Brautpreis **als hundert Vorhäute** von Philistern, um an den Feinden des Königs Vergeltung zu üben'*". Es geht darum, dass David der Schwiegersohn von König Saul werden will. Bei 18;27 -336- machte sich „*David auf und zog mit seinen Männern gegen die Philister und erschlug unter denen 200 (zweihundert) Mann. Und David brachte ihre Vorhäute dem König in voller Zahl, um des Königs Schwiegersohn zu werden*". Nun, solche Teufeleien wie diese Leichenschändung an zweihundert niedergemetzelten Philistern, lesen wir im „Gottes Wort" vom Teufel nicht. Aber ein normales Gespräch unter zwei „Männern" bei Hiob. Aber sonst muss man im Buch der Bücher vom Luzifer nicht die Furcht haben, wie vor dem „lieben Gott". Aber es geht ja in der Bibel nicht um den Teufel, sondern um Gott, den HERRN. Und der hat Teufeleien genügend im Programm.

Vorhäute als Brautgeschenk, das ist doch mal was anderes! Dann gleich die doppelt geforderte Zahl, was darauf schließen lässt, der Kerl will unbedingt Schwiegersohn eines Königs werden.

Bei Josua 5;3 -255- spricht der HERR: „*Mach dir steinerne Messer und beschneide die Kinder Israels, wie schon früher. Da machte sich Josua steinerne Messer und beschnitt die Kinder Israels **auf dem Hügel der Vorhäute**.*" Bei diesem Text muss man annehmen, alle abgeschnittenen Vorhäute wurden gesammelt und zu einem Berg aufgeschichtet. Fromme Sitten im AT.

Die Vorhaut hat beim HERRN eine große Bedeutung. Das lesen wir auch bei Josua 5;3 -255- und 1Mose 17;14-30-: „*Wenn aber ein Männlicher nicht beschnitten wird an seiner Vorhaut, wird er ausgerottet werden aus seinem Volk, weil er meinen Bund gebrochen hat.*"

Diesem Text zu Folge muss man annehmen, der HERR ist auch beschnitten. Stellt sich die Frage, warum hat er Adam nicht entsprechend moduliert? Hatte er vor lauter Begeisterung über die „Menschwerdung" dieses ihm wichtige Detail übersehen? Kann ja bei der Verzückung beim künstlerischem Werkeln vorkommen. Müssen wir Katholiken und Protestanten nun Gottes Zorn besonders fürchten, weil er mit uns keinen vorhautfreien Bund geschlossen hat? Wo es doch heißt: *„Wenn aber ein Männlicher nicht beschnitten wird an seiner Vorhaut, wird er ausgerottet werden aus seinem Volk, weil er meinen Bund gebrochen hat."* Wer also als Nichtjude dazu gehören will, muss sich beschneiden lassen.

Wir katholischen Christen laufen nach rund zweitausend Jahren mit intakter Vorhaut herum – und sind dennoch nicht ausgerottet. Unsere evangelischen Brüder gibt es auch noch. Ist da im Glaubensgeschäft etwas schiefgelaufen?

Waren wir Christen nicht früher da, als die Moslems, die rund sechshundert (600) Jahre später ihre Religion erfunden haben, und dieses wichtige Detail Vorhaut noch heute wegschneiden? Ja schon. Aber die Juden waren **uns** Christen voraus und die kümmern sich heute noch um die Vorhaut ihre männlichen Nachfahren, im Säuglingsalter. Ob es den Männern später gefällt oder nicht. Ohne Vorhaut werden die Liebes-Stängel unempfindlicher. Soll allerdings den Vorteil der längeren Ausdauer haben – bei den Herren, was wiederum kein Nachteil sein muss – für die Frauen! Kein Nachteil ohne Vorteil! Jedes Ding hat seine zwei Seiten. Das Vorhaut-Wegschneiden hat allerdings einen Nachteil. Sie ist mit Schmerzen verbunden. Das hätte der allwissende Gott vermeiden können. Vermutlich ist aber eine schmerzliche Verbindung eine Bessere.

Da muss die Vorhaut extra abgeschnitten werden, um dazu zu gehören. Ob das auch sexuelle Gemeinsamkeit bedeutet? Wohl eher nicht. Denn aus der Bibel lernen wir Grausamkeiten, mit dem HERRN, wenn wir ihm nicht gehorchen – aber nicht sexuelle Freuden, wenn ER im Spiele ist.

Im Neuen Testament sieht das mit der Vorhaut ganz anders aus. In seinem Brief belehrt Paulus die **Gal**ater 5;1 -235-: *„Zur Freiheit hat uns Christus befreit!... Siehe, ich, Paulus, sage euch: Wenn ihr euch beschneiden lasset, so wird euch Christus nichts nützen. Ich bezeuge abermals jeden, der sich beschneiden lässt, dass er das ganze Gesetzt zu tun schuldig ist. Ihr habt Christus verloren, die ihr durch das Gesetz gerecht werden wollt, und seid aus der Gnade gefallen."* Bei Paulus gilt das Gesetzt im AT weniger, als der Glaube an Christus. So heißt es weiter: *„Denn in Christus Jesus gilt weder Beschneidung* *noch Unbeschnittensein etwas, sondern der Glaube, der durch die Liebe tätig ist."* Deshalb freuen wir katholischen und evangelischen Christen uns unseres Lebens – mit Vorhaut! Es lässt sich auch erkennen: auch in der Bibel sind die Jüngeren gescheiter als die Alten.

Nun war ja Paulus Jude – und sicher beschnitten. Seine Neigung aber gilt Jesus, nicht seiner Vorhaut. Laut seinem Brief an die Galater könnte man annehmen, mit dem Wegschneiden der „Schutzhülle" am Allerwertesten war er nicht besonders einverstanden. Sonst hätte er sich über Mit oder Ohne anders geäußert – oder gar nicht. Dass der „Vater" des Herrn Jesus die Vorhaut weggeschnitten haben will, muss er aber gewusst haben.

Bei 2Mose 4;25 -78- lesen wir, dass Moses Frau Zippora mit einem scharfen Stein ihrem Sohn die Vorhaut weggeschnitten hat und berührte damit seine Scham (anders war das sicher nicht möglich) und sprach: *„Du bist mir ein Blutbräutigam".* Welch eine Bemerkung dem eigenen Sohn gegenüber! *„Da ließ er von ihm ab. Sie sagte aber Blutbräutigam um der Beschneidung willen".* Da haben wir wieder diese „Schwurbel-Technik" der Bibelschriftsteller. Zippora, die Frau Moses, die ihrem Sohn die Vorhaut beschneidet, mit einem scharfen Stein (wie muss das diesem Sohn gefallen haben), ist auf einmal ein <u>Er</u>. *Da ließ er von ihm ab!* Man fragt sich beim Lesen, ob man hier verschaukelt werden soll, oder „nur" für dumm verkauft wird. (Die kurze Vorgeschichte zu dieser Beschneidung soll dem Leser hier erspart bleiben – er mag sie aber in der Bibel nachlesen, wobei ihm auffallen wird, dass Gott, also der HERR, sich besonders gerne mit Mose unterhält, sich aber nicht scheut, diesem zu drohen, seinem Sohn zu töten (2Mose 4;23 -78-), wenn er seine Befehle nicht befolgt.

Wenn einem dabei bewusst wird, wie oft der HERR diesen armen Mose auf den Berg (Sinai) zitierte, fragt man sich, warum diese Bibelfigur in der katholischen Kirche nicht der Schutzpatron der Bergsteiger geworden ist. Den Märtyrer Christopherus hat man zum Beschützer der Autofahrer verpflichtet, obwohl dieser seiner frühen Geburt wegen von dieser Technik und vom Autofahren selbst nicht die geringste Ahnung haben kann. Mose aber durch seine Bergwanderungen als Schutzpatron geradezu prädestiniert wäre.

Nein! Man muss nicht das AT haarklein durchforsten, um zu erkennen, diese schriftstellerischen Weisheiten haben keinen Gott als Urheber. Einige Betrachtungen genügen.

Da lesen wir in der Bibel vom Gott Zebaoth. Gott hat also auch einen Zunahmen. Scheinbar! Der Geschichte zum Namen Gottes entnehmen wir bei 2Mose 3;13 -76-folgendes: *„Mose sprach zu Gott* (die beiden unterhalten sich ja immer wieder, was eine besondere Beziehung erkennen lässt), *wenn ich zu den Kindern Israel komme und spreche zu ihnen: Der Gott eurer Väter hat mich zu euch gesandt! und sie mir sagen werden: Wie ist sein Name? was soll ich ihnen sagen?* Welche kluge Antwort können wir da erwarten? *„Gott sprach zu Mose: **„Ich werde sein, der ich sein werde".** Und sprach: „So sollst du zu den Kindern Israel sagen: „Ich werde sein, der hat mich gesandt"."*

Name Gottes „ich werde sein"

Bei diesem Dialog muss man sich fragen, ob man sein Hirn ausschalten soll, damit nur noch Glaube funktioniert. Welch geistige Zumutung eines Gottes. Verständlich, wenn man einen „Papier-Gott" sieht, das Produkt schriftstellerischer Geistesgröße, die wieder einmal verwundern will. Oder man fragt sich, wie viele Hochprozentige hatte der Autor „hinter der Binde"?

Und Gott sprach weiter zu Mose: *„So sollst du zu den Kindern Israel sagen: Der HERR, der Gott eurer Väter, der Gott Abrahams, der Gott Isaaks, der Gott Jakobs, hat mich zu euch gesandt. Das ist mein **Name auf ewig**, mit dem man mich anrufen soll, von Geschlecht zu Geschlecht."* Daraus erkennen wir, wenn wir mit Gott reden, ihn anflehen um Hilfe, müssen wir ihn Rufen: *„Ich werde sein"*, helfe mir bitte aus meiner Not. Wie klingt das wundervoll. Statt „lieber Gott", rufen wir: *„Ich werde sein"*. Das macht dieser Gott uns verständlich, *„ewig, von Geschlecht zu Geschlecht"* soll ER so angesprochen werden. Da frage ich mich abermals, war der Schriftsteller voll von geistigen Getränken, oder hatte er nur einen geistreichen Erguss mit psychischen Tiefpunkt bis in den Unterkeller. Von seinen Propagandaleuten, den Priestern, habe ich davon noch nie etwas in einer Kirche gehört oder gelesen.

Es könnte aber auch sein, es gibt im weiten All mehre Götter. Lesen wir doch bei 5Mose 10;17 -231-*"Der HERR euer Gott, ist der Gott aller Götter"*. Wenn wir „Lieber Gott" rufen, weiß Gott Zebaoth ob wir ihn meinen? Da ist *„Ich werde sein"* schon genauer und die Bitten um Hilfe gehen nicht an einen falschen „Allmächtigen", sondern an den HERRN Zebaoth. Denn der mag andere Götter so wenig wie die Heiden. Aber warum hören wir diesen wundersamen Namen Gottes nicht in unseren Kirchen, wo die HERREN des Herrn doch alles über ihn wissen?

Beim Propheten **Jer**emia 10;16 -828- erfahren wir: *„... er ist's, der alles erschaffen hat, und Israel ist sein Erbteil. Er heißt **HERR Zebaoth**."* Dieser Prophet hat für Gott einen Nachnamen, der einleuchtet und verstandesmäßig klingt. Aber: heißt er wirklich **HERR Zebaoth**? Oder **ist** er der **HERR** Zebaoth?

Hier wird es wieder deutlich, das alles kann nicht „Wort Gottes" sein. Ein Psychiater könnte eventuell (aber nur eventuell) Aufklärung bringen.

Gott, der den Menschen nach seinem Ebenbild erschaffen hat, hat also die Figur eines Menschen, gewissermaßen von Kopf bis Fuß. Der soll das riesige Universum erschaffen haben? Muss bei dieser Betrachtung nicht der Verstand einsetzen? Es wird aber nur Glauben verlangt!

Alte Menschen, 100 Jahre

Wenn wir heute von einem Höchstalter der Menschen ausgehen, im „Normalfall" zwischen 70 und 80 Jahren (Laut Spiegel Online vom 10.4.2014 leben in der BRD fast 14.000 (Vierzehntausend) Menschen, die hundert Jahre und älter sind), dann scheinen im AT die Menschen mehrere hunderte Jahr alt geworden zu sein. Abraham beschnitt seinen Allerwertesten mit 99 (neunundneunzig) Jahren. 1Mose 5;28 -20-: Lamech war 182 (hundertzweiundachtzig) Jahre *und zeugte einen Sohn und nannte ihn Noha. Danach lebte er 595 (fünfhundertfünfundneunzig) Jahre und zeugte Söhne und Töchter. Sein ganzes Alter war 777 (siebenhundertundsiebenundsiebzig) Jahre, und er starb.* Ein schönes Alter. Man bedenke, der Mann hat im hohen Alter noch gemacht, was Hände und Füße hat. Was ist da mit uns Modernen los? Ernähren wir uns falsch?

Gut, wenn die Menschen heute nicht mehr so alt werden. Mit 65 (fünfundsechzig) Jahren in Rente gehen, das würde kein Sozialsystem aushalten, wo es heute schon schwierig wird. Aber mit Sicherheit, sind die Menschen „zur Bibelzeit" auch nicht so alt geworden, wie angegeben

Beim Aufzählen von Lebensjahren oder Opfergaben, wie auch „Heldentaten" von kriegerischen Auseinandersetzungen kennen die Bibelschriftsteller oft keine Hemmungen, was Größen und Mengen angeht. Papier ist geduldig, schon zur Zeit der Entstehung der Bibelgeschichten. Lesen wir bei Jes 37;36 -788-: *„Da fuhr aus der Engel des HERRN und schlug im assyrischen Lager 185.000 (hunderfünfundachtzigtausend) Mann. Und als man sich früh am Morgen aufmachte, sieh da lag alles voller Leichen."* Der „Engel des HERRN" ein Massenmörder! Aber ein kraftvoller!

Von Wegen „Gottes Wort! Waren zur damaligen Zeit überhaupt so viele Menschen „greifbar"? Es ist schriftstellerische Aufgeblasenheit, die beim Übertreiben, für das Besondere, sich keinen Zwang antut. Und wenn es in der Bibel um Töten geht, wird natürlich nicht an Mord gedacht. Töten erscheint normaler als Kinder kriegen. Alkohol könnte bei all der Aufgeblasenheit im Spiel gewesen sein.

Erlösung durch Jesu TOT?

Hat Jesus durch seinen Tod am Kreuz die Welt gerettet, erlöst, wie es die Kleriker behaupten? **Merkt man aber nicht!** Brief des Paulus an die **Gal**ater: 3;13 -233-: *„Christus aber hat uns erlöst von dem Fluch des Gesetzes, da er ward ein Fluch für uns, denn es steht geschrieben, Verflucht ist jedermann, der am Holz hanget."* Jesus hing am Kreuz aus Holz; eine Frau war er nicht! Der „Gottes-Sohn" verflucht, weil er am Kreuze hing?

Im Brief an die Römer lässt uns Paulus wissen, dass Jesus (4;25 -190-): *„um unserer Sünden willen dahingegeben und um unserer Rechtfertigung willen auferweckt"* wurde. Da hat dieser Herr Jesus sein Leben geopfert, auch für Sünden, die noch gar nicht begangen wurden. Das nennt man profilaktisch.

Im selben Brief weiß Paulus bei 5;8 -190-: *„Gott aber erweist seine Liebe gegen uns darin, dass Christus für uns gestorben ist, als wir noch Sünder waren."* (Sind wir nun keine Sünder mehr?) Paulus lässt uns in seinem Brief an die Römer aber auch wissen: 1;16 -186-*: „Denn es ist eine Kraft Gottes, die da selig macht alle, die daran glauben, die Juden vornehmlich und auch die Griechen."* Der Glaube macht selig. Das ist es – in allen Lebenslagen!

Was hat Jesu äußerst schmerzhafter **Tod** der Menschheit gebracht? – Den Klerikern einen Job, um ein gefälliges Leben auf Erden führen zu können. Den HERREN des Herrn dürfte das zur Genüge reichen. Aber der übrigen Menschheit…? Der einstige Christenverfolger und gewordene Jesusschwärmer Paulus kann mit seinem „Wissen" andere belehren. Das machen unsere Kleriker noch heute. Aber: Ist es nicht eine Zumutung, einem zu erzählen, dass ein Mensch, ja ein **„Gottessohn** (!?) für die Sünden Wildfremder grausam getötet wird? Und das als Beweis dafür, wie lieb Gott die Menschen hat?

Das Leben in der Gegenwart leben und **nicht** auf ein Besseres nach dem Tode hoffen! Das sollte menschliches Prinzip sein!

*Die Erde könnte ein Paradies sein, wenn Menschen ihr Dasein **nicht** auf ein Leben **„nach dem Tod"** ausrichten würden, wofür es nicht den geringsten Beweis gibt!*

Ein Leben nach dem Tod" kann es nicht geben. Tod ist tot! Es ist vorbei. Endgültig! Ein „nach dem Tod" gibt es auch nicht für die Hinterbliebenen. Es müsste richtiger heißen, nach dem Sterben. Oder, nach dem Ableben. TOT ist ein endgültiger Zustand. Der absolute Zustand von Nichts! Tot ist unwiderrufliches AUS!

Jesus kann nicht der Sohn Gottes sein. Warum? Weil es keinen Gott gibt. Von ihm weiß man, dass er seinem Zieh-Vater (?), der Zimmermann war, als 12-Jähriger bei der Arbeit geholfen hat. Dann wird nichts mehr über ihn vermerkt.

Forscher rätseln, wo er gewesen ist, bis er im Alter von rund dreißig Jahren wieder auftauchte. Seine „dunkle" Zeit wird in Asien vermutet, aber auch bei den Essener Mönchen. Hier könnte er sich radikalisiert haben und in seinen Ansichten überheblich geworden sein, um dann im Tempel gegen das Verhalten von Priestern und Geschäftsleuten, zu rebellieren. Seiner Meinung nach gehörte Geschäftsgebaren nicht in ein Haus, in dem Gott verehrt wird. Also, war er ein Renitenter geworden, der sich gegen herrschende Gebräuche auflehnte und unbeliebt machte.

„Seine" Kirche macht heute in ihren „Tempeln" keine Geschäfte, lässt hier auch keine zu. Sie hat sie auf andere Ebenen verlagert.

Seine Anhänger sahen in Jesus den Messias und schließlich glaubte er selbst Gottes Sohn zu sein -, weil ihm viele nachliefen, sich von seinem Wort verzaubern ließen. Vermutlich war er ein guter Redner, der überzeugen konnte. Die Verherrlichung durch seine Anhänger könnte ihm Größenwahn eingebracht haben. Diese Verhalten zeigt er ja bei Lukas 14;26 -97-: Da heißt es: *„So jemand zu mir kommt und hasst nicht seinen Vater, Mutter, Weib, Kinder, Brüder, Schwestern, auch dazu sein eigen Leben, der kann nicht mein Jünger sein."* Ist noch mehr Selbstüberschätzung möglich? Das ist Geltungsbedürfnis pur. Könnte es also sein, dass er sich als Psychopath ans Kreuz schlagen ließ, um diesem Gottesanspruch zu genügen? Verteidigt hat er sich beim hohen Priester Kaiphas nicht, um einer Verurteilung zu entgehen.

Ein vermessener Gedanke, sicher. Ist der Kreuzestod doch ein schlimmes Sterben, wenn nicht sogar das schlimmste Quälen beim Töten. Aber lehrt uns nicht die heilige Kirche, dass ihre Märtyrer keinen peinlichen Tod fürchteten, weil sie ihre Zugehörigkeit zum christlichen Glauben nicht verleugnen wollten? Könnte dieser Jesus nicht auch ein so verbissener Charakter gewesen sein, der sich aus „Liebe" zu seinem Anspruch Gottes Sohn zu sein, selbst opferte?

Lehrt uns nicht auch die Gegenwart (2015/16), dass sich Phantasten (Islamisten) in die Luft sprengen, um als „Märtyrer" ins Paradies zu kommen?

Käme Jesus heute wieder auf die Erde, als „Gottessohn", könnte er im Katholizismus aufräumen. Nicht in den „Gotteshäusern". Aber im Imperium, das eine stille Firma ist, mit großem Ländereibesitz, Immobilien, Firmenbeteiligungen, Aktienpaketen. Hier werden Geschäfte nicht in den Gotteshäusern getätigt, wie zu Jesu Zeiten. Aber Geld und Vermögen sind sehr gefragt und in einem Maße, das sich der angebliche Gottessohn sicher nicht hätte vorstellen können (Siehe später). Hat er doch Bescheidenheit gepredigt. Und wenn es denn stimmt, hat er gemeint, es geht eher ein Kamel durch ein Nadelöhr, als das ein Reicher in den Himmel kommt: Mt 19;23 -28-.

Jesus war sicher, das Ende der Welt sei nahe. Bei Matthäus 3;2 -5- meint er: *„Tut Buße, denn das Himmelreich ist nahe herbei gekommen"*. Und auch bei 10;7 -14- lesen wir: *„Das Himmelreich ist nahe herbeigekommen"*. Er war also ein Endzeitprediger, hat wohl deshalb auch keine Schriftzeichen hinterlassen, wenn er denn schreiben konnte. Wenn er bei den Essener Mönchen war, konnte er das bestimmt.

Behauptungen und Schwärmerei gehören zur Bibel, wie das Amen in die Kirche. Lesen wir das Beispiel von Petrus in der Apostelgeschichte (2;32 -147-) wo er über die „Auferstehung" von Jesu schwärmt… „des **sind wir alle Zeugen**". Obwohl die „Auferstehung" niemand gesehen hat, was der Klerus noch heute bekennt, lügt der später Heilig gewordenen, um Jesu zu überhöhen. Bei 3;15 -148- mildert er ab: *„Den hat Gott auferweckt von den Toten; des **sind wir Zeugen**"*. Hat ihn sein Gewissen berührt? Aber ehrlich bleibt er in seiner Schwärmerei trotzdem nicht.

Die römische Kirche

Die HERREN des Herrn, vom obersten Oberhirten bis zum kleinen Dorfpfarrer, wissen alles besser, wenn es um Gott geht. Sie erwecken stets den Eindruck, als würden sie mit diesem Gott in fortwährender Verbindung stehen und daher bestens informiert sein, was dieser allmächtige Gott will – oder auch nicht will.

Die Andersgläubigen, die „Lutherischen", wissen ebenfalls alles über Gott, sind auch heute noch katholische Konkurrenz. Auch bei den unteren Chargen, wie beim „Stellvertreter" und die nach ihm „hochgeweihten"! Der „Stellvertreter" macht immer wieder Hoffnung auf Versöhnung, auf Gemeinsamkeit. Letzten Endes weicht er nicht ab, von seinem Standpunkt. Die evangelische Kirche müsste ihn schon als ihr Oberhaupt anerkennen, wenn sich etwas ändern sollte. Das wird sie niemals tun.

Allerdings scheint der neue Papst Franziskus das Miteinander ehrlicher zu meinen, als seine Vorgänger. Seinen absoluten Herrschaftsanspruch, den er auf Petrus, dem angeblich „ersten Papst" der christlichen Kirche gründet und dem als „Stellvertreter Gottes auf Erden", wird auch er nicht aufgeben. Er würde damit die Catholica in eine tiefe Kriese stürzen.

Bei Mischehen legt man beim katholischen Klerus noch immer allergrößten Wert darauf, die Ehe in der katholischen Kirche zu schließen, mit der Verbindlichkeit, Kinder, die daraus hervorgehen, müssen ebenfalls katholisch werden. Erpressung, gewissermaßen. Nötigung! Bei der so genannten Firmung einer katholischen Jugendlichen darf selbst der Pate keiner anderen Glaubensrichtung angehören. Dazu später.

Wo bleibt da das „Miteinander?"

Klerikern dient der Tod ihren Zwecken: Hoffnung machen auf etwas nicht Beweisbarem Ein Fehler, den die Kommunisten in der ehemaligen DDR machten. Den Leuten das Himmelreich auf Erden zu versprechen. Das noch, als ihr System sichtbar zu Grunde ging. Da sind die Religiösen schlauer. Sie versprechen das Himmelreich zu einer Zeit, die keiner kontrollieren kann, aus der noch nie jemals einer Wiedergekommen ist und berichtet hat. Ein Scharlatan vielleicht, der behauptet, er sei tot gewesen und wieder zurückgekommen. Der davon spricht, durch Röhren gestürzt zu sein, oder durch gleißende Ringe und sei kurzfristig in einer anderen Welt gewesen. Ja, sogar Verwandte habe er getroffen und wäre gerne „**Drüben**" geblieben. Nun habe er keine Angst mehr vor dem Sterben.
Phantasten alle die, oder berechnende Lügner, die sich ins Licht der Öffentlichkeit, durch Zeitungs- oder gar Fernsehberichte, stellen wollen, um auf sich aufmerksam, um sich wichtig zu machen. Für kurze Zeit zwar. Aber sie waren wenigstens mal öffentlich bemerkt worden. Dann sind sie wieder „Massenware", die man so wenig beachtet, wie ein einzelnes Sandkorn am Strand.
Denk ich an meine Zeit, wo ich als 14-jähriger beim Holzspalten das Beil in mein linkes Handgelenk „jubelte". Das Stück Holz wollte nicht auf dem Hackstock stehen bleiben. So habe ich es mit Wut gehalten und das Beil mit der rechten Hand auf das Ast-Holz sausen lassen. Das Beil prallte ab und mir ins Handgelenk. Es hätte schlimmer kommen können.
Ich verlor viel Blut, wäre zu Boden gegangen, hätte meine Mutter, die in der Nähe war, mich nicht aufgefangen. Ein Nachbar half weiter. Im Kreiskrankenhaus bekam ich eine Voll-Narkose. Bis sieben konnte ich zählen, dann war ich im „Nirwana". Es bildeten sich Ringe, die größer und heller wurden und ich durch sie hindurch nach unten „flog". Dann war ich weg. Es war nichts mehr. Im Krankenhausbett wachte ich auf.
Da könnte ich heute ebenfalls behaupten, ich wäre im Jenseits gewesen, war einige Zeit tot und hätte Verwandte getroffen. Mag sein,

dass der eine oder andere in solch einem Stadium von Familienmitgliedern träumt und diese sieht. Das Ganze als „Jenseits-Erlebnis" kund zu tun, um sich interessant zu machen, ist schon vermessen. Wäre er tot gewesen, wäre er nicht mehr zurückgekommen!
Nochmals: Tot ist tot. Da kommt nichts mehr. Aus! Ende. Das ist gut so! Warum denn eine Ewigkeit – in „meiner" katholischen Kirche kennt man sogar den Spruch „von Ewigkeit zu Ewigkeit" – einen Gott anhimmeln, Hosianna singen, und der gleichen Langweiliges zelebrieren? Man stelle sich mal vor – eine Ewigkeit lang...!! Sind 80 Jahre Leben schon eine lange Zeit. Dann erst eine Ewigkeit....
Nein, Danke! Ich möchte das nicht!!
Es wird auch nicht kommen. Ich bedaure Leute, die sich so etwas erhoffen. Der Grund dafür ist die (sehr) früh beginnende Indoktrination durch die Geistlichkeit, die von den (ebenfalls frühzeitig indoktrinierten) Eltern unterstützt wird. So geht das weiter, von Generation zu Generation. Dieses frühzeitige Berieseln sichert der Kirche ihre Abhängigen. Nicht zum wirklichen Wohle dieser, sondern zum eigenen Vorteil des Klerus. Es ist eine Versicherung für das eigene, angenehme Leben, auf „Gottes Erde". Den Himmel verspricht man den Gläubigen nach ihrem Ableben. Dabei ist man keck genug, zu behaupten, „wem es auf Erden schlecht geht, der wird im Himmel belohnt werden". Damit die Armen stillhalten, wenn es ihnen dreckig geht, in der Hoffnung, in der Ewigkeit das selige Glück zu finden, das ihnen das Erdenleben vorenthält. Brav bleiben. Es fällt den Leuten nicht auf, dass die Geistlichen nach irdischer Zufriedenheit streben, dabei recht alt werden wollen. Aufgrund ihres sorgenlosen Lebens, ohne Stress, ohne finanzielle Not, gelingt es ihnen auch, erst im hohem Alter das Zeitliche zu „segnen".
Vor allen die Päpste, aber auch die nach ihm „Hochgeweihten", sind ein Beispiel dafür, wie irdische Glückseligkeit hohe Lebenserwartung zu lässt. Aufgrund ihrer Sprüche (eigentlich ihrer Unredlichkeit) müssten sie Bescheidenheit anstreben, um im Himmel mit den besten Aussichten belohnt zu werden. Ihr irdisches Verhalten ist aber normal. Sie wissen, sie blenden nur, zum eigenen Wohle, täuschen die Minderbemittelten im Geiste, pflegen eigenen Wohlstand, weil nichts mehr kommt, wenn das Arscherl kalt ist.

Ein schönes Beispiel dafür ist der (Protz)-Bischof Franz-Peter Tebartz-van Elst der „seinen" Limburger Bischofssitz mit Millionen Geldern aufgemotzt hat – und in Ungnade gefallen ist (2014). Zwar ist dieser selbstherrliche Bischof „erst" 54 Jahre alt. Er kann aber hoffen, ein „gesegnetes" Alter zu erreichen. Seine Kirche wird ihm sein wohlgefälliges Leben weiterhin ermöglichen. Im Internet kann man inzwischen lesen: „Nach dem vorübergehenden Umzug in eine Mietwohnung in Regensburg (mit 180 Quadratmetern Fläche) im September 2014 ernannte Papst Franziskus Tebartz-van Elst im Dezember 2014 zum Delegaten im Päpstlichen Rat für die Neuevangelisierung mit Zuständigkeit für die Katechese. Er gehört dem Leitungsteam des päpstlichen Rates an."

Schlecht bezahlt sind die Alleswisser über Gott und Himmel wirklich nicht. Im Internet liest man über ihre Gehälter (Stand 1.4.2010: Quelle bfg Augsburg Gerhard Rampp: Die Besoldung von Geistlichen der beiden Großkirchen entspricht der von Staatsbeamten im höheren Dienst; Details sind in jeder Landeskirche bzw. Diözese unterschiedlich geregelt. In beiden Kirchen werden Pfarrer zunächst nach A 13 (entspricht im Grundgehalt einem Regierungsrat) und ab ca. dem 40. Lebensjahr fast überall nach A 14 (= Oberregierungsrat) eingestuft. Nur relativ wenige Geistliche steigen nach A 15 (= Regierungsdirektor) oder A 16 auf. Zusätzlich sind aber folgende Faktoren zu berücksichtigen: Geistliche erhalten grundsätzlich (allerdings nicht immer) ein volles 13. Monatsgehalt und alle im öffentlichen Dienst üblichen Zuschläge (z.B. Urlaubsgeld, vermögenswirksame Leistungen). Die Höhe der Zusatz-Einkünfte für besondere Dienste (z.B. Taufen, Trauungen, Bestattungen, Religionsunterricht, Mess-Stipendien) hängt von der Regelung in der einzelnen Diözese/Landeskirche ab. – Fast immer wohnen Geistliche in einem Pfarrhaus o.ä., wo sie nur eine geringe Miete entrichten. Im Vergleich zum Normalbürger sparen sie je nach Wohnort und Lage einen Mietaufwand von 300 bis 1200 (im Schnitt etwa 600) Euro. Diesen „geldwerten Vorteil" müssen sie versteuern; er gilt als Zusatz-Einkommen. Von den Bruttogehältern ist neben der Steuer nur noch ein Eigenbeitrag zur Krankenversicherung von etwa 250 EUR monatlich abzuziehen. Weitere Sozialversicherungsbeiträge fallen nicht an. –

Bei der Krankenversicherung, der Kfz-Haftpflicht und anderen Versicherungsarten erhalten Pfarrer Vorzugstarife. Die Kosten der kath. Pfarrhaushälterinnen werden zu 50 bis 75 % (je nach Bistum) aus Kirchensteuern bezahlt, nur den Restanteil zahlen die Pfarrer selbst, können ihn aber von der Steuer absetzen.

Fahrten zur Arbeitsstelle werden voll erstattet; andere Arbeitnehmer erhalten nur einen Teil über die Steuer. Grundgehalt A 14 Endstufe: 4.708,29 EUR. Wohl erhalten jüngere Pfarrer etwas weniger. Fast 90 % der kath. Geistlichen erhalten aber die Endstufe. Auch die evangelischen Kollegen (Altersschnitt ca. 45 Jahre) kommen effektiv im Schnitt auf mehr als 4.500 EUR im Monat. Bischöfe werden i.d.R. vom Staat besoldet. In den westlichen Bundesländern beziehen sie ein Gehalt meist nach Besoldungsstufe B6 (7.778,83 EUR), Erzbischöfe gem. B10 (10.740,52). Ihre Pension macht 71,75 % dieses Gehalts aus.

Nachtrag: Das Erzbischöfliche Ordinariat Bamberg teilte schon 2004 wörtlich mit (vgl. *Heinrichsblatt*,14.03.04,S.7): „Ein Pastoralreferent kostet das Erzbistum Bamberg in den ersten beiden Jahren seiner Tätigkeit knapp 2.500 Euro monatlich, nach der zweiten Dienstprüfung 4.900 Euro und nach dreizehn Dienstjahren 6.000 Euro. Das Einkommen eines Pastoralreferenten entspricht dann dem Bundesangestelltentarif (BAT) 1 b. Der Bruttolohn liegt je nach Familienstand, Alter, Kinderzahl, Ortszuschlägen und anderweitigen Vergütungen am Ende etwa bei 5.000 Euro, in einer Spannbreite zwischen 4.600 und 5.400 Euro." [Stand 2004; heute liegen die Tarife rund 12% höher]

Dies lässt zusätzliche Rückschlüsse auf die Einkünfte der Priester zu, die ja keinesfalls niedriger liegen.

Wenn wir das lesen, freuen wir uns doch sehr, ein Arbeitsleben lang die Gehälter unserer „Auserwählten" mit unserer Kirchensteuer finanzieren zu dürfen. Nett auch von unserem Vater Staat, die HERREN Junggesellen mit Steuervorteilen bei ihren Dienstfahrten zu bevorzugen, die schon den Vorteil haben, ihre Kuckuckskinder von der Kirchensteuer alimentiert zu bekommen (bis zu Dreien an der Zahl), wenn sie denn welche haben. Welch ein Glück auch, dass wir gläubig Hoffenden diese staatliche „Gleichbehandlung" mit Geduld erdulden.

Hier erweist sich abermals, was eine Organisation für sich herausholen kann, wenn sie mit dem Staat verbandelt ist.

Selbst wenn wir Arbeiter und Angestellten nicht mal auf die Hälfte Monatslohn eines „Geistlichen Gehaltes" kommen, dabei noch eine Familie ernähren müssen, freuen wir uns für die HERREN des Herrn. Lassen sie uns doch wissen, wie schön es einst im Himmel sein wird. Besonders, wenn es uns auf Erden schlecht geht. Und rätseln wir gleichzeitig, warum sie, die „Auserwählten" und Berufenen, nicht Nachteile im himmlischen Paradiese fürchten, wenn es ihnen auf der Erde schon so gut geht.

Gleiches empfinden wir auch für die Pastoralreferenten, die ähnlich gut versorgt werden, zumal sie heiraten und sich vermehren dürfen, was sie den „Berufenen" voraus haben, die bei ihrer Mehrung eine schwere Sünde begehen –, die allerdings in der Beichte wieder nachgelassen werden kann – was dann doch wieder nicht so schlimm ist.

Verständlich, wenn „Kirchen", wie die Scientology, den Staat unterwandern wollen, um gleiche Vorteile zu schinden. Eines Tages werden die Moslemischen Vereinigungen das Gleiche fordern.

Warum will der Mensch nicht ein zeitliches Leben führen, wie er es für seine Haustiere, für alle tierischen Lebewesen und Pflanzen für normal hält? In erster Linie wohl auf Grund der Indoktrination durch religiöse Erziehung. Und weil er davon überzeugt ist, das höchst entwickelte Geschöpf auf dem Erdball zu sein. Durch diese Gewissheit, will **er** auch nicht einsehen, eine begrenzte Lebenszeit zu haben. Er glaubt sich von Gott erschaffen, einem, der dieses unendliche Weltall, mit ihm darin, erzeugt hat. Solche Erkenntnis kann nicht zulassen, an ein endliches Leben zu glauben. Das intelligenteste Wesen dieser Erde muss einfach ewig Leben. Also, „muss" es „nach dem Sterben" weitergehen. Dieses Wie zu erkennen, fordert die Fantasie heraus. Fantasie kennt keine Grenzen – bei entsprechender Begabung. Künstler leben davon.

Erbsünde

Ein schöner religiöser Trick ist der mit der Erbsünde. Jeder, der auf diese Welt kommt, kommt mit diesem Knacks auf den blauen Planten. Das mag man (vielleicht!) noch jenen andichten, die vor Jesu Tod diesen Erdball bevölkerten. Doch unser Herr Jesus hat doch (angeblich) mit seinem grausamen Tod am Kreuz die Sünden von der Welt genommen. Er hat sich geopfert zum Wohle der Menschen. (Das als Mitglied der Trinität, wie uns die heilige Katholische Kirche lehrt, war er dieses Kreuzopfer, Gott, selbst). Worüber noch zu sprechen sein wird. Und Paulus lässt uns wissen, in seinem Brief an die Galater: 5;1:-235- *„Zur Freiheit hat uns Christus befreit!"*. Woraus wir schließen müssen, Jesus hat uns von unseren Sünden befreit.

Im ersten Petrus Brief heißt es bei 3;18: -270- *„Denn auch Christus ist einmal für eure Sünden gestorben, der Gerechte für die Ungerechten, auf dass er euch zu Gott führe..."* Er ist also auch für Sünden gestorben, die noch gar nicht begangen wurden. Man könnte es „Vorsehung" nennen.

Obwohl Jesus die Sünden mit seinem Tod von uns genommen hat, kommt noch jeder mit diesem Makel „Erbsünde" auf die Welt. Muss deshalb in einer feierlichen Prozedur durch die Taufe (Die auch Kirchensteuerzahlern extra berechnet wird) von diesem üblen Anhängsel befreit werden. Was wiederum zur Folge hat: damit ist der unmündige Säugling zum Mitglied der heiligen Kirche geworden und als Kirchensteuerzahler in späteren Jahren verpflichtet. Sie ist eine profitable Einnahmequelle. Dazu später. Die Kleriker nennen den Täufling ein „Geschenk an Jesus".

Mit der „Ersten Heiligen Kommunion", die mit typisch katholischem Zauber absolviert wird, werden die künftigen Kirchensteuerzahler auf ihr „Taufversprechen", das ihre Paten für sie abgegeben haben, eingeschworen. Ein Anlass, auf dem sich die Neunjährigen freuen, weil sie viele Geschenke, am liebsten Geldgeschenke, erwarten. Was für die Kleriker wiederum ein Beweggrund ist, dies zu bemäkeln, weil es bei der Erstkommunion um den Bund mit Jesus gehen soll, nicht um Geschenke. Allerdings erwarten die Kleriker bei diesem Zeremoniell

Geldgeschenke von den Erstkommunionkindern für die Kirche – was aber kein Grund ist, dies zu beanstanden.

Die Zugehörigkeit zu Jesus und die Abhängigkeit von ihm, ist den Klerikern wichtig. Und damit sind sie selbst bedeutend – als Vermittler, zu Jesus, der die Gläubigen ihr Leben lang begleiten wird – so die Diktion, der über Gott alles wissenden HERREN des Herrn.

Im Jahr 2012 hat die Kirchensteuer der katholischen Kirche über **fünf Milliarden** beschert. Der evangelischen Kirche runde **4.6 Milliarden**. Hinzu kommen noch für den Kirchensäckel öffentliche Gelder des Staates für weitere Unterstützung, wie Gebäude sanieren und Ähnlichem. Ach ja: die „Oberprediger" bezahlt der Staat aus den Steuern der Bürger, wie man schon oben lesen konnte. Wer also weder der katholischen oder der evangelischen Konfession angehört, oder gar Moslem ist, finanziert die Oberhirten aus seiner Einkommensteuer mit – ob er will, oder nicht. Wann werden die Moslems dies kritisieren – oder Gleichheit fordern?

Weil die Kirche sich heute offener gibt, zumindest ansatzweise, lassen die Diözesen Würzburg und Bamberg wissen, dass sie Ende Dezember 2014 fast zwei Milliarden Euro eingenommen und ausgegeben haben. Satte zwölf Prozent mehr als im Jahr vorher, lesen wir in der Tageszeitung. Der größte Teil der Einnahmen stammt aus der Kirchensteuer. Die ersprießlichen Einnahmen sind Ursache der guten Beschäftigungslage in der Bundesrepublik Deutschland, die der heiligen Kirche ohne einen Finger krumm zu machen, satte Finanzen zufließen lässt. Dabei macht sich der Staat zum Gehilfen, diese Steuer einzutreiben – gegen einen geringen Prozentsatz. Was ein Priester bei uns bei einem Vortrag kritisierte und wenige Sätze später, dreist genug, darauf hinwies, dass es der Kirche noch teurer käme, wenn sie diese Gelder selbst einfordern müsste.

Geschützt ist die Kirche in der Bundesrepublik vom Vater Staat, die genau genommen ein „Staat im Staat" ist. In einem Staat, in dem es angeblich die Trennung von Kirche und Staat gibt. Während dieser Vater Staat die Einmischung der Kirche in seine Angelegenheit kennt, duldet und akzeptiert (es kommt nur selten Kritik auf), lässt der Staat Kirche keine Einmischung zu. Im Gegenteil, die Kleriker wollen die Republik bevormunden. Und viel zu oft gelingt es ihnen.

Andererseits ist die Nation, sprechen wir richtiger, die Politiker, dankbar, dass es den Klerus gibt, der ihre Wähler geistig auf niederem Niveau hält, was dem eigenen Klüngel dient. So wäscht gewissermaßen eine Hand die andere. Beide haben Nutzen davon.

Orgelspieler

Wie kleinkariert und herzlos die heilige Kirche sein kann, die einen „liebenden Gott" predigt, einen Jesus zum Vorbild hat, der auch seinen Feinden vergibt, die Nächstenliebe preist für ein seliges Miteinander, zeigt der Fall eines Kirchenmusikers. Der in Höchstadt/Aisch (Franken) beheimatete Orgelspieler hat sich in eine geschiedene Frau verliebt. Der Rechtstreit mit der Kirche hat dazu geführt, dass der angestellte Musiker bei der heiligen Kirche auf eine Weiterbeschäftigung verzichtete. (Obermain-Tagblatt, Lichtenfels, vom 4. Juli 2003) Der Klügere gibt nach, heißt ein altes Sprichwort. Der Fall zeigt wieder einmal, was von der Heiligen Kirche zu halten ist. Die Rechthaberei der Priesterherrschaft, es sind hauptsächlich die Oberhirten (die wiederum ihre Untergebenen bevormunden), wird in solchen Fällen deutlich und schon der große Deutsche Kirchenkritiker Karlheinz Deschner hat gewusst: „Wenn ein Pfaffe den Mund aufmacht, lügt er", (In: Abermals krähte der Hahn).

Interessant dabei: erst kurz vorher hat Papst Johannes II einen verheirateten evangelischen Pfarrer ermöglichte, katholischer Priester zu werden und die katholische Seelsorge zu übernehmen, obwohl doch der Zölibat sexuelle Enthaltsamkeit und Ehelosigkeit gebietet: *__Um des Himmelreichs Willen__*". Dazu später mehr. Aber einen Musiker, der sich in eine Geschieden Frau verlieb, mit ihr gemeinsam das Leben leben will, das kann die „allein seligmachende Kirche" nicht dulden. Es schien auch nicht zu interessieren, aus welchem Grund eine Ehe auseinandergeht. Ihren eigenen „Geweihten" gegenüber, die verbotener Weise (Zölibat) Kinder in die Welt setzen, bezahlt sie bis zu drei Sprösslingen die Alimente aus der Kirchensteuer, akzeptiert das sündige Verhalten ihrer „Auserwählten", solange die Öffentlichkeit nichts davon erfährt. Und die Kinderschänder in ihren Reihen *(Herr wir danken dir, dass du uns berufen hasst, vor zu stehen)* erkennt sie nicht. Es sei denn, Presseorgane bringen es an die Öffentlichkeit. Welche eine Moral, der Moral-Prediger! Richtig ist in der katholischen Kirche immer das, was den Zwecken der HERREN des Herrn dient.

Mammon

Bleiben wir beim Mammon. Es sei hier an die kritische Fernsehsendung der ARD, „Panorama", vom 17. Oktober 2002 erinnert: Über Gelder, die der Staat an die Kirche jährlich vergibt. Die Kirche, das reichste Unternehmen in der Republik. Experten schätzen ihr Gesamtvermögen auf fast eine halbe Billion Euro. Trotz der im Grundgesetz festgeschriebenen Trennung von Staat und Kirche, zahlt heute, im einundzwanzigsten Jahrhundert, jeder Bürger, ob Mitglied oder nicht, noch ganz kräftig für die Kirche.

In Großheubach, in Bayern, will die Kirche für die Kirchenrenovierung 180.000,-- (hundert-achtzig-tausend) Euro. Bürgermeister Öttinger will Verträge aus zwei Jahrhunderten (seit der Säkularisation 1803) nicht mehr akzeptieren).

Die Gemeinde muss wegen einer Urkunde aus dem Jahr 1853 auch der Kirchenstiftung den Gegenwert für eine bestimmte Menge Roggen, ca. 130 (hundertunddreißig) Euro im Jahr überweisen. Für eine Ablösung fordert die Kirche für die nächsten hundert Jahre 32.000,-- (zweiunddreißigtausend) Euro.

Der Fernsehsprecher im Off **„Beim Geld kennt die Kirche keine Gnade".**

Im bayerischen Eichstätt zahlt der Staat die pompöse Installation des neuen Bischofs Walter Mixa. Er und seine sechs Amtskollegen beziehen ihr komplettes Gehalt vom Steuerzahler und das Ranggefolge auch.

Bayern zahlt im Jahr 2002 für seine sieben Bischöfe und Erzbischöfe 655.000,-- (sechshundert-fünf-und-fünfzigtausend) Euro; Zulagen für zwölf Weihbischöfe: 99.000,-- (neun-und-neunzig-tausend) Euro; Gehälter für vierzehn Dignitäre: (geistliche Würdenträger) 737.000,-- (sieben-hundert-und-sieben-und-dreißig-tausend) Euro, für 60 (sechzig) Kanoniker: 3.914.000,-- (drei-millionen-neunhundert-und-vierzehn-tausend) Euro, für 42 (zwei-und-vierzig) Domvikare: 188.700,-- (ein-hundert-acht-und-achtzig-tausend-sieben-hundert) Euro, sieben Dommessner: 163.100,-- (ein-hundert-und-drei-und-sechzig-tausend) Euro, für Generalvikare: 26.600,-- (sechs-und-zwanzig-tausend-sechs-hundert) Euro; Bischöfliche Sekretäre: 81.300,--(ein-rund-achtzig-tausend-drei-hundert) Euro, für Pfarrer, Prediger, Kapläne: 576.200,--(fünfhundert-sechs-und-siebzig-tausend-und-zweihundert) Euro, Geistliche ohne Emeritenanstalt: 2.328.400,--(zwei-millionen-und-dreihundert-acht-und-zwanzig-tausend-und-vierhundert) Euro, usw.

Selbst Weihrauch wird vom Staat bezahlt.

Insgesamt kassiert die ev. und kath. Kirche in Bayern aufgrund alter Rechtstitel: 85.932.000,-- (fünf-und-achtzig-millionen-und-neunhundert-zwei-und-dreißig-taus-end) Euro.

Der Beamte Josef Erhart im Bayer. Kultusministerium stellt fest, dass dies eigentlich Verfassungswidrig ist: Der Bund müsste laut eines Artikels im Grundgesetzt die Grundlagen für diese alten Verpflichtungen festlegen. Der Bund hat dies bis heute nicht getan. Deshalb sieht das Kultusministerium Schwierigkeiten zu sagen, „wir stellen diese Zahlungen ein".

So kassieren die Kirchen in jedem Jahr bundesweit fast 500.000.000,-- (fünfhundertmillionen) Euro vom Staat für alte und uralte Rechtstitel. Unter allen Regierungen blieben die Rechtstitel der Kirche erhalten, auch im Nazi-Deutschland.

Konrad Adenauer ließ alte Rechte der Kirche beim Neubeginn der Bundesrepublik festschreiben.

Der Rechtswissenschaftler Carsten Frerk: „Zusätzlich zu den alten Rechtstiteln sind vom Staat neue Zahlungsverpflichtungen eingegangen worden, die die Kirche gefordert und bekommen hat".

Spitzenreiter sind Rheinlandpfalz und Nordrheinwestfalen. Sie zahlen an die Kirchen noch mehr Geld als Bayern, das in der Bundesrepublik an dritter Stelle pro Kopf der Bevölkerung steht. In NRW fließen 2002 über 1,5 Milliarden Steuern an die Kirchen und ihre Einrichtungen. Nicht einmal die Kirchenexperten im Parlament NRW, wie Frank Sichau, SPD, Hans-Ulrich Klose, CDU, oder Joachim Schultz-Tornau, FDP, wissen, wie viel sie Geld für die Kirchen ausgeben.

Beide Kirchen sind keineswegs so arm, wie sie sich immer geben. Auf vierhundert Milliarden Euro wird ihr Vermögen taxiert. Umso absurder die vielen Gefälligkeiten des Staates, oftmals reine Subventionen.

Frankfurter Kirchentag 2001: der Staat zahlt den Löwenanteil. Das nennt sich dann ganz harmlos „Zuschuss". Der Kirchentag kostete 11,8 (elf-komma-acht) Millionen Euro. Davon zahlte der Staat 5,5 (fünf-komma-fünf) Millionen Euro, und damit doppelt soviel, wie die Kirche. Die beteiligte sich mit 2,8 (zwei-komma-acht) Millionen Euro. Der Rest, 3,9 (drei-komma-neun) Millionen kam von den Teilnehmern.

Ausbildung von Geistlichen: Der Staat zahlt das komplette Pfarrerstudium an kirchlichen Fakultäten. Rund 30.000.000,-- (dreißig-millionen) pro Jahr, schätzen Experten.

Militärseelsorge: Der Bund zahlt alles, vom Gehalt der Pfarrer, bis zu den Kultgegenständen: 26.502.000,-- (sechs-und-zwanzig-millionen-fünfhundert-und-zwei-tausend) Euro im Jahr 2002. Insgesamt flossen im Jahr 2000 fast 20.000.000.000,-- (zwanzig-milliarden) Euro an die Kirchen und ihre Einrichtungen.

Kritiker sprechen von einer zusätzlichen, heimlichen Kirchensteuer, die jeder aufbringen muss, unabhängig davon, ob er Kirchenmitglied ist.

Frage (zu diesem Thema) an Norbert Kleyboldt, Generalvikar Bistum Münster und dessen Antwort: „Das Engagement derer, die sich von der Kirche in den Dienst nehmen lassen und die dann in den kirchlichen Einrichtungen zum Wohl der Gesellschaft handeln und Arbeiten: im Kindergarten etwa, in dem Kinder dort Aufnahme finden…"
(was gar nicht überzeugend klang)

Beispiel im Württembergischen Neckarwestheim: **Siebzehn Prozent** der Kosten des evangelischen **Kindergartens** trägt die Kirche, den Rest zahlt der Staat. Bürgermeister Mario Dürr: „Wir haben einen

Kindergarten, der zu 83 % (drei-und-achtzig) von der Gemeinde finanziert wird…"

Der **Landesdurchschnitt** in Baden-Württemberg noch verheerender: **Ganze sieben Prozent** trägt der Anteil der Kirchen bei der Finanzierung ihrer Kindergärten. Kein schlechtes Geschäft, wenn man den Imagegewinn der Kirchen bedenkt und ihr offen erklärtes Ziel, den christlichen Glauben unter den Kleinen zu verbreiten.

Politikwissenschaftler Carsten Frerk: **„Die Menschen denken, wenn eine kirchliche Bezeichnung draufsteht, dann zahlt die Kirche zumindest den überwiegenden Teil. Es ist aber nicht so. Deshalb ist das eigentlich ein Etikettenschwindel"**.

Wo Kirche drauf steht, soll auch Kirche drin sein. Zwar werden **die meisten der 1,2 (eins-komma-zwei) Millionen Kirchenjobs vom Staat bezahlt**, aber die **Bedingungen diktiert die Kirche.** Vor allem auf die Kirchenmitgliedschaft legt sie Wert.

Die **Klinik im Weimar** wird vom Staat finanziert. Nach der Fusion mit einem kirchlichen Krankenhaus, gilt jetzt für alle Krankenhausangestellten das kirchliche Sonder-Arbeitsrecht…. Kirchen verbieten Betriebsräte, es gibt weniger Mitbestimmung und kirchliche Arbeitsrecht verbietet ein Grundrecht – den Streik. Konfessionszwang. Alles im Namen der christlichen Dienstgemeinschaft. **Reinigungskräfte der Diakonie sollen bis zu dreißig Prozent weniger Lohn erhalten**. Können sich aber nicht einmal wehren.

Das also ist christliche Nächstenliebe, wie sie der Klerus für sich versteht. Die Kleriker kassieren freilich ihren Lohn – ungekürzt.

Gottesdienste

Ich war nie ein guter Kirchgänger und ein guter Katholik, im Sinne „meiner" Kirche schon gar nicht. Die Kirche war mir schon als Kind suspekt. Mein Elternhaus, meine Mutter, den Vater habe ich kaum gekannt, war, Gott sei es gedankt (wenn es ihn gibt), nicht erzkatholisch. Ich habe sie der Kirche gegenüber als sehr kritisch kennen gelernt. Das lag wohl auch an der schlechten Erfahrung, die sie mit

dem Ortsgeistlichen bei der Abrechnung für die Beerdigung ihres Vaters gemacht hatte. Trotzdem hat sie uns, mich und meine Geschwister, in die Kirche geschickt. Auch zur Beichte. Meine Schwester wollte als Kind sogar mal Klosterschwester werden.
Wenn ich heute in die Kirche gehe, langweile ich mich, wie früher schon. Die Gottesdienste geben mir heute noch nichts. Wenn ich sehe, wie der Geistliche im Verlauf einer Stunde zweimal um den Altartisch geht, den Weihrauchkessel gegen den Altartisch schwenkt, am Kreuz, das daran befestigt ist, stehen bleibt, und dieses anwedelt, frage ich mich, ob er Teufelchen oder böse Geister austreibt. Er lässt mich aber später auf meine Frage wissen, dies sei eine besondere Ehrung für Gott. Auch er lässt sich nach seinem Altarrundgang von einem Ministranten, oder Ministrantin, mit dem Weihrauchkessel anwedeln. Und dieser Ministrant beweihräuchert anschließend vor dem Altartisch stehend, die Gläubigen in ihren Bänken. Ein beeindruckendes Gehabe – und auch eine „Verehrung Gottes"?
Es hat auch einmal eine Zeit gegeben, in der ich an Gott geglaubt habe. Doch je mehr ich mich mit „meiner heiligen Kirche" befasste, desto schwächer ist diese Hoffnung geworden. Heute halte ich es mit den englischen Philosophen, dessen Name ich nicht mehr in Erinnerung habe, der gesagt hat „Nicht Gott hat den Menschen erschaffen. **Der Mensch** hat sich Gott geschaffen".

Entstehung des Glaubens

Wenn ich heute nachdenke, war ich dieser Ansicht schon immer. Allerdings hätte ich das nicht so präzise ausdrücken können. Trotz zeitweisen Glauben an einen Gott, war mir die Kirche schon als Kind suspekt. Gespräche, die ich von Erwachsenen hörte, über Gott und die Welt, besser über die Herren Pfarrer, über die Erfahrungen, die sie mit ihnen machten, haben bei mir keine allzu gute Meinung über diese aufkommen lassen. Und wenn ich Berichte über Klöster gelesen habe, wie auch den „Pfaffenspiegel", empfinde ich die heute noch als Gefängnisse. Und die eigene Erfahrung aus dem Religionsunterricht hat nicht positiv für meinen Glauben beigetragen.

Religionen, der Glaube an einen Gott, ist aus der Angst der Menschen entstanden. Unsere Vor-Vorfahren wussten zum Beispiel mit dem Aufgang von Sonne und Mond nichts anzufangen. Unser heutiges Wissen darüber konnten sie nicht einmal ahnen.

Sonne und Mond sind weit weg. Nicht fassbar, nicht begreifbar. Wie die Sonne am Himmel allmählich sichtbar wird, am Horizont immer höher steigt und auf der anderen Seite wieder in der Erde versinkt, das musste Erstaunen wecken. Die Nacht bricht herein. Finsternis macht furchtsam. Nicht definierbare Geräusche machen Angst; die Nacht kann unheimlich werden. Die Furcht um das eigene Leben – der angeborene Erhaltungstrieb – verstärkt die Angstgefühle.

Jeden Tag das gleiche Schauspiel. Die Sonne kommt wieder aus der Erde hervor. Es wird heller und wärmer, je höher dieser goldene Ball am Himmel steigt. Es ist etwas Unheimliches. Dieses unfassbare goldene Rund erwärmt mit seinem Aufsteigen immer mehr und kühlt ab, wenn es auf der anderen Seite hinter dem Horizont verschwindet. Man betet es an. Es wird ein Gott daraus, was Großes, das man nicht erklären kann.

Und unheimlich wird es, wenn dieses Große nicht zu sehen ist. Wenn Wolken es verdüstern, wenn Blitze durch die Luft zucken und Donner über die Erde rollt. Da draußen ist etwas, ist einer, oder mehrere, die das alles verursachen. Einer der ungehalten ist, weil man ihn nicht achtet, oder man was getan hat, was diesem missfällt. Einer, der mein Handeln kontrolliert, der grollt, er lässt Schlimmes ahnen. Er schickt stürmischen Wind, mit Regen vermischt. Es ist unangenehm. Kälte verstärkt die unerfreuliche Situation. Man fürchtet sich vor fremden Wesen, die einem aus unbekanntem Grund strafen wollen.

Die Blätter an Bäumen und Sträuchern verfärben sich, fallen ab. Es wird kälter. Schließlich fällt Schnee, den man als solchen noch nicht definiert. Eisige Kälte herrscht. Man friert. Man freut sich auf die Sonne, die aus der Erde hervorkommt und Wärme spendet. Dann daut aller Schnee und Eis, die Erde begrünt sich, die Tage werden angenehmer und länger. Das Leben wird wohliger.

Da draußen in der unendlichen Ferne ist einer, oder mehrere, die das alles verursachen. Es entsteht Respekt, Furcht vor einem Wesen, das die Kraft hat, all das herbei zu führen. Man fleht zu ihn(en). Erfindet das Gebet, um dieses übermächtige Wesen zu beruhigen, das Feuer vom Himmel schickt, Unwetter, Ungemach – und auch Wärme.

Man wundert sich über den Mond, der aufgeht, oder auch nicht, der am Himmel schmal ist wie eine Sichel, ohne den Begriff Sichel zu kennen. Mit jeder neuen Nacht wird dieses Halbrund größer, wird zur leuchtenden Scheibe, darin dunkel sichtbar, ein Gesicht? Da ist einer! Diese helle Fläche nimmt wieder ab, wird zur Sichel und verschwindet wieder ganz. Und – dann wächst sie wieder an. Das wiederholt sich immer wieder. Da draußen ist Jemand, der das alles steuert, mit seinem Willen beeinflusst. In dunkler Nacht die vielen glitzernden Punkte am Himmel, die später einmal als Sterne bezeichnet werden.

Es ist alles unheimlich. Man fleht das Unbekannte an, fühlt sich hilflos, jammert, Fürbitten entstehen, woraus Gebete werden und der menschliche Geist, oder sagen wir besser, der Verstand, Götter erfindet, die für das unerklärbare Geschehen verantwortlich sind. Man jammert, fleht – Gebete sollen helfen, gegen die Angst wirken. Das ist heute noch so.

Über dreitausend Jahre hat man in Ägypten Sonnengötter verehrt.

Irgendwann kommt einer dahinter, die Angst der Artgenossen für sich zu nutzen. Das kann schon zu einer Zeit gewesen sein, als der menschliche Affe den aufrechten Gang „erfand".

Darwin lässt grüßen. Wer sich anpasst der überlebt. Wer sich schneller anpasst, gewinnt Vorteile, kann die Trägen manipulieren, ausnutzen, zum eigenen Vorteil. Das System funktioniert noch heute.

So entstanden sicher die Prediger, die Medizinmänner, die anderen überlegen waren und sind, ihnen mit Hokuspokus, mit Knochen hochwerfen und sonstigen Riten erzählten und erzählen, was die Götter wollen, oder nicht wollen. Heute haben wir noch das Prinzip der Besserwisserei, mit Bevormundung, mit Beherrschen, um gegenüber den Unbedarften Vorteile zu schinden.

Die Priester in den Kirchen sind ein Beispiel. Sie wissen, was ein übermächtiger Gott will, was ihm missfällt. Sie kennen sich aus, als wären sie jeden Tag mit diesem Gott zusammen, bekäme von ihm Anweisungen, denen man besser folgt.

Weil es das „wundervolle" Buch der Evangelien gibt, die „Heilige Schrift", „Gottes Wort", hat der geistliche HERR, der HERR des Herrn, einen Beleg, jeweils das zu „beweisen", was ein Überwesen will. Den wenigsten fällt dabei auf, dass sich der „Geweihte" das heraussucht, was ihm gerate Opportun erscheint. Möglichkeiten für Interpretation gibt es zuhauf.

Die Widersprüche im Buch der Bücher, „das meistgekaufte Buch der Welt", sicher nicht das meist gelesene, werden nicht offenbar. Auszüge hat man vielleicht, aber nur Vielleicht, nach einer Predigt nachgelesen. Und da stimmt, was er HERR des Herren geäußert hat. Die Bibel hat recht.

Stößt man dabei doch auf einen Widerspruch, kommt man zu der Erkenntnis, es nicht begriffen zu haben. Deshalb müssen Pfarrer ja so lange studieren. Kann man als einfacher Mensch nicht mithalten. Bleibt einem der Glaube.

Warum die HERREN des Herrn so lange studieren müssen, ist einleuchtend. Sie müssen das Buch der Bücher kennen, um für alle Fragen gewappnet zu sein. Schon deshalb, um das System der eigenen Wohlgefälligkeit wegen, am Leben zu halten. Es finden sich genügend Antworten, mit denen man Unbedarften eine „plausible" Antwort geben kann. Und schon hat die Bibel wieder recht.

„Die Bibel hat immer recht", kann man lesen. Bei den Kommunisten hatte die Partei immer recht. Wer immer recht hat, macht sie verdächtig!

Sinn und Zweck in der heiligen katholischen Kirche ist es, möglichst oft, die Woche ein paar Mal, die Gottesdienste zu besuchen. Was die reformierte Kirche des Martin Luther nicht kennt. Möglichst soll keiner dieser „Gottesdienste" ausgelassen werden. Welchen Zweck hat das?

Dient man Gott, wenn es ihn denn gibt, wenn man ihn ständig anhimmelt, ihn anbetet, sich vor ihm klein macht und wehrlos, ständig seine Hilfe erfleht? Braucht ein allmächtiges Wesen, das alles weiß, alles ständig im Blickfeld, gewissermaßen im Griff hat, dieses menschliche Gejammer und Anflehen?? Dieses betteln? Lässt dies nicht eher einen unsicheren Gott vermuten? Einen, der durch Erbitten, durch ständiges Anfragen in seinem Selbstbewusstsein bestärkt werden will?

Dieses Sinnen lässt eher auf menschliche Unzulänglichkeiten schließen, was die Meinung bestärkt, Gott ist eine menschliche Erfindung. Wie die Bibel ebenfalls nicht Gottes Werk sein kann. Das Buch beinhaltet rein menschliche Ansichten, menschliches Denken, geleitet von guten Absichten, sicher, das Miteinander in vernünftige Bahnen zu lenken, um ein erträgliches Zusammenleben zu ermöglichen. Das Alte Testament ist aber eine blutrünstige Beschreibung eines Gottes, der den Blutrausch braucht, die Unterwürfigkeit der Menschen, um sich seiner Größe gewiss zu sein. Ein Psychopath des Himmels; der Inhalt dieses Buches ist das Papier nicht wert, auf dem er gedruckt ist. Würde ein solcher Gott in der Bundesrepublik Deutschland leben, würde er in der Psychiatrie landen.

Das einzig Gute im AT sind die zehn Gebote! Sie sind die Grundregeln für ein friedliches Miteinander! Das Grundgesetz der Bundesrepublik Deutschland ist besser, weil Differenzierter. Die Geschichte, dass Mose sie von Gott empfangen hat, dürfte der Märchenwelt entstammen. Die zehn Gebote sind sehr wahrscheinlich das Produkt von mehreren Köpfen.

Gott und Abraham

Was ist das für ein Gott in der Bibel, dem immer wieder Opfer dargebracht werden müssen? Es muss Blut fließen, um ihn zu beglücken. Ein Vampir des Himmels, der sich am Blut berauscht! Der ein Blutopfer von Abraham verlangt (1Mose 22;2 u. 22;10), der seinen Sohn Isaak schlachten soll (die Bezeichnung Schlachten ist sehr bemerkenswert), nur um zu beweisen, er liebt Gott mehr als den Sohn.

Abraham war zu dieser Zeit schon 100 (hundert) Jahre alt:1Mose 21;5 -34-. Ein Engel verhindert im letzten Moment den Kindesmord. Was geschieht dann? Man opfert einen unschuldigen Widder, der auf einmal da ist, wie aus dem Nichts, sich in einen Strauch verheddert. Blut muss fließen, um diesem himmlischen Überwesen zu gefallen. Also muss der Widder dran glauben. Das suggeriert die Bibel, das AT, die „Heilige Schrift", das angebliche „Wort Gottes", auf bald jeder Seite.

Der Allmächtige, allwissende Gott, will Abraham prüfen? Warum denn? Wenn Gott alles weiß, muss er da Abraham prüfen? Hätte er nicht wissen müssen, dieser gläubige Mann wird seinem Gott zu Liebe den eigenen Sohn schlachten? Und was ist das für ein Gott, ein „Gott-Vater", der auch nur zum Schein einen Vater auffordert, den eigenen Sohn abzustechen, um seinen Gott gefällig zu sein? Welch eine Forderung! Erwartet man solches Begehren von einem wirklichen Gott?

Der Sohn des Moabiter Königs hatte weniger Glück, als Abrahams Sohn Isaak. Bei 2Könige 3;27 423- lesen wir: *„Da nahm er seinen erstgeborenen Sohn, der an seiner Statt König werden sollte, und opferte ihn zum Brandopfer auf der Mauer."* Weil dem König bewusst wurde, dass er mit 700 Mann beim König Edom nicht durchkommen wird, opferte er seinen Erstgeborenen. Das Alte Testament ist ein Kriegsbuch, wie man immer wieder feststellen kann, wo nicht genug Blut fließen kann. Welch ein Gott ist das, den die Christenheit mit Leib und Seele verehrt? Ein Vorbild, ein verehrungswürdiger Gott?

Ganz sicher ist er ein schriftstellerisches Produkt, das das Papier nicht wert ist, auf dem diese Schauergeschichten geschrieben stehen.

Verwunderlich, dass Priester so etwas verehren – und als „Gottes Wort" kundtun. Aber sie können ja nicht anders, weil sie sonst ihr „gottgefälliges" Leben opfern müssten. Das wiederum kann man verstehen!

Im AT ist Gott ein blutrünstiges Überwesen, ein Psychopath – ein unvollendeter Gott – was die „Schrift" immer wieder beweist. Und was hier niedergeschrieben steht, soll alles von diesem Gott selbst stammen?

Vor Opfern und Vorschriften konnten sich laut dem Alten Testament die Menschen nicht frei entwickeln. Für jede Handhabe gab es Anweisungen, um ihren Gott gerecht zu werden. Bei 2Mose 24;1 -102- braucht man beim Lesen wieder starke Nerven, um die Angeberei zu verdauen. Hier „zum Selbstschutz" nur die Angeberei bei 2Mose 24;6 -102-: „*Und Mose nahm die Hälfe des Blutes* (es war wieder mal geopfert worden) *und goss es in ein Becken, die andere Hälfte aber sprengte er an den Altar. Und er nahm das Buch des Bundes und las es vor den Ohren des Volks. Und sie sprachen: Alles was der HERR gesagt hat, wollen wir tun und darauf hören. Da nahm Mose das Blut und besprengte das Volk damit und sprach: Seht das ist das Blut des Bundes, den der HERR mit euch geschlossen hat auf Grund aller dieser Worte".* Bemerkenswert hier auch, dieses Blut ist nicht geronnen! Vermutlich, weil es „Opferblut" war.

Wenn man das liest, fällt einem das Wort Kindergarten ein. Mit Blut besprengt Mose das Volk – wie mag das ordentlich ausgesehen haben. Dachte man, den Bund mit dem HERRN mit dem Vorhautwegschneiden geschlossen zu haben, muss noch Blut dazu kommen. Freilich, den Frauen konnte ja keine Vorhaut weggeschnitten werden. Dafür ist das Blut sicher prädestinierter für einen Bund der Hörigkeit. Gilt es doch die Verbindung mit einen blutgierigen HERRN herzustellen, die auch für das weibliche Geschlecht gelten soll.

Was lesen wir bei Sprüche Salomos 6;17 -721-:*"… der HERR hasst unschuldiges Blut zu vergießen…"* Man schalte seine Denkfähigkeit aus – und glaube!

Mose war der größte Befehlsempfänger, des HERRN. Bei 2Mose 24,9 -102- lesen wir außergewöhnliches: „*Da stiegen Mose und Aaron, Nadab und Abihu und 70 (siebzig) von den Ältesten hinauf* (auf den Sinai) *und* **sahen den Gott Israels.** *Unter seinen Füßen war es wie eine Fläche von Saphir und wie der Himmel, wenn es klar ist…"*

Endlich hat mal jemand „nachweislich" diesen Gott Israels gesehen; gar viele sogar. Diesmal hat er sich nicht hinter einer Wolke versteckt, oder einem Feuerbusch. Die Beschreibung lässt allerdings wieder schriftstellerische Leistung erkennen. Das Aussehen dieses Gottes wird freilich nicht beschrieben. Allerdings: *„als sie Gott*

geschaut hatten, tranken sie." Demnach könnte das Antlitz Gottes so viele Freude ausgelöst haben, dass man sich einen – oder mehrere – „hinter die Binde goss". Auch der Prophet Jeremia 31;3 -852- teilt mit: *„Der HERR ist mir erschienen, von ferne".*
Also, war Gott doch schon sichtbar!
Als *'Nathan alle diese Worte und dies Gesicht David gesagt hatte, (*Welche Schwurbel-Technik dieser Aussage) *kam der König David und setzte sich vor dem HERRN nieder und sprach: <u>Wer bin ich Herr HERR,</u> und was ist mein Haus, dass du mich hierher gebracht hast?:* 2Samuel 7;17 -360- Auch da musste man den HERRN gesehen haben, sonst hätte sich David nicht **vor den HERRN** setzen können. An der Bibel-Geschichte haben halt mehrere Personen gewerkelt und Widersprüche unbemerkt fabriziert. Frage ich mich, merken unser „Berufenen", die auf das Buch studiert haben, das nicht? Oder verlassen sie sich darauf, was schon Karlheinz Deschner geschrieben hat: „Ein Pfaffe hat auf alles eine Antwort".
Aber: Bei 2Mose 33;20 -114- werden wir aufgeklärt (oder verwirrt?): *„Mein Angesicht kannst du nicht sehen; denn kein Mensch wird leben, der mich sieht",* sagt der HERR seinem Mose. Hat der HERR vergessen, dass er sich vorher, z.B. bei 2Mose 24;10 -102- hat sehen lassen? Dass der HERR lügt, davon gehen nicht mal ein Atheisten aus. Es wird in Wirklichkeit aber so sein, dass der Autor dieser Zeilen sich eingestand, was es nicht gibt, kann man nicht sehen. Ergo: Wird niemals jemand Gott sehen. Wie logisch! Aber dann wird er doch gesehen – wie faszinierend!
Bei diesem Widerspruch wird wieder augenfällig, der oder die Schriftsteller, haben gepatzt. Es zeigt zum wiederholten Male, das Alte Testament ist nicht „Wort Gottes", wie uns der alles wissende Klerus verklickern will.
Bei 2Mose 19;24 -96- zitiert der HERR zum wiederholten Male seinem Bergsteiger Mose auf den Sinai. Diesmal allerdings zusammen mit *„Aaron; aber nicht die Priester und das Volk sollen durchbrechen, dass sie hinaufsteigen zu dem HERRN, damit er sie nicht zerschmettere..."* Da hält der HERR vom Volke nicht viel und auch die Priester, seine Propagandaleute, wollte er nicht sehen. Auch ein

Gott hat nicht immer gute Laune. Oder sind es doch bloß die Autoren, die in dieser Geschichte all die wundersamen Dinge verzapfen? Wie oft „jagt" ER diesen armen Mose den Sinai hinauf und hinunter, um ihn zu belehren, damit er sein Volk unterrichtet und aufklärt. Das fünf Bücher lang. Mose, der Welt erster Bergsteiger – ist dennoch kein Schutzpatron für Bergwanderer in der katholischen Kirche geworden, wie er es verdienter Weise hätte werden können. Aber – oft wird das Naheliegende übersehen.

Dieser universelle Gott, der uns die zehn Gebote geschenkt hat, ist einer der immer wieder prahlen muss, mit seiner Herrlichkeit, mit seiner Größe, um sich von den Menschen abzuheben, die er aus „Ackerland" (1Mose 2;7 -16-) und einer männlichen Rippe erschaffen hat. Nennt man das Größenwahn? Immer wieder weist er „seine" Menschen darauf hin, sie aus Ägyptenland geführt zu haben, aus der Knechtschaft, (2Mose 20;1 -96-) und arbeitet doch ständig daran, diese Menschen mit seinen Vorschriften und Opferbefehlen zu knebeln. In diesem Kapitel, in dem uns die zehn Gebote empfohlen werden, dürfen wir uns auch **kein Bild von Gott** machen, auch nicht von dem *„was oben im Himmel ist"*. Wie haben sich da unsere christlichen Kleriker schon versündigt, in dem sie uns das Himmelreich in den süßesten Farben geschildert haben und es noch tun, als hätten sie schon alles erlebt, was sie uns erzählen. Wird ihnen das Himmelreich dereinst offenstehen, bei all ihrer Vorstellungskraft? Wo der HERR doch immer wieder wissen lässt: *„Denn ich der HERR, dein Gott, bin ein eifernder Gott, der die Missetat der Väter heimsucht, bis ins dritte und vierte Glied an den Kindern, derer die mich hassen"*:2Mose 20;5) -96-. Die Zahl der Väter unter den Klerikern ist ja sicher nicht so groß, wie die Zahl der Priester selbst. Sich IHN nur vor zu stellen, muss schon eine Missetat sein.

Wenn man sich vorstellt, wie er, dieser Gott, aussehen könnte, verfolgt er schon die Kinder der Väter bis ins vierte Glied. Von solch einem Gott ist es sicher besser, sich keine Vorstellungen zu machen. Wie kann man solche Ergüsse als „Wort Gottes" preisen?

Mose, der geliebte Bergsteiger vor dem HERRN und Knecht des HERRN (2Chron 24;6 -511) ist diesem ergeben und schreckt vor nichts zurück, wenn es gilt dem HERRN zu dienen. Vasallen nennt man in der Moderne solche Leute, die für andere die Kastanien aus dem Feuer holen. Beim *„Sieg über die Medianiter und Verteilung der Beute"* erfahren wir bei 4Mose 31;14 -199-: *„Und Mose wurde zornig, über die Hauptleute des Heeres, die Hauptleute über tausend und über hundert, die aus dem Feldzug kamen, und sprach zu ihnen: Warum habt ihr alle Frauen leben lassen? Siehe, haben nicht diese die Kinder Israel durch Bileams Rat abwendig gemacht, dass sie sich versündigen am HERRN durch den Baal-Peor, so dass der Gemeinde des HERRN eine Plage widerfuhr?* **So tötet nun alles, was männlich ist unter den Kindern, und alle Frauen, die nicht mehr Jungfrauen sind; aber alle Mädchen, die unberührt sind, die lasst für euch leben"**.

Die Jungfrauen will der gefügige Mose am Leben lassen – für den späteren Gebrauch. Es muss aber nicht einfach gewesen sein, alle die noch vorhandenen Jungfrauen zu sortieren. Im Gesicht sieht man nicht jeder ihre Unschuld an. Töten und Blutfließen sind herausstechende Merkmale im AT. Hätte der HERR nicht so viel Freude an Schlachtopfern und Blut fließen, könnte er Zerstörung von Tier oder Mensch, mit einem Finger schnippen erledigen. Aber nein: es muss getötet und Blut vergossen werden *(wie Wasser)*, weil es dem HERRN so *gefällig ist*. Welch ein „Wort Gottes"!

Der HERR zitierte Mose auf den Berg, um ihm die steinernen Tafeln mit den zehn Geboten zu beschriften. Da lesen wir bei 2Mose 24;15 -102-: *„Als nun Mose auf dem Berg kam, bedeckte die Wolke den Berg und die Herrlichkeit ließ sich nieder auf dem Berg Sinai, und die Wolke bedeckte ihn sechs Tage; und am siebten Tag erging der Ruf des HERRN an Mose aus der Wolke. Und die Herrlichkeit des HERRN war anzusehen, wie ein verzehrendes Feuer auf dem Gipfel des Berges vor den Kindern Israels. Und Mose ging mitten in die Wolke hinein und blieb auf dem Berg, vierzig Tage und vierzig Nächte."*

Sechs Tage ließ der HERR seinen gelobten Vasallen und Bergsteiger schmoren, bis er ihn aus der Wolke zurief. Vermutlich hatte Mose Proviant dabei, um die lange Zeit nicht Hungern und Dürsten zu müssen. Gegen versehentlichen Absturz in der Wolke, der *Herrlichkeit*, hat ihn sicher der HERR bewahrt. Und die herrliche Wolke hat ihn den Blick auf dem HERRN vermiest. Eine bizarre Geschichte.

Wie nicht anders zu erwarten, hat der HERR bei 2Mose 25,2-103- wieder mal Angaben zum Verhalten gemacht. So sprach er: „*Sage den Kindern Israel, dass sie für mich eine Opfergabe erheben, von jedem der es freiwillig gibt* (Freiwillig – wie rücksichtsvoll der HERR). Dann wird der HERR aber deutlicher: „*Das ist aber eine Opfergabe, die ihr von ihnen **erheben sollt**: Gold, Silber, Kupfer, blauer und roter Purpur, Scharlach und feine Leinwand, Ziegenhaar und rot gefärbte Widderfelle, Dachsfelle, usw.*" Man könnte beim Lesen dieser Angeberei einen Augenkrampf kriegen. „Gottes Wort"! Was will der HERR mit Gold und Silber, ja, sogar mit Ziegenhaar, im Himmel? Spielt er damit? Hat er für Müßiggang überhaupt Zeit, wo er doch ständig bestrebt ist, Opfer zu erhalten? Hier menschelt es doch wieder sehr.

Die Menschen im AT hatten scheinbar nur eine Lebensaufgabe, dem HERRN zu dienen, rund um die Uhr, um sein Selbstwertgefühl zu befriedigen. Ein kleiner Gernegroß wird hier beschrieben, der die Puppen tanzen lässt, wie es seinen Launen entspricht. Im AT wimmelt es geradezu von Angeberei, von Opfern und Vorschriften und kleinkarierten Befehlen, wie man es bei Kindern antrifft, wenn sie spielen.

Ein besonderes Beispiel finden wir bei 2Mose 26;1-104- wo man Vorschriften für die Stiftshütte findet: Da wird vom Verstand viel verlangt. Bei 2Mose 27;1-105- geht es weiter mit der Angeberei – eigentlich bis zum Kapitel 40 – aber auch da hört die Vorschriftensammlung nicht auf. Kein Wunder, dass das meist gekaufte Buch der Welt nicht das meist Gelesene ist. Das hält man im Kopf nicht aus. Wie kann man solch ein Pamphlet als „Wort Gottes" verkaufen?

Blut muss fließen

Es wird ein Gott im Blutrausch beschrieben. Der Brief der Hebräer 9;22 -287-: lässt wissen: *"Denn nach dem Gesetz wird fast alles mit Blut gereinigt, und ohne Blutvergießen geschieht keine Vergebung."* Mit Blut reinigen – welch ein Geschmiere ergibt das! Ohne Blutvergießen gibt es keine Vergebung… Was für Gedankengänge! Solchen Blutrausch kennen nicht mal Metzger.
Bei 1Samuel 15;3 -330-: *"Spricht der HERR Zebaoth… verschone sie nicht, sondern **tötet Mann und Frau, Kinder und Säuglinge, Rinder und Schafe, Kamele und Esel.**"* Der HERR, wie Gott in der Bibel mit Großbuchstaben tituliert wird, will auch, dass unschuldige Kinder, ja, sogar Säuglinge, getötet werden – die so wenig für kriegerische Auseinandersetzungen unter den Menschen verantwortlich sind, wie unschuldige Tiere.
Aber das ist nicht alles, was diesen biblischen Gott antreibt. Um seiner Selbstgefälligkeit Willen muss er Blut sehen – immer wieder. Er will Opfer. Immer wieder verlangt er, dass für ihn unschuldige Tiere geschlachtet werden. Welcher Sinn soll dahinterstecken?
Obwohl bei 5Mose 12;23 -224- steht: *"Blut sollst du nicht essen, denn das Blut ist Leben."* Wenn es aber darum geht, IHM zu Opfern, ist ihm Blut nichts Lebendiges. Für ihn muss Blut fließen – auch wenn es Leben kostet. Welch ein Gott!
Täglich will er ein Brandopfer. Bei Hesekiel: 45;19 -945- verlangt er zum *"entsündigen"* einen Stier zu schlachten. Aber *"Ohne Fehler"*. Das Blut sollen die *"Priester an Pfosten und im Tempel besprengen."* Und das alles um *"Sühne zu schaffen, für das Haus Israel"*, wie es zur *"Mahnung an die Fürsten"* in der Bibel heißt. Hier ist kleinlich aufgelistet, was und wie beim Opfern vorzugehen ist.
Das soll alles ein Gott mitgeteilt haben, damit es ins Buch der Bücher kommt, um einen Gott groß erscheinen zu lassen?
Schriftstellerische Fantasien werden hier deutlich, menschliche Unzulänglichkeiten, die einen Gott groß erscheinen lassen wollen und dabei eher lächerlich und kleingeistig wirken. Aufgeschrieben zu einer Zeit, in der Glauben an ein Überirdisches Wesen die Menschen

mehr beherrschte (zumindest einen Teil der Menschen) als alle Wirklichkeit des menschlichen Daseins.

Eine Fantasterei für einen Glauben an ein Universelles Wesen, das angeblich alles erschaffen hat.

Heute im 21-Jahrhundert sind es irre Moslems des so genannten „IS-Staates" im Iran und Syrien, die an einen zusammen Fantasierten Gott ihr Leben ausrichten und die Erde zur Hölle machen möchten. Sie wollen keinen Fortschritt akzeptieren und krankhaft die Menschheit Jahrhunderte zurückbomben. Ein nüchtern denkender Mensch, der mit beiden Füßen fest auf der Erde steht, kann nur verwundert den Kopf schütteln.

Ein solcher Mensch fragt sich auch, wie man ein Werk, wie das Alte Testament, als „Gottes-Wort" definieren kann, ohne sich beschämt zu fühlen. Eine nüchtern an Gott glaubende Spezies hätte dieses Pamphlet längst den Müll übergeben müssen. Wer sich ernsthaft mit dem AT beschäftigt wird eher vom Glauben an einen überirdischen Gott abtrünnig werden. Warum das AT nicht mehr Schaden unter den Gläubigen anrichtet, ist wohl damit zu erklären, dass sich die allerwenigsten „Gläubigen" damit beschäftigen und nur als wahr wahrnehmen, was ihnen die „geweihten" HERREN (Herr wir danken dir, dass du uns berufen hast vor dir zu stehen) in ihren Predigen und bei sonstigen Anlässen, fabeln.

Bleiben wir beim Opfer und opfern im AT.

Kann solcher Opfer-Unsinn in einem Buch das Wort eines Gottes sein? Haben das nicht Schriftsteller verzapft, die hier einen schlechten „Krimi" in die Welt brachten, die sich einen Gott, ein allmächtiges Wesen vorstellten, dem sie mit Blutrausch Macht suggerierten und mit kleinlichen Forderungen für Größenwahn eine besondere Stellung zuschreiben wollten?

Da fordert dieser biblische Gott bei 2Moses 29; 15 -108-: *„Und einen Widder sollst du nehmen und Aron und seine Söhne sollen ihre Hände auf seinen Kopf legen. Dann sollst du ihn schlachten und sein Blut nehmen und rings um auf den Altar sprengen. Aber den Widder sollst du in seine Stücke zerlegen und seine Eingeweihte und seine Schenkel waschen und sie zu seinen Stücken auf seinen Kopf legen und den ganzen Widder in Rauch aufgehen lassen auf dem Altar,*

*denn es ist dem Herrn **ein Rauchopfer, ein lieblicher Geruch.** Ein Feueropfer für den Herrn…"*
Der HERR erfreut sich am „lieblichen Geruch" von verbrennenden Fleisch. Wir nennen das Gestank! Ein Gott hat vermutlich einen anderen Geruchssinn, als jene, die er erschaffen hat. Und natürlich muss Blut verspritz werden, damit Gott Freude hat. Widder sind im Alten Testament ein bevorzugtes Blutopfer, um dem HERRN zu gefallen.

Die Kleinkariertheit der Beschreibung, Eingeweihte und Schenkel auf den Kopf des Widders zu legen, weist ebenfalls nicht auf göttliche Schilderung hin. Allzu menschlich geht es zu, mit schriftstellerischer Fantasie, die glauben machen will, mit diesem Worten äußere sich ein Gott. Hier äußerst bestenfalls ein Psychopath.

Das sind primitive Fantasien, die Angst vor einem übermächtigen Wesen einflüstern wollen, um zu ängstigen, wie vor einem Raubtier. Man will opfern, um selbst verschont zu bleiben. Glauben äußert sich hier zum wiederholten Male als Wunschdenken ohne Realitätssinn.

Bei aller Lust an Opfergaben nimmt dieser biblische Gott doch Rücksicht auf Behinderte. Da steht bei 3Moses 22;20-150-: die Anweisung *„Brandopfern, die dem Herrn dargebracht werden, damit es euch wohlgefällig mache… soll es ein männliches Tier sein, ohne Fehler, von Rindern oder Schafen, oder Ziegen".* Und: *„alles was einen Fehler hat, sollt ihr nicht opfern, denn es wird euch nicht wohlgefällig machen".* Wie wir noch sehen werden, schätz der HERR Behinderte nicht sehr. Dabei ist der HERR recht kleinlich, gibt an, wie zu verfahren ist, und wo geopfert werden darf, nämlich *„auf dem Altar des HERRN."* Es wimmelt im AT nur so von Opfern und Blut vergießen, wobei kleinliche Anordnungen zu befolgen sind, um diesem Gott zu gefallen. Ein Psychopath wird beschrieben, was nur einem menschlichen Gehirn entsprungen sein kann.

Es soll darauf geachtet werden, dass ja gesunde Tiere ihm geopfert werden. Maleachi 1;14 -1018- lässt uns wissen *„Verflucht sei der Betrüger, der in seiner Herde ein gutes männliches Tier hat und es gelobt, aber dem HERRN ein fehlerhaftes opfert. Denn ich bin ein großer König, sprich der HERR Zebaoth, und mein Name ist gefürchtet unter den Heiden".*

Welch eine Prahlerei! Da haben wir wieder den kleinen Gernegroß. Diese biblische Aussage weist wie andere, darauf hin, dass sie nicht von einem Gott stammen können. Welch ein kleingeistiger Gott wäre das, der von sich spricht *„ich bin ein großer König und mein Name ist gefürchtet".* Das ist menschliche Kraftmeierei. Hingegen könnte die Unverschämtheit, nur gesunde Tiere zu opfern, durchaus einem mächtigen Wesen zugeordnet werden. Auch unsere irdischen Fürsten, Könige, aber auch die Neureichen, würden es sich verbieten, Krankes geschenkt zu bekommen. Das lässt Hochmut und Arroganz nicht zu. Aus dieser Erkenntnis spricht allerdings menschliches Verständnis. Wer in gehobener Stellung Forderungen stellt, wird sich mit kranken Opfern nicht abspeisen lassen. Das ist aber nicht nur „göttlich", es ist rein menschlich – nichts anderes als menschliche Fantasie lässt das Alte Testament auch hier erkennen.

Wo es bei *5Mose* 12 -222- heißt *„Mose verkündet die Gesetze"* es um die von Gott erwählte Opferstätte geht, verlangt dieser allmächtige Gott bei *12;6* -223-: *„Dorthin sollt ihr bringen eure Brandopfer und eure Schlachtopfer, eure Zehnten und eure heiligen Abgaben, eure Gelübdeopfer, eure freiwilligen Opfer und* **die Erstgeburt eurer Rinder und Schafe…"** Bei 5Mose 15;19 -227- wird die Opfergier des HERRN noch deutlicher. Da heißt es: *„Alle Erstgeburt, die unter deinen Rindern und Schafen geboren wird, sollst du, wenn sie männlich sind, dem HERRN, deinen Gott, heiligen…"* Diesem Gott ist immer zu opfern, dann auch noch die Erstgeburt von Tieren. Da hatten die Leute in der „Urzeit" schon wenig und sollen die Erstlinge ihrer Viecher sinnlos schlachten, um einen Imaginären Gott zu gefallen. Steckt dahinter der Sinn, die Menschen nicht übermütig werden zu lassen, wenn es ihnen gut geht.

Was für ein sinnloses töten, wegen des *„Wohlgeruches"*, von verbrennenden Fleisch, das dieser Gott so mag. Was für einen Geruchssinn hat dieser Gott? Steigt der Geruch bis zu ihm in den Himmel auf, – durch das ganze unermessliche All, wo irgendwo ER seinen Sitz hat – das Paradies?? Aber ach – „Gott ist groß und unbegreiflich": Hiob 36;26 -591-

Einen Höhepunkt der Opfernarretei lesen wir im Buch der Könige 3;4 -388-: *„Und Salomo opferte dort 1000 (Tausend) Brandopfer auf dem Altar."*
Wo ihm doch alles möglich ist, könnte ER diesen Wohlgeruch sich nicht selbst erzeugen? Gefällt ihm das Opfern, das Töten, wenn Blut fließt und der Gestank von verbrennenden Fleisch zu ihm aufsteigt mehr, als eigene Kreativität?
Warum will dieser Gott so viele Opfer? Ist er ein Sadist? Langweilt er sich im Himmel? Seine Schöpfungen, Adam und Eva *(die Männin)* hat er aus dem Paradies vertrieben. Alleinsein macht ihm wohl kein Glücksgefühl, so delektiert er sich an Opfern, an das Töten von Tieren, an dem *„Wohlgeruch"* beim Verbrennen von Fleisch, ihm zuliebe.
Wie heißt es im NT bei Matthäus 9;13 -13-: *„Ich habe Wohlgefallen an Barmherzigkeit und nicht am Opfer"*. Und weiter: *„Ich bin gekommen, die Sünder zu rufen und nicht die Gerechten."* In der Trinität ist Jesus Gott selbst. Welcher Widerspruch im Vergleich zum AT bei Hesekiel 5;5 bis 17 -893-: wo es am Ende heißt: 5;17: *„Hunger und wilde Tiere will ich unter euch schicken, die sollen euch kinderlos machen, und es soll Pest und Blutvergießen bei dir umgehen, und ich will das Schwert über dich bringen. Ich, der HERR, habe es gesagt."*
Welche Gehässigkeit gießt dieser Gott über Jerusalem aus. Auch das keine göttliche Formulierung, muss man annehmen. Welcher Hass spricht da aus einen universellen Gott, wo die *„Begründung und Beschreibung des Gerichtes über Jerusalem"* geschildert wird. So viel Hass kann nur einem menschlichen Gehirn entspringen, aber nicht einem Gott, der das riesige Universum erschaffen haben soll. Der brauchte so viel Kleingeisterei nicht, um seinen Ärger Luft zu machen -, sollte man zumindest annehmen. Hier fragt man sich zum wiederholten Male, wie man solche „Berichte" als „Wort Gottes" postulieren kann, – ohne Gewissensbisse zu bekommen.
Aber ach: bevor es die Trinität (Gottvater, Gottsohn, Gottheiliger Geist), die Erfindung christlicher Gescheitmenschen gab, war ja Gott noch nicht auch Jesus. Erst mit der „Geburt" der Trinität (zwischen 325, Erstes Konzil von Nicäa und 675 -Synode von Toledo – durch

verschiedene Konzile) ist Gott auch sein Sohn geworden – und hat gelernt: Nicht mehr *„Aug um Aug, und Zahn um Zahn"*, sondern: *„rechte Backe, linke Backe!"* „Daraus können wir wiederholt erkennen, wie menschliche Fantasien das „Wort Gottes" beeinflusst haben – nicht ein Gott selbst.

Welch ein Anspruch der Kleriker, das „Wort Gottes" sei göttliche Eingebung. Aber Gläubige glauben viel und gern!

Im Neuen Testament hat der menschliche Gott nicht mehr gefallen an Opfern, sondern an Barmherzigkeit. Ein wandlungsfähiger Gott. Wie bei den Menschen, je älter sie werden, desto weiser. All das Geschriebene sind menschliche „Geistesblitze", aber nicht „Wort Gottes".

Gott fürchten

Diesen biblischen Gott muss man zu jeder Zeit fürchten. Aber: Welchen Alleinherrscher muss man nicht fürchten? Wer Macht hat, das suggeriert schon das Wort, wird sie auch ausüben. Also ist Furcht angebracht und Unterdrückung zu befürchten. Rein menschlich ist das! 5Moses 6;24 -216- lässt uns wissen: *„Und der HERR hat uns geboten, dass wir den HERRN unsern Gott fürchten, und dass es uns wohlgehe unser Leben lang, so wie es heute ist…"*

Zu fürchten ist der HERR immer wieder. Und er zeigt sich als Gernegroß, bei 5Mose 32;39 -249- wo „geschrieben" steht:" *Sehet nun, dass ich's allein bin und kein Gott neben mir! Ich kann töten und lebendig machen, ich kann schlagen und kann heilen, und niemand ist da, der aus meiner Hand errettet."* Und weiter bei 42: „*… mein Schwert soll Fleisch fressen, mit Blut von Erschlagenen und Gefangenen, von den Köpfen streitbarer Feinde".* Welch ein Gott ist das.

Wenn wir uns vor Gott fürchten, geht es uns wohl…. Wussten wir das…? Bei allen irdischen Despoten ist das auch der Fall. Vasallen werden bevorzugt, Kritiker bekämpft. Man muss ihnen unterwürfig sein, um von ihrer „Größe" zu profitieren, das erkennen wir auch bei Jeremia 29;13-850-: *„Wenn ihr mich von ganzen Herzen suchen werdet, so will ich mich von euch finden lassen".* Er will alles haben:*"Von ganzen Herzen".* Darunter macht der HERR es nicht. Hat er sich schon mal „finden" lassen?

Vor lauter Befehle zu beachteten, immer zu opfern, kann sich ein freies Leben nach diesen biblischen Vorstellungen nicht entwickelt haben. Ständig sind göttliche Diktate zu beachteten und zu befolgen. Wir Nicht-Muslime wundern uns über die täglichen fünf Pflicht-Gebete der Moslems, gegen Mekka gerichtet, auf einen Gebets-Teppich (den man wohl am besten immer bei sich hat), in Demutshaltung ausgeführt. Uns wird bewusst, ein modernes Leben kann so nicht reibungslos funktionieren. Unser aktuelles, ja meist hektisches Leben, hätte gar nicht entstehen können. Wäre da unser Wohlstand entstanden? Oder wären, wie in der muslimischen Welt, vor allem die Religionsführer, die Effendis, Scheiche, Großwesire, wohlhabend geworden?

Die Einbildungen eines einzigen Mannes, ausgegeben als „Heimsuchungen" Allahs haben im Laufe der Zeit über eine Milliarde Menschen beeinflusst, wie die christliche Welt des Herrn Jesus – genauer: seine Prediger. Besser geworden ist die Menschheit nach deren Phantasien nicht.

Hätten wir die vielen Muslime nicht in unserer Gesellschaft, in unserem Staat, wären deren Glaubensbild den wenigsten bekannt und dadurch für uns auch nicht verwunderlich.

Vergleicht man andere Religionen mit unserem Verständnis, sind wir darüber erstaunt. Schütteln über deren Verhalten verständnislos den Kopf. Was den Andersgläubigen mit ihrer Auffassungsgabe im Blick auf uns sicher genau so ergeht.

Glauben dient nicht dem Fortschritt! Lesen wir bei Karl Heinz Deschner in *„Opus diaboli" Seite 67/68,* was der protestantische Theologe Martin Dibelius geschrieben hat *„… die Kirche* (war) *stets die Leibwache von Despotismus und Kapitalismus"* gewesen. *„Darum waren alle, die eine Verbesserung der Zustände dieser Welt wünschten, genötigt, gegen das Christentum zu kämpfen".*

Wie mag das im Himmel aussehen, bei solch einen Gott, der hier noch schlimmer erscheint, als kommunistische Diktatoren. Und, erlaubte Frage: Hat man solche herrischen Anordnungen und ständiges Fürchten vor einen Gott in „seiner" Kirche schon über den Teufel gehört oder gelesen, dem Gegenspieler im Biblischen Krimi?
Im AT vernimmt man vom Teufel ein Gespräch mit dem HERRN. Bei Hiob 1;7 -567-: heißt es: *„Der HERR aber sprach zu dem Satan: Wo kommst du her?* (das müsste der Allwissende doch wissen). „Der Satan antwortete dem HERRN und sprach: *'Ich habe die Erde hin und her durchzogen.'* Der HERR sprach zu Satan: *'Hast du achtgehabt, auf meinen Knecht Hiob?'* Versteht der HERR den Teufel als Kontrolleur? *'Denn es ist seinesgleichen nicht auf Erden, fromm und rechtschaffen, gottesfürchtig und meidet das Böse.'* Der alles wissende HERR befragt den Teufel, ob er seinen Knecht Hiob beschützt hat. Welch ein Unding! Der Satan antwortet dem HERRN und sprach: *'Meinst du, dass Hiob Gott umsonst fürchtet?...'* Ein Gespräch wie unter Freunden. Aber: War der Teufel, bevor er einer geworden ist, nicht ein Engel? Dann ist er der Widersacher Gottes geworden und dieser kann ihn nicht vernichten?
Da soll der gute Christ sich auf eine Ewigkeit in einem göttlichen Paradies freuen? Wo der Kontakt des HERRN mit dem Teufel so innig erscheint? Ist es da wirklich so schlimm in die Hölle zu kommen, wie uns die Prediger predigen? Wo man in der Bibel vom Beelzebub keine Strafen wie vom „zerschmettern", „töten", „mit der Schärfe des Schwertes" und Unterdrückung liest, wie vom HERRN? Mächtige Herren, Despoten, wie in Nordkorea, China oder in afrikanischen Staaten, haben ihren Gefallen daran, wenn ein ganzes Volk, „ihr" Volk (das sie als Eigentum betrachten, mit dem sie machen können, was sie wollen), sich vor ihnen duckt und fürchtet. Allmacht ist eine Geisteskrankheit, die schwer heilbar ist, wenn überhaupt. Von der sind Bibel-Schreiber beim Notieren wohl getrieben worden, um ein Geschöpf zu manifestieren, dem sie in ihrer Fantasie von Größenwahn keine Zügel anlegen wollten.
Kann dieses Niedergeschriebene alles von einem allmächtigen, allwissenden Gott stammen, der es Menschen eingeflößt hat, im Traum, oder sonst wie? Da bestehen keine Zweifel, bei Leuten die glauben

wollen, nicht aber bei Menschen, die mit beiden Füßen auf dem Boden stehen, wie man das so schön nennt, wenn jemand seinen Verstand nüchtern gebraucht.
Bei 1Moses 12;3 -25-: „*... ich will die segnen, die dich segnen, und die verfluchen, die dich verfluchen;* sagt der HERR zu Abraham. Da steht der HERR ganz auf der Seite seines gläubigen Untertan und mit Verfluchen hält er sich im Alten Testament auch nicht zurück. Der Biblische Gott hat halt eine eigene Bildung. Die Kleriker werden so etwas mit „Geheimnis unseres Glaubens" „verständlich" machen wollen.
Ja, Gott ist groß! Hiob 36;22 -591-: „*Siehe, Gott ist groß in seiner Kraft; wo ist ein Lehrer, wie er?*" Weist diese Formulierung auf ein „Wort Gottes" hin? Das darf sehr bezweifelt werden! Von einem Gott, der seinen Verstand noch bei sich hat? Es menschelt auch hier wieder im AT. Hier will man ein Fantasie-Produkt aufblähen und wird an die Erkenntnis des englischen Philosophen erinnert, mit seiner Meinung: „Nicht Gott hat den Menschen erschaffen, der Mensch hat sich Gott erschaffen".
Immer wieder verwunderlich, dass uns Kleriker das als „Wort Gottes", oder „Wort des lebendigen Gottes", wie es heute modern in Gottesdiensten postuliert wird, unterjubeln wollen.
Wenn da mal die Kleriker in den Himmel kommen. Könnte ja sein, der Herr der HERREN könnte das als Gotteslästerei empfinden.
Wundert man sich noch darüber, dass die menschliche Geschichte von Kriegen, Schlachten, gezeichnet ist, wenn sich diese Menschen in ihrem Glauben an die Bibel, an einem blutrünstigen Gott wie im AT, orientierten?? Sind nicht erfolgreiche Männer aus „Schlachten" zurückgekommen und dadurch große Persönlichkeiten der Weltgeschichte geworden? Karl der Große (Sachsenschlächter**),** Alexander der Große, Napoleon, Friedrich der Große und weitere Schlächter – von Menschen.
Ist es nicht nachvollziehbar, wenn die heilige Kirche dieses Gottes militärische Geräte segnet, um damit erfolgreich Menschen zu töten? Auch Christen, auf der anderen, verkehrten, Seite? Tote Christen, wenn sie gute waren, werden in den Himmel kommen. Als Blutopfer, werden sie wohl dem Allmächtigen gefallen, der Opfer zur Ehre für seine Größe erwartet. Laut der Bibel Tieropfer. Aber wenn er nur

gesunde Tiere geopfert haben will, kann es auch sein, Menschenopfer sind ihm genau so recht. Abrahams Sohn Isaak wäre auch fast ein menschliches Opfer seines Argwohns geworden.

Wäre die Bibel das Werk eines universellen Gottes, eines „Schöpfers", der alles im Griff hat, der mit einem Fingerschnippen Gewaltiges bewegen kann, Himmel, Erde, die Lebewesen darauf, der jedes Wesen auf Erden kontrolliert, ein Voyeur also, der sogar weiß, was einer denkt, was einer vorhat, wie die Kleriker suggerieren und die Bibel selbst, dann gäbe es im Buch der Bücher keine Widersprüche. Gravierende schon gar nicht. Man denke nur an „Aug um Auge, Zahn um Zahn" und „rechte Backe, linke Backe" (Mt. 5;39 -8- ,2Mose 21;24 -98-oder 3Mose 24;20)-153-, was jedem geläufig ist. Einen universellen Gott, der das unermessliche All, das sich seit dem **Urknall vor 13,7** Milliarden Jahren noch heute ausdehnt, geschaffen hat, würden solche einfachen Schnitzer nicht passieren. Und – brauchte er Blutopfer? Wenn er all das erschaffen hat, was uns umgibt, uns selbst, warum freut er sich am Blut verspritzen? Ist er gar ein Vampir? Das mag wohl kein „Geweihter" zugestehen.

ER ist auch **ein rächender Gott**: Bei Josua 11;11 -265- lesen wir: *„Und sie schlugen alle, die darin waren, mit der Schärfe des Schwertes und vollstreckten den Bann an ihnen, und er verbrannte Hazor* (die Stadt), *und nichts blieb übrig, was Odem hatte und er verbrannte Hazor mit Feuer."*

Brutal ist der HERR auch gegenüber David, der bei 2Sam.:12;13 -365- bekennt: *„Ich habe gesündigt gegen den HERRN"*. Weil er, David, die Feinde des HERRN zum Lästern gebracht hat, Schlug der HERR (2Sam. 12;15 -365-) *das Kind, das Davids Frau Urias geboren hatte, so, dass es todkrank wurde"*.

Den „lieben Gott", den man uns im Religionsunterricht gelehrt hat, war viel lieber, als der, von dem wir im Alten Testament lesen. Man hat uns doch nicht richtig aufgeklärt – oder einfach nur belogen!

Da steht bei 5Moses: 12;16 -223-: *„Das Blut sollst du"* nicht essen, *sondern auf die Erde gießen wie Wasser."* Das Blut wie Wasser weggießen. Zwar ist Wasser sehr wertvoll und ohne Wasser kein Leben möglich. Aber Blut, das trotz aller Blutrünstigkeit der Bibel wertvoll ist und Leben bedeutet, einfach weggießen…?

Dann lesen wir bei 5Moses 12;23 -224-: *„Allein achte darauf, dass du das Blut nicht isst; denn das Blut ist das Leben; darum sollst du nicht zugleich mit dem Fleisch das Leben essen, 12;24-224-: sondern du sollst das Blut auf die Erde gießen wie Wasser, 12;25 -224-: sollst es nicht essen, auf dass dir's wohlgehe und deinen Kindern nach dir, weil du getan hast, was recht ist vor dem HERRN..."*
Blut ist im Biblischen Drama ein wichtiges Utensil. Da lesen wir bei 3Mose 7;27:-130- *„Jeder der Blut isst, wird ausgerottet."* Da müssten wir Katholiken, auch die „Evangelen", längst ausgerottet, vernichtet, sein. Wie schmeckt uns Christen die Blutwurst! Mit dem Essen verwerten wir es als Nahrungsmittel, von abgemurksten Tieren, was uns bekömmlich ist. Wir sündigen also immer wieder. Wirte, aber auch Vereine, laden in der christlichen Welt, zu Schlachtfesten ein, mit „Blut- und Leberwurst". Dabei geht es uns gut. Himmlische Rache nach dem Sterben fürchten wir schon gar nicht. Auch geweihten HERREN, die sich diesem Genuss hingeben, gehen wohl nicht zum Beichten, wenn es ihnen geschmeckt hat.

Gott der Blut-Fan

Blut darf weg gegossen werden wie Wasser, 5 Mose 12;24 -224- ; gegessen werden darf es nicht. Dagegen dürfen Tiere Blut saufen: Hesekiel 39;17 -936-: *„Du Menschenkind, so spricht Gott der HERR: Sage dem Vögeln, allem was fliegt, und allen Tieren auf dem Felde: sammelt euch und kommt herbei, findet euch zusammen von überall her zu meinem Schlachtopfer, das ich euch schlachte, einem großen Schlachtopfer auf den Bergen Israels, und fresst Fleisch und sauft Blut. Fleisch der Starken sollt ihr fressen, und Blut der Fürsten auf Erden sollt ihr saufen, der Widder und Lämmer, der Böcke und Stiere, all des Mastviehs aus Basan. Und ihr sollt Fett fressen, bis ihr* *satt seid, von dem Schlachtopfer, das ich euch schlachte. Sättigt euch von Rossen und Reitern, von Starken und all den Kriegsleuten an meinem Tisch, spricht Gott der HERR „*

Das will der HERR? Hier erscheint er als Metzger, als Schlächter! Ist das nicht alles wundervoll gehässig? Alles von Gott selbst für die Bibel irgendjemandem eingeflüstert oder im Traum mitgeteilt. Ist das nicht eher ein schlechter Witz – oder besser, die Unzulänglichkeit von Schriftstellern? Dieser beschriebene Gott ist die Gehässigkeit in Person. Und welcher Ausdrucksweise bedient er sich? So was soll man für bare Münze nehmen? Wie schon angemerkt, muss man sich wundern, dass ein solches Pamphlet von den Predigern als „Wort Gottes" ausgegeben wird, statt es in der Versenkung verschwinden zu lassen. In früheren Jahrhunderten durften gläubige Christen die Bibel nicht lesen. Wenn sie denn überhaupt lesen konnten. Die Verantwortlichen jener Zeit wussten warum!

Allerdings werden die Kleriker auch auf diese Ausgeburten eine Antwort haben.

Inzwischen ist man bei den Herausgebern der Bibel wohl zu der Meinung gekommen, diese schriftstellerischen Fantasien des Alten Testaments nicht mehr zu verbreiten. Heute findet man in Krankenhäusern und Hotelzimmern nur noch das Neue Testament ausgelegt. Aber auch das ist nicht das Gelbe vom Ei!

Der geistige Schwachsinn ist auch daran zu erkennen, wie die *Menschenkinder* die Tiere herbeirufen sollen, damit sie, auch das *Blut der Fürsten auf Erden*, saufen. Wenn die Vögel damals so gescheit waren, die menschliche Stimme zu verstehen, dann werden die Tiere bestimmt freudig herbeigekommen sein, um sich abmurksen zu lassen. Welch ein „Wort Gottes!", die Bibel.

Blutsüchtig, wie ein Vampir, erscheint dieser Biblische Gott auch bei 2Moses 7;20 -81-: *„da taten Moses und Aron, wie ihnen der HERR geboten hatte, und Mose hob den Stab und schlug ins Wasser, das im Nil war, vor dem Pharao und seinen Großen. Und alles Wasser im Strom wurde in Blut verwandelt. 7;21 -81-: Und die Fische im Strom starben und der Strom wurde stinkend, so dass die Ägypter das Wasser aus dem Nil nicht trinken konnten; und es war Blut in ganz Ägyptenland."*

Welch ein Wunderglaube wird hier verlangt. Es gibt im Alten Testament nichts Berauschenderes als Blut. Hier zeigt sich wieder ein rachsüchtiger, blutrünstiger Gott – und die geweihten HERREN, in „seiner" Kirche preisen ihn als liebevollen Herrscher.

Man wundert sich, dass beim Lesen im AT das Blut nicht zwischen den Blättern hervor tropft, bei dieser Blutgeilheit im „Buch der Bücher".

Man predigt auf den Kanzeln einen guten, lieben, barmherzigen Gott, der selbst noch Schlimmes im letzten Moment vergibt, wenn man ehrlich bereut, der dann wiederum Blutopfer verlangt. Im Kapitel Klagelieder Jeremias (Klagel) 3;31 --886-   *„…sondern er betrübt wohl und erbarmt sich wieder, nach seiner großen Güte"*. Es findet sich im Buch der Bücher alles – „Wie man es gerade braucht" wusste schon Karlheinz Deschner in „Abermals krähte der Hahn".

Wenn es auch „nur" Blutopfer von unschuldigen Tieren sind, die um des HERRN Willen geschlachtet werden, um ihn zu besänftigen, ist die Blutgier doch nicht zu verkennen. Ein wahrer Gott, ein göttlicher Gott, würde der so etwas wollen? Möchte der immer wieder Blut sehen, das geopfert und damit Leben auslöscht wird, das er durch seine Schöpfungsgabe erst ermöglicht hat? Ist das ein barmherziger Gott, der sich an Tod und Blut berauscht? An Lebewesen, die er erschaffen hat? Ist er ein Sadist? Ein Dracula, ein Gott der Leben erschaffen hat um es genüsslich zu vernichten, um sich daran zu beglücken, wenn Blut verspritzt und der *„liebliche Duft"* von verbrennenden Fleisch zu ihm aufsteigt? Aber: *„Das Blut sollst du" nicht essen:* 5Moses:12;16 -223- Das Blut weggießen wie Wasser, oder verspritzen, das darf man!

Werden die Prediger im Glauben an IHM nicht zu Fabulanten?

Ein schlechter Witz von Schriftstellern, die mit ihrer Fantasie etwas Großartiges schaffen wollten und dabei eine blamable Geschichte niedergeschrieben haben, die Ungläubigen ein verwundertes Kopfschütteln entlockt. Gläubige allerdings, die demütig ängstlich sind, in ihrem Wunderglauben vor Ehrfurcht erschauern lässt.

Ist solch ein **un**ausgeglichener Gott nicht ein menschliches Werk, eine menschliche Erfindung, die hier beschrieben wird? Womit wir wieder bei der Erkenntnis sind, die Menschen haben sich Gott selbst geschaffen. Sie brauchen etwas, an das sie sich in ihrer Unzulänglichkeit klammern können. Dann kommt hinzu, mit dem menschlichen reifer werden, will man nicht wahrhaben, dass es nur **ein endliches Leben** gibt, wie man es der Tierwelt als normal zubilligt. Man erfindet sich einen Himmel und Kleriker sind schlau genug zu wissen, wie es dort aussieht.

Karol Józef Wojtyla

Lesen wir aber bei 2Mose 20;4 -96-: *„… du sollst dir kein Bildnis machen, weder von dem was oben im Himmel ist, noch von dem was unten auf der Erde ist".* 20;5 -96-:*" Denn ich der HERR, dein Gott, bin ein eifernder Gott, der die Missetaten der Väter heimsucht, bis ins dritte und vierte Glied, an den Kindern, derer, die mich hassen…"* Der große Papst Johannes Paul II wusste sogar, im Himmel gibt es auch Tiere.
Nun hat ja wohl der große Karol Józef Wojtyla bestimmt Gott nicht gehasst. Mit seiner Vorstellungsgabe, was und wie es im Himmel ist, wird er sich dennoch versündigt haben.
Der Mensch steht über dem Tier, das er sich zum Nutzen gemacht hat, das er im ökonomischen Streben heute ausbeutet, nach Strich und Faden. Dem er mit seinem rationalen Denken haushoch überlegen ist, dessen Leben soll endlich sein? Das mag er, der Intelligenzbolzen Mensch, nicht wahrhaben. Ihn hat Gott erschaffen, nach seinem Ebenbild. Solch ein auserwähltes Geschöpf kann nicht mit nur einem irdischen, endlichen Leben, „gesegnet" sein. Es gibt ein Weiter nach dem Tod auf Erden. Ein Leben bei Gott. Steht das nicht auch in der Bibel, dem (angeblichen) „Wort Gottes"?
Haben Menschen sich dieses Buch nicht geschaffen, um sich damit auch jederzeit nach Beliebigkeit zu trösten? Sich selbst und andere? Die Bibel, „Gottes Wort"? Gott selbst hat sie nicht geschrieben. Sie äußert aber angeblich seine Gedanken, die er Menschen eingegeben

hat, die sie im Traum erfahren und mündlich weitergegeben haben, bis jemand sie zu Papier gebracht hat. Und jetzt ist es unumstößliches „Wort Gottes", oder „Gottes Wort". Heute wird dies im Gottesdienst als felsenfeste Wahrheit verlesen, mit dem Schlusswort: „Wort des lebendigen Gottes". Die Gläubigen antworten mit „Dank sei Gott". Da werden Zweifel ausgeräumt. Keine Gehirnwäsche?
Ähnliche Muster der Suggestion haben auch die SED-Kommunisten praktiziert, vor allem in der Jugendarbeit.
So funktioniert moderne, geduldete Ideologische Umstimmung: Suggestion. „Wort des lebendigen Gottes", als hätte dieser es vor kurzem mitgeteilt, wofür man dankbar ist. „Dank sei Gott". Ein wichtiger Grund, „Gottesdienste" zu besuchen, um die Abhängigkeit im Geiste nicht abreißen zu lassen. Gottesdienst heißt, Gott anhimmeln, anflehen, zu jammern und sich klein machen, um ihn, den biblischen Gott, zu gefallen, ihn groß zu machen. Er braucht das für sein Selbstbewusstsein. Das lässt schon das AT erkennen.

Gott erschafft die Menschen

Dass dieser Gott ein Herrscher ist, den man besser folgt, lässt das biblische Wort Gottes schon im ersten Buch Moses erkennen. Als Eva ihren Adam mit dem Apfel verführt, wird dieser „liebe Gott" schon äußerst grantig und verflucht die Schlange. 1Moses 3/14 -17-: *„Weil du das getan hast, sei verflucht aus allem Vieh und allem Getier des Feldes. Auf deinem Bauch sollst du kriechen und Staub fressen, dein Leben lang!"* Richtig schön gehässig ist das! Und die Frau, also Eva, die *Männin*, bestraft Gott: 1Moses 3/16 -17- *„Ich will dir viel Mühsal schaffen, wenn du schwanger wirst; unter Mühen sollst du Kinder gebären..."* Das ist ein rein menschliches Verhalten, das man von einem Gott nicht erwartet. Und wie einfach ist diese „göttliche" Ausdrucksweise: *„... und Staub sollst du fressen, dein*

Leben lang!" Kann man sich von Staub ernähren (?), auch wenn man eine Schlange ist? (gemeint sind jene, die auf dem Bauche kriechen). Steht doch in der Bibel, AT::*"Der Herr lenkt jeden Schritt"*: Spr. 16;9 -728- Kann solchen Unsinn ein alles wissender, allmächtiger Gott verzapft haben? Nein! Es menschelt überall, im Alten Testament, dessen Inhalt man Gott, oder einem Gott, unterjubelt und menschliche Gehirne vernebelt.

Kurz danach zeigt sich dieser biblische Gott aber wieder großzügig. 1Moses 3/21 -18-: *„Gott, der Herr, machte Adam und seinem Weibe Röcke von Fellen und zog sie ihnen an."* Dieser Gott ist auch ein Handwerker. Obwohl er vorher die Schlange verfluchte, Eva und ihre Nachkommen mit Geburtsschmerzen „segnete", macht er Adam und Eva Röcke und zieht sie ihnen sogar an. Ist dieser Gott auch ein Schmeichler? Oder ist ihm nur bewusstgeworden, dass ER gesündigt hat, mit seinem Verfluchen?

Bei 1Mose 3;22 -18-: *„Dann sprach er: Ja, der Mensch ist jetzt wie einer von uns geworden, da er Gutes und Böses erkennt."* Es menschelt wieder. Gott schneidert den beiden Sündern Kleider. Beide sind jetzt wie sie, die Götter geworden (Gottvater, Gottsohn und Gott-Heiliger-Geist, sind wohl gemeint?), muss man laut Trinität annehmen – obwohl zur damaligen Zeit die Trinität noch nicht erfunden war.

Da straft ein universeller, alles beherrschender Gott alle Frauen nach Eva mit Geburtswehen, weil diese Ur-Frau gesündigt hat. Warum müssen all die Frauen, die seitdem geboren haben und noch gebären, mitunter fürchterliche Schmerzen leiden, wenn sie gebären, weil Jemand gesündigt hat, an dessen Tun sie völlig unschuldig sind, dessen Handeln sie nicht im Mindesten beeinflussen konnten? Wie viel Hass ist da gebündelt, um solche Strafe zu verfügen. Und dann schneidert ER ihnen Röcke und zieht sie ihnen sogar an. Ein wirklich „lieber Gott". Adam und Eva wissen jetzt, was Böse und Gut ist – und all die Menschen wissen es jetzt auch.

Kann solches Benehmen von einem Gott erwartet werden, der diese ersten Menschen nach seinem Ebenbilde erschaffen hat, dass er sie nach **einem** Fehler derart richtet und verdammt? Und alle, die nach ihnen kommen? Noch mal: steht nicht in eben dieser Bibel, dem

„Wort Gottes": „*Der Herr lenkt jeden Schritt?:* Spr. 16;9. -728-.
Oder: Eines jeden Wege legen offen vor dem HERRN; und er hat acht auf aller Menschen Gänge: Spr. Salomos 5;21 -720-
Dann muss er die beiden selbst zu dieser Verführung durch die Schlange veranlasst haben. Solcher Unsinn kann nur menschliches, aber nicht göttliches, Werk sein. Es wird im AT immer wieder ein Gott beschrieben, der im Kopf nicht ganz gesund ist. Mit einem Menschen solcher Qualität würde man heute zum Psychiater gehen.
Macht die Kirche nicht immer wieder deutlich, dass niemals ein Mensch Gott gesehen hat? Dass alles, was in der Bibel steht, Gott den Menschen ins Hirn eingeflößt hat, oder Niedergeschriebenes durch Träume offenbar wurde? Und doch begegnet in der Bibel Gott den Menschen. Es steht auch geschrieben „„ *"erschien ihm Gott".*
Dann lesen wir bei 2Mose 33;20 -114-: wie der HERR zu ihm sagt: „*Mein **Angesicht darfst du nicht sehen**; denn kein Mensch wird leben, der mich sieht:*" Also wird niemals ein Mensch Gott sehen (Richtig: was es nicht gibt, kann man auch nicht sehen). *Aber schon bei* 1Mosse 17;1-29- lesen wir: „*Als nun Abraham 99* (neunundneunzig) *Jahre alt war, **erschien ihm der HERR** und sprach zu ihm; „Ich bin der allmächtige Gott, wandle vor mir und sei fromm".* Lange musste Abraham auf diesen Moment warten. Es kling aber nach Theaterdramatik.
Und wiederum: Bei 2Mose 24,9-102- lesen wir: „*Da stiegen Mose und Aaron, Nadab und Abihu und 70 (siebzig) von den Ältesten hinauf* (auf den Sinai) *und **sahen den Gott Israels"**.*
Auch bei 5Mose 34;10 -251- müssen wir annehmen, dass Mose den HERRN gesehen hat. Da steht geschrieben: „*Und es stand hinfort kein Prophet in Israel auf wie Mose, den der HERR erkannt hatte, von Angesicht zu Angesicht…?"*
Ja nun: Wie hätten wir es denn gerne? „Wort Gottes"? Mal sieht man Gott, dann wieder niemals. Ist dies nicht ein Beweis für eine Geschichte an der mehrere Autoren gewerkelt haben, die nicht wussten, oder bedachen, was andere schon niedergeschrieben haben?
Kann doch nur ein Beweis dafür sein, alles, was im Buch der Bücher steht, ist menschliche Einbildung, mit der Behauptung, es käme von Gott. Jeder Gauner, Verbrecher, könnte sich einbilden, von Gott zu

seinem Handeln beeinflusst worden zu sein. Solche Fälle hat es ja in der Neuzeit gegeben, womit man sich bei Gericht mit seinen Untaten rechtfertigen möchte, um straffrei davon zu kommen. Denn einen allmächtigen Gott gegenüber ist man machtlos – und unschuldig!

„So wahr mir Gott helfe" ist eine beliebte Beschwörungsfloskel, um sich auf ein Überwesen zu berufen, und gleichzeitig sein eigenes Handeln außer Verantwortung zu stellen. Immer schön die Zuständigkeit von sich abweisen. Bei Gericht fordert man diese Phrase nicht, akzeptiert sie aber. Wer sich auf Gott beruft, hat den größten Zeugen hinter sich und will sich damit glaubhaft machen. Wie praktisch! Versagt man dann, hat Gott eben nicht geholfen. Wie soll man ohne Gottes Hilfe rechtschaffen sein? Benutzt zum Beispiel ein Bundesminister, oder wie der einstige Bundeskanzler Gerhard Schröder, bei seiner Vereidigung zum Bundeskanzler die Formel „so wahr mir Gott helfe" nicht, muss er mindestens mit Kritik seiner Gegner rechnen und der Presse, die ihm nicht wohl gesonnen ist. Da hat es ein Pharisäer leichter, wird zustimmend anerkannt, weil er sich „christlich" verhalten hat. In Wirklichkeit schließt er Eigenverantwortung aus, die er einen „Übersinnlichen Wesen" in die Schuhe schiebt, noch bevor er verantwortlich wird.

Die Pharisäer hat allerdings das Christentum erst zu Heuchlern gemacht. Sie waren eine theologische, lebenspraktische und politische Schule im antiken Judentum. Aber Christen mögen die Juden nicht, obwohl der Herr Jesus einer war!

In der Bibel lesen wir, bei Matthäus 5/34 -8-: Der über alles verehrte Herr Jesus sagt: *„Ich aber sage euch, dass ihr überhaupt **nicht schwören** sollt, weder bei dem Himmel, denn er ist Gottes Thron"*, 5/35 – 8-: *„noch bei der Erde, denn sie ist seiner Füße Schemel..."*

3Mose 19;12 -146- sagt uns: *„Ihr sollt nicht falsch schwören, bei meinen Namen und den Namen eures Gottes nicht entheiligen; ich bin der HERR"*. Dieser Absatz steht im Kapitel *„Gesetze zur Heilung des täglichen Lebens"*. Und bei 4Mose 30;3 -198- lesen wir: *„Wenn jemand dem HERRN ein Gelübde tut oder einen Eid schwört, dass er sich zu etwas verpflichten will, so soll er sein Wort nicht brechen, sondern alles tun, wie es über seinen Lippen gegangen ist."* Nun, Ehrlichkeit und Worttreue wird hier verlangt, um nicht zum „Old

Schwurehand" zu werden, wie man es schon in der großen Politik der Bundesrepublik erlebt hat.
Es stimmt auch hier wieder, was schon Karlheinz Deschner geschrieben hat: „Wie man's gerade braucht."
Im Alten Testament hat Gott das Schwören dem Mose mitgeteilt. Der wiederum seinen Hörigen. Im Neuen Testament lässt uns Matthäus, der Evangelist, wissen, Jesus hält vom Schwören gar nichts. Laut Trinität, sind Gott Vater und Gott Sohn EINS, zusammen mit dem Heiligen Geist, dem „Lustmolch", der *„Dreieinigkeit"* der schon fünf (oder gar sechs) Kinder Frauen untergejubelt hat. Wenn Jesus bei Matthäus vom Schwören nichts wissen will, muss er wohl als Gott seine Gedanken neu sortiert haben und zu neuen Überlegungen gekommen sein. Denn zu der Zeit war die Trinität schon durch die weisen Bischöfe erfunden.
Damit erweist sich dieser Gott als fehlbar. Wer seine Gedanken, sein Handeln revidieren muss, kann nicht zweifelsfrei sein. Das lesen wir schon bei 2Mose 32;14 -112-: *„Da gereute dem HERRN das Unheil, das er seinem Volk zugedacht hatte."* Keine Schande für einen Menschen – denn Menschen sind nun mal unzulänglich. Aber positiv ist es, wenn sie Fehler erkennen und ändern. Ein Plus aber auch für einen Gott, wenn er Fehler einsieht.
Schon bei 1Mose 6;7 -20- erweist sich Gott als fehlerhaft. Da steht „geschrieben (Ankündigung der Sintflut): *„…da reute es ihn, dass er die Menschen gemacht hatte auf Erden…"*
Ist also Gott unfehlbar? Oder „nur „zwiespältig, wie das bei Psychopaten der Fall ist? Zwei Personen in einem Körper (Kopf, sollte man denken). Wie soll ein einfacher – oder auch studierter Mensch – da schlau werden, wenn schon der Allmächtige, der Himmel und Erde, Mensch, Tier und Pflanzen, das ganze Weltall, in seiner Größe erschaffen hat, zweierlei Denkweisen von sich gibt. Aber, ach: In der Trinität ist Gott ja eine „Dreieinigkeit". Das ist verwirrend – vielleicht auch für ihn selber?
Sind wir, die er nach seinem Ebenbild erschaffen hat, deshalb oft „diskrepant", weil wir nicht immer derselben Meinung sind, diese nach Bedarf unserem Umfeld anpassen, um nicht aus dem Rahmen zu fallen – als angepasst gelten (wollen)?

Muss man sich da wundern, wenn „Glauben" verwirrt, wenn er einem ein X für ein U vormacht? Wenn Menschen, die ja meist in irgendeiner Glaubensrichtung erzogen werden, irre werden, den größten Unsinn glauben, sich vereinnahmen, sich ausnehmen lassen, weil sie auf das Rednertalent anderer herein fallen? Glauben macht selig! Das ist das einzig Gute am „Glauben" – das selig werden. Selbst im größten Schlamassel findet man hier noch Befriedigung.

Vom Baum der Erkenntnis

Hätten die beiden ersten Menschen nicht *vom Baum der Erkenntnis* genascht, würde die Menschheit vermutlich noch heute doof dahinleben – aber halt paradiesisch. Stimmt allerdings auch nicht so. Denn ohne den Apfeldiebstahl vom *Baum der Erkenntnis*, wären Adam und Eva im Paradies alleine geblieben – die lustvolle Lust, die die Überbevölkerung der Erde befürchten lässt, gäbe es nicht.
Wenn der Allmächtige Gott alles weiß, weiß, was kommt, weil er alles im Griff hat, warum hat er Adam und Eva verboten, vom Baum der Erkenntnis zu naschen? Er hätte doch wissen müssen, das erste menschliche Weib wird sich von der Schlange verführen lassen – und hätte es verhindern können. Steht da nicht geschrieben, nichts geschieht ohne Gottes Willen? Oder bei: Lk. 12;7 -92-: *Haare sind gezählt?*. Oder: *"Der Herr lenkt jeden Schritt"*: Spr. 16;9 -728- Oder: Des HERRN Augen schauen alle Lande, die er stärke, die mit ganzem Herzen bei ihm sind: 2Chron 16;9 -503-
Demnach hat ER diesen ersten Sündenfall, wie später alles was geschieht (und heute noch vorkommt), selbst zu verantworten. Wie kann er andere strafen, für Fehler, für die er selbst verantwortlich ist? Stellen wir uns Adam und Eva im irdischen Paradies vor. Als erste Menschen allein „auf weiter Flur", „umringt" von allerlei Getier, in

sonniger Landschaft. Die Blumen blühen, die Vögel zwitschern; eine herrliche Umgebung! Aber vermutlich langweilig. Ihnen fehlte die geringste Bildung. Es gab keine Literatur, keine Unterhaltung. Keine Zeitungen. Keine Bravo – sie hätten sie gar nicht lesen können. Also keine Aufklärung. Sie lebten glücklich, aber eben doof dahin.

Da *„erkannte Adam sein Weib Eva"*: 1Mose 4;1 -18-. Sie war rundlich geworden, hatte aber nichts anderes gegessen als er. Beide waren zwangsweise Veganer, obwohl sie diesen Begriff nicht kannten. Sie lebten gesund, von dem was die Natur ihnen bot. Dennoch hatte Eva sich verändert. Das *„erkannte"* Adam an seinem Weib. Sie sagte zu ihm: *„ich habe einen Mann gewonnen, mit Hilfe des Herrn"*.

Hier ist also anzunehmen, der **Heilige Geist** hat *„mit Hilfe des HERRN,* „zum ersten Male einer Frau ein Kind untergejubelt. Den Kain. Bei 1Mose 4;2-18- ist zu lesen: *„dann gebar sie Abel, seinen Bruder"*. Vermutlich hat auch den der HERR mit Hilfe des Heiligen Geiste gezeugt. Zu lesen ist nicht, Adam wäre da irgendwie involviert. Wo doch bei Beschreibungen beim Opfern oft haarklein berichtet wird.

Der Heilige Geist scheint ein Schelm zu sein. Einem Schelmen ist vieles zu zutrauen.

Es menschelt also wieder im Buch, das das „Wort Gottes" wiedergeben soll, arg sehr. Das Ergebnis haben wir im Religionsunterricht kennen gelernt: Es entsprießen dem Schoß der ersten Frau dieser Erde **Kain und Abel**. Beide Söhne opferten dem HERRN. Doch Kain, der Ackermann, opferte *Früchte des Feldes:*1Mose 4;3 -18-. Ein gravierender Fehler des dritten Menschen auf der Erde. Aber woher sollte, oder konnte er wissen, dass er einen blutrünstigen Gott opfern sollte? Er war als Ackermann auf das fixiert, was aus der Erde sprießt. Sein Bruder Apel, der Schäfer, hat da naheliegend ein Schaf geopfert, *den Erstling seiner Herde* sogar. *D*er blutgierige *HERR „sah gnädig an Abel und sein Opfer"*: 1Mose 4;4 -18-. Das Blut, das beim Schlachten geflossen ist, hat dem HERRN wohl besonders gefallen.

*„Aber Kain und sein Opfer sah er nicht gnädig an":*1 Mose, 4;5 -18- Da musste Kain doch auf den Bruder neidisch werden. Auch er hat geopfert. Wer schenkt, also opfert, will Freude bereiten. Und wird

hier von Gott enttäuscht: von Gott, dem Allwissenden! Das eine Geschenk wird anerkannt, das andere nicht geachtet. Das kann beleidigen. Kain erschlägt seinen Bruder Abel.
Da hat der biblische HERR wohl einen Denkfehler gemacht. Aber wie konnte ER, der „Alles Wissende" auch erkennen, dass ein Landwirt sich um seinen Lohn mehr plagen muss, als ein Schäfer. Dessen Tiere wachsen auf, ohne großes Zutun, ohne permanentes sich darum-kümmern. Wie soll ein großer Zauberkünstler die Mühen und Plagen unterscheiden, wenn er selbst nur mit den Fingern schnippen braucht, um alles entstehen zu lassen? Der Denkfehler liegt hier nicht beim beschriebenen universellen Gott, sondern bei dem Schriftsteller, der diese Mär zur Niederschrift gebracht hat.
Abel ward also von Kain erschlagen. Somit war er, Kain, neben seinen Eltern, Adam und Eva, der einzige Mensch auf Erden. Dennoch fürchtete er, von jemanden erschlagen zu werden:1Mose 4;14 -18-: *„So wird mirs's gehen, dass mich totschlägt, wer mich findet,"* jammert Kain. Da haben der, oder die Schriftsteller, dieser Geschichte, geschlampt. Wen sollte Kain denn fürchten, wenn keiner mehr da war? Vor den Eltern brauchte er sicher keine Angst haben.
Aber der HERR kommt dem Klagenden zu Hilfe: 1Mose 4;15 -18- *Der HERR Sprach zu ihm: „Nein, sondern wer Kain totschlägt, das soll siebenfältig gerächt werden..."*: 1Mose 4;15 -18- Da machte der HERR ein Zeichen an Kain, dass ihn niemand erschlüge." Da war also der HERR auf Seiten Kains, weil er ihm ein Zeichen zu seinem Schutz auf die Stirn malte, kam also dem Mörder zu Hilfe. Und hat dabei vergessen, dass Kain von niemanden erschlagen werden könnte, weil außer ihm und seinen Eltern niemand die Erde bevölkerte. Welche Gottes-Logik. Hat der HERR ohne Überlegung gehandelt?
Die Bibel Schriftsteller haben wieder geschlampt!
Bei 1Mose 4;25 -19- lesen wir zur Freude von Eva, *„Adam erkannte abermals sein Weib, und sie gebar einen Sohn, den nannte sie Seth; „denn Gott hat mir, 'sprach sie, einen anderen Sohn gegeben für Abel, den Kain erschlagen hat'."* Man muss annehmen, der Heilige Geist hat mit Hilfe des HERRN zum wiederholten Male zugeschlagen. Adam hat ja nur *„abermals sein Weib erkannt."* Muss er also wieder nicht aktiv gewesen sein.

Bleiben wir noch bei Adam, dem Menschen aus Ackerland: Bei 1Mose 5;3 -19- lesen wir: *„Und Adam war 130 (hundertunddreißig) Jahre alt und zeugte einen Sohn ihm gleich und nach seinem Bilde (*Wie hätte er ihn sonst zeugen sollen, wenn nicht nach seinem Bilde?*), und nannte ihn Seth; und lebte danach 800 (achthundert) Jahre und zeugte Söhne und Töchter, dass sein ganzes Alter ward 930 (neunhundertunddreißig) Jahre, und starb ".*
An dieser Stelle wird der dritte Sohn Evas (Seth) dem Adam zugesprochen, wo er bei 1Mose 4;25 -19- eher als ein Produkt des Heiligen Geistes zu vermuten ist. Ganz sauber ist die „Berichterstattung" der Bibel nicht. Zum wiederholten Male: der oder die Schriftsteller haben geschlampt!
Im hohen Alter von 130 Jahren kommt der Spätentwickler Adam auf dem Geschmack, Kinder zu zeugen. Lange hat der erste Mensch gebraucht, bis er dahintergekommen ist, wie sich Menschen vermehren lassen. Nicht nur einen Sohn zeugt er. Von Söhnen und Töchtern ist die Rede. Das muss einem Respekt einflößen, in dem hohen Alter; da leben wir heute lange nicht mehr. Zu der Zeit sind aber viele „biblisch" alt geworden. Da haben sich die Schriftsteller beim Schreiben keine Zügel angelegt – auch nicht, wenn es um Opfergaben geht. Adam ist diesen Mitteilungen 1Moses zufolge ganze 930 (neunhundertunddreißig) alt geworden.
Haben die Schriftsteller der Bibel bei ihren „Berichten" geschlafen, oder waren sie streckenweise nicht ganz auf der Höhe ihres Geistes? Und die Kleriker, die uns das alles als „Wort Gottes" unterjubeln wollen – wo haben die ihren Verstand gelassen?
Ein geweihter evangelischer HERR des Herrn, mit Namen Alfred Buß, (Unna), äußert sich im „Wort zum Sonntag", am Samstag 17.10.2015 im ersten Programm der ARD, um 23,25, zum Thema Schuld. Dabei geht er auf die Schuld von Kain ein, der seinen Bruder Abel erschlagen hat. „Vergisst" aber daran zu erinnern, dass die Schuld für diese Tat eigentlich beim lieben Gott liegt, der Kains Opfer nicht anerkennt. Wie hat Karlheinz Deschner über die HERREN im Talar geschrieben?: „Wie man es gerade braucht."
Die schriftstellerischen Gedächtnisstörungen in der Bibel gehen bei 1Mose 4;17 -19- weiter. Da lesen wir: *„Kain erkannte sein Weib; die*

ward schwanger und gebar Henoch…" Wo war das Weib für Kain hergekommen? Vermutlich ist es das erste Wunder im christlichen Glauben (der ja damals ein rein jüdischer war), das Menschen bis in die Neuzeit wundern lässt, so dass auch ein ehemaliger Papst mit Namen Wojtila Wunder wirken konnte.

Wie im modernen Krimi, wo plötzlich eine Figur auftaucht, mit der man nicht gerechnet und der Mörder zu sein hat, ist es hier ein Weib da, *„das schwanger ward."* Das war ja schon der Fall, als Abraham vom Engel gehindert wurde, aus Liebe zum HERRN seinen Sohn Isaak zu schlachten. Da hat sich urplötzlich ein Widder in einem Busch verheddert und wurde an Stelle von Abrahams Sohn geschlachtet. Wenn Schriftsteller logisch nicht mehr weiterwissen, lassen sie Außergewöhnliches entstehen – was nicht unbedingt ihre Weisheit krönt.

Das sind keine göttlichen Eingaben, die Ehrfurcht vor einen alles erschaffenden Gott einflößen. Und auf solch eine Farce berufen sich Kleriker und wollen ernst genommen werden – und die Massen damit bevormunden. Was ihnen allerdings bei einem zu großen Teil der Menschheit auch gelingt. Die Ursache dafür ist sicher in der frühen Indoktrination der Gläubigen zu sehen, die bereits mit der Säuglings-Taufe ihren Anfang nimmt.

Das ganze Aufsehen um die Bibel, dem angeblichen „Wort Gottes", ist nichts als menschliche Anmaßung. Eine Aufschneiderei, die sich auf einen Gott beruft, mit dem man machen kann was man will, ohne jemals Strafe fürchten zu müssen. Gott ist ein großes Nutzwerkzeug, das bigotten Willen „gehorcht". Aber nicht nur den Geweihten HEE-REN. Wer mit schwimmt auf der Ebene des Glaubens, sich also anpasst, kann diesen Gott zu jeder passenden und unpassenden Gelegenheit für sich und seine Zwecke beanspruchen. Sein Ansehen kann (kann) dabei sogar gesteigerten Wert bekommen. Wer sich anpasst wird überleben. Darwin lässt grüßen.

Machtmenschen ist dieser Gott geradezu der beste Helfer. Nutztier möchte man sagen, wenn man nicht Strafe wegen Blasphemie befürchten müsste. Denn obwohl sich Gott nicht beweisen lässt, das Gegenteil allerdings auch nicht, aber schon eher, muss man wegen des „Gotteswahns" Strafe fürchten, weil die Macht des Klerus (in unserem Land) stärker verankert ist, als der Verstand.

Also mitschwimmen im glaubensstarken luftleeren Raum und Nutzen daraus ziehen, zum eigenen Wohle, wenn auch auf Kosten anderer, der Masse, die sich gerne für geistesarm verkaufen, brauchen und missbrauchen, lässt. Welcher Intelligenzbolzen hat da nicht schon seine ehrliche Meinung unterdrückt, ist mit geschwommen, oder schwimmt noch mit, wie Fettaugen auf der Suppe, des eigenen Vorteils wegen. Auch hier gilt wieder: Anpassen um zu überleben, gut zu überleben, denn Schwimmen gegen den Strom kostet mehr Kraft, als sich im Fahrwasser der Masse treiben zu lassen.

Ist es nicht realistischer, davon auszugehen, der Besuch von Gottesdiensten dient dem Zweck, durch ständiges Berieseln gebetsmühlenartig die Sinne beeinflussen zu wollen, was man mit (möglichst vielen) „Gottesdiensten" erreichen möchte? Um Ihnen, den HERREN des Herrn, zu gehorchen, nicht einem Gott? Es kann doch nicht notwendig sein, ein übermächtiges Wesen mit Anflehen manipulieren zu wollen, damit es (auch die unsinnigsten) Wünsche erfüllt. Ein menschliches Denken, das beim Homo sapiens funktioniert, mit Schleimereien ans Ziel zu kommen. Es geht doch darum, in diesen „Gottesdiensten" dem Einfluss der Kleriker nicht zu entkommen, abhängig zu werden, von ihren Predigten, von ihrem Einfluss, zum Wohle der Firma Kirche, dem Wohl ihrer Prediger. Mit dem Versprechen, für die Schäflein, dass es ihren Seelen nützt, weil sie mit jeden besuchten „Gottesdienst", dem Himmelreich näherkommen (wollen).

Ein guter Bekannter von mir hat einmal nach einem Gottesdienstbesuch gesagt: „Ein Sonntag ohne Gottesdienst ist für mich kein Sonntag."

Die evangelisch Gläubigen brauchen für ihr Seelenheil nicht so viele Gottesdienste besuchen, wie die katholische Kirche das von ihren Gläubigen erwartet. Brauchen auch nicht so oft Beichten, wie Katholen. Liegt vermutlich daran, dass die Lutherischen Gottesprediger nicht so neugierig sind, wie ihre Junggesellen-Brüder, die *„des Himmelreichs wegen"* keusch leben müssen, wie mir mein Bamberger Erzbischof hat schreiben lassen (dazu später).

Von Katholiken wird auch mehr Glaubensbereitschaft erwartet. Katholiken konsumieren mehr Wunder, was die vielen „Marien-Orte" beweisen, wo man die Jesus-Gebärerin auch als „Muttergottes" oder „Gottesmutter" verehrt, als hätte sie Gott geboren. Was bedeutet, sie müsste vor Gott da gewesen sein. Der Marienkult ist ein reiner Heidenkult. Die „Evangelen" brauchen auch nicht die vielen Heiligen, Seligen, um sich bei Gott einzuschleimen. Vielleicht, aber „nur" vielleicht, kommen die einmal nicht in den Himmel.

Die HERREN des Herrn Predigen Bescheidenheit und kassieren Gehälter, (Bischöfe, Kardinäle) von denen drei und vier Familien gut leben könnten. Werden von eigenen Fahrern chauffiert, in stattlichen Karossen, die sie nicht aus eigener Tasche finanzieren müssen. Fürstliche Herren, mit fürstlichen Gehältern, dabei schamlos Bescheidenheit predigen und versprechen, wem es auf Erden schlecht geht, der wird im Himmel belohnt. Selbst Dorfpfarrer, wenn sie im Monat über 4000,-- Euro, verdienen, nein, bekommen, mehr als das Doppelte das viele Männer mit Frau und Kinder im Monat haben, sind nicht schlecht bezahlt.

Die Gläubigen kommen mit Begeisterung, wenn ein Hochgeweihter einmal in die Nähe kommt. Der segnet, wie der römische Oberhirte, mit Malen eines Kreuzes in die unschuldige Luft. Mit dem Segnen des Hochgeweihten kommt der Segen Gottes. Der Segen eines Bischofs, Kardinals, des göttlichen Stellvertreters gar, ist mehr wert als der eines einfachen Dorfgeistlichen, baut auf, lässt die Seele aufleuchten, lässt Glückseligkeit durch den ganzen Körper strömen Beugt sich beim Einzug des klerikalen Konvois in das Gotteshaus gar solch ein Hochgeweihter und malt einem Kind mit dem Daumen ein Kreuz auf die Stirn, ist das Entzücken der frommen Eltern groß.

„Der Herr Bischof" (oder seine Exzellenz, der Kardinal – der allerdings seltener) „mein Kind, hat dich gesegnet. Da waschen wir die Stirn erst morgen".

Das baut auf. Der Segensbringer ist ebenfalls Glücklich – oder nur zufrieden, wenn die Schafe -, Entschuldigung, Schäflein, seiner Exzellenz huldigen, wie einem Gott selbst.

Die Glaubensschäflein werden im Gottesdienst fleißig opfern. Denn Geben macht seliger als Nehmen: Apg. 20;36-174-. Die Schmach des

Nehmens nehmen die HEEREN des Herrn gerne auf sich. Denn wer sich selbst erniedrigt, der wird erhöht werden: Lk 14;11 -96-.

Meist nimmt der Hochgeweihte Spenden für irgendeinen wohltätigen Zweck mit in seinen Diözesanen Hochsitz. Für den Herrn (Erz)Bischof oder seiner Exzellenz Kardinal, gibt man gerne. Das wird sicher auch im Himmel gefallen finden.

Gott, dieses geduldige Überwesen, ist die beste Erfindung des Menschen. Universell zu gebrauchen. Wer wettert schon dagegen, wenn man Gott anführt? Schon gar niemals jemand, wenn es ein „Geweihter", ein HERR des Herrn, tut. Auch dann nicht, wenn man weiß, der Zölibatäre hat eine ständige Freundin, eines, oder gar zwei Kinder, die die „heilige Kirche" mit Kirchensteuergeldern alimentiert. Ein guter Gläubiger, der gerne ein erwachsenes Schäflein seiner Kirche ist, wird das als menschliche Schwäche abtun, von der auch Geistliche, „Auserwählte" (Herr, wir danken dir, dass du uns berufen hast, vor dir zu stehen…) nicht ausgenommen sind. Der Geist ist willig, das Fleisch aber schwach: Markus 14;38-66-.

Bauchredner

Man stelle sich vor, ein Bauchredner erdreistet sich, eine seiner Spiel-Figuren „nach seinem Ebenbilde" zu „erschaffen", die er als „Gott" bezeichnet. Das Alte Testament würde ihm Stoff für fröhliche Unterhaltung bieten, die sein Publikum begeistern könnte. **Aber**: ich möchte nicht in seiner Haut stecken, wenn der Klerus annimmt, er würde kopiert werden.

Die Beichte

Die Beichte harmonisiert. Sie ist eine nützliche Erfindung. Sie gab es nicht vom Anfang an im Christentum.
Am 18.2.1990 habe ich „meinem" Bischof geschrieben. Ich wollte wissen, a) verbietet der Zölibat dem geweihten katholischen Priester nur die Ehe und lässt er Geschlechtsverkehr zu, oder verbietet er beides?
Über seinen Erzb. Sekretär, mit Schreiben vom 1.3.1990, ließ mir der Erzbischof von Bamberger Domberg (er war auch Militärbischof der Bundeswehr), folgendes antworten:
Zu Ihrer ersten Frage erlauben Sie den Canon 277 §1 des CIC (d.h. Codex des Kanonischen Rechtes, des verbindlichen Gesetzbuches der lateinischen Kirche) im Wortlaut anzuführen: „Kleriker sind gehalten, vollkommene und immerwährende **Enthaltsamkeit um des Himmelreiches willen** *zu wahren; deshalb sind sie zum Zölibat verpflichtet, der* **eine besondere Gabe Gottes ist**, *durch welche die geistlichen Amtsträger leichter mit ungeteiltem Herzen Christus anhangen und sich freier dem Dienst an Gott und den Menschen widmen können."*
Hier ist anzumerken, dass in der Bibel steht, *„jeder Bischof sollte eines Weibes Mann sein":1Tim 3;2: „Darum soll ein Bischof unsträflich sein, eines Weibes Mann, nüchtern, mäßig sittig, gastfrei, geschickt zur Lehre...".* Dies schreibt der Heilige Paulus in seinem Brief an Timotheus.
Der Mensch im Diözesanen Hochsitz ist wirklich dreist genug in seinem Schreiben zu behaupten, *der Zölibat sei eine besondere Gabe Gottes!"* Dabei waren die *„Brüder"* früher verheiratet, hatten Kinder, und keine Seele hat sich darüber mokiert. Aber diese geweihten HERREN halten ihre Glaubensschafe, Verzeihung, Schäflein, für weniger gescheit als sich selbst. Sollten sie mal in ihrem „Buch der Bücher" nachlesen, dem „Wort Gottes". Bei Hesekiel 44;22 -943-.
Auf der Synode von Elvira (ca. 306) wurde die Ehelosigkeit der Priester festgeschrieben. Warum führt der Klerus Gesetze ein, die laut Bibel, dem „Wort Gottes", dem Willen des „Schöpfers" nicht entsprechen? Wie kann da der Zölibat *„eine besondere Gabe Gottes"* sein?
Der bischöfliche Schreiber fährt in seinem „Bischofsbrief" fort: *„Im übrigen ist der Ort für die volle sexuelle Gemeinschaft von Mann und*

Frau die Ehe. Dies ist traditionelle Lehre der Kirche (vgl. „ein Fleisch" in der Bibel oder Synodenbeschluß (1972-1975) „Christlich gelebte Ehe und Familie" § 2.2.1. Die Lebens-und-Liebesgemeinschaft, die auf Dauer und Ausschließlichkeit ausgerichtet ist, wird als der innere Grund für die sittlich verantwortete Verwirklichung der Geschlechtlichkeit in der Ehe angesehen.) Mit einem Wort: Zölibat und Koitus sind einander ausschließende Lebensweisen." Da wird es deutlich, der Klerus macht sich seine Gesetzt selbst (Karl-Heinz Deschner: wie man's gerade braucht) und suggeriert es seinen Hörigen als „Wort Gottes".

Die geweihten Herren dürfen also nicht bumsen! Da hat mich doch „mein" Bischof anlügen lassen, wenn ich mir die Bibel als „Gottes Wort", zum Vorbild nehme, denn früher durften die geistlichen Herren laut Bibel heiraten und Kinder haben.

Im November 1997 höre ich von gewohnten Kirchgängern, dass der Geistliche Rat in meiner Nachbargemeinde seinen Schäflein in der Kirche gesagt hat, dass er von einem jungen Mann in letzter Zeit öfter besucht wird. Dieser junge Mann sei sein Sohn (!)

Wenn einem die Leute dies erzählen, fällt ihnen auch ein, daß der ehemalige Dekan in unserer Kreisstadt zwei Kinder hat (Ein Frankenwälder, wie der oben genannte Geistliche Rat). Aber ein geweihter Herr muss nicht unbedingt aus dem Frankenwald stammen, um sich fortpflanzen zu können.

Wachset und mehret euch

Solche berufene HERREN hatten wir in unserem Ort auch. Es gibt sie überall, auserkoren, nein, berufen (!) vom allwissenden Schöpfer, der sie dann mit ihren menschlichen Schwächen, welchen sonst (?), alleine lässt. Vermutlich ist an ihren „Verkehrsunfällen" der Teufel schuld. Wie schlimm für sie.

Wenn ja: Verwunderlich, dass der Teufel immer wieder den Allmächtigen und allwissenden Gott austrickst.

Wie schlimm mag es für die in ihrer „menschlichen Schwäche" meineidig gewordenen berufenen Herren dereinst werden – sollte man denken. Aber dem ist nach katholischer Lehrmeinung nicht so. Die Beichte rettet auch sie vor ewigen Qualen.
Zurück, zum Brief des Bamberger Erzbischof:
„... *vollkommene und immerwährende Enthaltsamkeit um des Himmelreiches willen...*" lässt der Bamberger Erzbischof mich wissen. Und er muss es wissen. Mag der Himmel diesen armen Sündern gnädig sein, die der Fleischeslust wegen schwer gefehlt haben, sich vielleicht (aber nur vielleicht) den Himmel für ewig verdorben haben. Und so was passiert „auserwählten" HERREN, die am Altar beten: „Herr, wir danken dir, dass du uns berufen hast, vor dir zu stehen…" Wenn ihnen etwas steht, können sie beim Teufel nicht an diese Berufung denken und ihre Gedanken sind im A…, wie bei jedem anderen geilen Mannsbild.
Welcher richtige gepolter Mann kann da nicht mit mitfühlen.
Die hochgeweihte Exzellenz lässt weiter mitteilen: „*Daß diese Lebensweise nicht immer von allen eingehalten werden – sei es von Eheleuten, sei es von römisch-katholischen Priestern – ist eine andere Sache. Und tatsächlich gibt es Kinder von kath. Geistlichen. Leicht ist es einzusehen, daß der Koitus eines r.k. Priesters ein sittliches Vergehen und folglich Sünde ist. Wie bei allen Gläubigen und wie andere Sünden <u>kann die genannte Sünde bei entsprechenden Voraussetzungen in der hl. Beichte nachgelassen werden.</u>*"
Wie praktisch!
Die Beichte ist eine sehr nützliche Einrichtung, „Heilig" ist sie auch noch, der Balsam für die Seele. Hatte schon der angesehen Philosoph Friedrich Nietzsche darüber gelästert: „Man lispelt mit dem Mündchen, man knickst und geht hinaus. Und mit dem neuen Sündchen, löscht man das alte aus".
„*Die Sünde, kann wie andere und anderen auch, nachgelassen werde*", lässt mich „mein" Bischof wissen. Zweifelsohne eine zweckmäßige Einrichtung. Mit der der liebe Gott natürlich einverstanden zu sein hat. Was will er auch gegen den Willen seiner irdischen Gralshüter tun, sie wissen eh besser, was richtig ist.
Wie sagte Karlheinz Deschner, der große Deutsche Kirchenkritiker über die HERREN im Talar: „Wie man's gerade braucht".
Gäbe es die „Vergebung" durch die geweihten HERREN nicht, wäre eine Sünde eine massive Belastung des Gewissen. Das Leben könnte

unerträglich werden. Wie sinnvoll ist da doch die Einrichtung der „Vergebung der Sünde." „...denen ihr vergeben werdet, denen soll vergeben sein" (oder so ähnlich).
Das ist auch für den lieben Gott sehr praktisch. Beim jüngsten Gericht hat er weniger Arbeit. Ein sehr alter Herr ist er heute schon. Weil seine HERREN ihm auf Erden schon das wichtige Vergeben abnehmen, wird er es am „jüngsten Tag" leichter haben.
Gäbe es diese irdische Versöhnung durch die Priester nicht, wer würde da beichten? Sein sündhaftes Leben anderen mitteilen, verraten, was er tut und treibt? Nach der priesterlichen Vergebung ist der Himmel wieder offen, die Seele frei – für neues Sündigen.
Ist es nicht auch eine sinnvolle Einrichtung, zu erkunden, was dem Volke auf der Seele drückt? Heute machen Meinungsforschungsinstitute Umfragen, um heraus zu finden, wie das Volk denkt, was es tut, künftig tun will. Welche Meinung es über dieses und jenes hat.
Die heilige Kirche hat diese „Meinungsforschung" schon lange im Gebrauch. Die Beichte funktioniert, wie bei einem Richter. Wenn er einen Gauner immer wieder freispricht, kann er sicher sein, der kommt wieder. So hält man sich als Institution aufrecht.
„In der heiligen (was ist nicht alles Heilig, obwohl immer gesungen wird ‚heilig, heilig, ist nur ER') *Beichte kann die Sünde nachgelassen werden"*, lässt „mein" Bischof mich wissen. In der ***heiligen** Beichte*!
Am vernünftigsten wäre es sicher, die Beichte nach einem sexuellen Fehltritt bei einem „Bruder" abzulegen, der selbst schon in dieser Hinsicht aktiv war.
Da wäre sicher großes Verständnis zu erwarten, die „Strafe" als Buße weniger belastend. Aber sicher haben auch weniger sündige „Brüder" ein Nachsehen mit ihres Gleichen.
Bei dieser Betrachtung muss ich zugeben, die Beichte in unserer heiligen katholischen Kirche, der ich immer noch angehöre, ist eine praktische Einrichtung, für Gläubige, weil sie der Seele das Leben erleichtert.
Die Beichte kennt auch der Buddhismus. Den gibt es schon 500 Jahre vor Christus. Die Urchristen kannten die Beichte nicht. Im Christentum ist sie erst seit 1215 „Heilsnotwendig", lässt der größte deutsche Kirchenkritiker Karlheinz Deschner in „Die beleidigte Kirche", unwidersprochen wissen. „Sie geht **nicht** auf Jesus und die Apostel zurück", steht dort weiter zu lesen. (Anmerkung: Der Schweizer römisch-katholische Priester Hans Küng (war Theologie-

Professor), ebenfalls ein Kirchenkritiker wie Deschner, aber sanfter, bestärkt, dass Deschner historisch nichts Falsches nachgesagt werden kann.)

Ganz gewiss hat die Beichte auch den Vorteil, den Klerus wissen zu lassen, was im Volk vorgeht, wie die Menschen „ticken", was sie treiben, was sie umtreibt. Daraus kann man Nutzen ziehen -, muss es aber nicht….

Katholische Priester dürfen nicht heiraten (sieh oben) aber auch keinen Sex haben. Mein Bischof dazu: *„Kleriker sind gehalten, vollkommene und immerwährende Enthaltsamkeit um des Himmelreiches willen zu wahren; deshalb sind sie zum Zölibat verpflichtet.* Mein Bischof, wie auch seine Berufskollegen, müssen die Bibel nicht gelesen haben, oder es ist ihnen im Laufe ihres Berufslebens in Vergessenheit geraten, was sie einmal gewusst haben (sollten). Oder weil sie selbst nicht glauben, was im *„Wort Gottes"* niedergeschrieben steht. Bei dem Propheten Hesekiel steht bei 44;22 -943-: *„Sie* (die Priester) *sollen keine Witwe oder Verstoßene zur Frau nehmen, sondern eine Jungfrau von Hause Israel, oder die Witwe eines Priesters"*. Also durften Priester heiraten. Eine „normale" Witwe natürlich nicht, das wäre wohl unteres Niveau. Die Witwe eines Priesters geht schon eher. Zwar ist die auch gebraucht, aber standesgemäß. Eine *Verstoßene* geht gar nicht. Das wäre sicher eine *„Entheiligung"* des Geweihten.

Bei 3Mose 21;14 -149-: *„Eine Jungfrau soll er zur Frau nehmen, keine Witwe oder Verstoßene oder Hure, sondern eine Jungfrau seines Volkes zur Frau nehmen, damit er seine Nachkommen nicht entheilige unter seinem Volk; denn ich bin der HERR, der ihn heiligt"*, lässt Gott wissen. Heiraten darf der Priester auch da, aber standesgemäß, um nicht sein Volk zu beleidigen – und seinen Gott ebenfalls. Das ist doch starker Tobak. Aber auch diese Mitteilung stammt angeblich von Gott.

Verwirrung stiftet der Text bei 3Mose 21;1-148-: (Im Gesetz für Priester): Da spricht der HERR zu Mose…: *„Ein Priester soll sich an keinem Toten seines Volkes unrein machen; außer an seinen nächsten Blutverwandten: an seiner Mutter, an seinem Vater, an seinem Sohn, an seinem Bruder und an seiner Schwester, die noch*

Jungfrau und noch bei ihm ist, die keines Mannes Frau gewesen ist. An deren Leiche darf er sich unrein machen." Wenn ich das richtig verstehe, kann hier sexuelle Praktika gemeint sein. Dieses „Unrein" machen, ist undeutlich beschrieben und lässt verschieden Auslegungen zu, wie mir ein Geistlicher erklärte. Vermutlich ist das Absicht des „Dichterfürsten", weil die Beschreibung eine Interpretation wie bei einem „Gummiparagraphen" zu lässt. Moral ist Auslegungssache. Wäre hier erlaubte sexuelle Leichenschändung an den nächsten Blutverwandten gemeint, wie das einem beim Lesen unbedarft in den Kopf kommt, wäre es das schlimmste Pamphlet und allein dadurch das Alte Testament für den Reißwolf „gesegnet". Es wäre ein „Dicker Hund". Kann man sich beim bloßen berühren eines Toten „Unrein" machen? Auch wenn er nicht zur Verwandtschaft gehört? Verständlich des HEREN Einsicht, dass Priester heiraten dürfen. Auch Priester werden hin und wieder geil, müssen sich erleichtern, um wieder zu vernünftigen Gedanken fähig zu sein. Manche „entladen" sich an Kindern, Mädchen oder Buben, deren Schützlinge sie sein soll(t)en. Aber auch da gilt das Bibelwort: „nichts geschieht, ohne Gottes Willen". Welch ein Hohn! ER hätte das mit dem Sex auch anders regeln können Wo wir doch bei Matthäus 10;30 -15- lesen, dass selbst *die Haare auf unserem Kopf gezählt sind.* Aber Erbsenzähler verlieren sich oft im Kleinen.

Priester sind im AT etwas Besonderes, eine Konstellation, die bis heute fortbesteht. So bestimmt das *„Gesetzt für die Priester"* bei 3Mose 21;7: -148- *„Sie sollen keine Hure zur Frau nehmen noch keine, die nicht mehr Jungfrau ist, oder die von ihrem Mann verstoßen ist; denn sie sind heilig ihrem Gott. Darum sollst du den Priester heilig halten, denn er opfert die Speise deines Gottes. Er soll dir heilige sein; denn ich bin heilig, der HERR, der euch heiligt."*

Beim Betrachten dieser Sprüche wundere ich mich nicht mehr über die Selbstgefälligkeit der geweihten HERREN, die bei jeder passenden Gelegenheit beten: „Herr, wir danken dir, dass du uns berufen hast…" Bei so viel „Heiligkeit" auf einmal muss das Selbstwertgefühl überhandnehmen. Keine Frage. Da steht bei Lukas 14;11 -96-: *„Wer sich selbst erhöht, der soll erniedrigt werden".* Vielleicht gilt aber auch hier: „Hochmut kommt vor dem Fall": Spr. 16;18 -729- .Na, denn...

Aber: Spricht so ein wirklicher Gott? Eher ein „Berufener", der sich berufen fühlt, seinen Beitrag am „Buch der Bücher" beizutragen, seinen Berufsstand zu erhöhen. Sie erheben sich ja heute noch in jedem „Gottesdienst" mit: „Herr, wir danken dir,.... Es genügt, wenn man Bescheidenheit predigt.

Bei 4Mose 5;9 -165- lesen wir aber, die HEEREN des Herrn sind doch Auserwählte. Da heißt es nämlich, wenn schuldig gewordene sühnen sollen, und es ist niemand da, dem diese Schuld gehört, dann gehört sie dem Priester: *„Desgleichen sollen die Abgaben von allen heiligen Gaben der Kinder Israel, die sie dem Priester bringen, dem Priester gehören. Und was jemand heiligt, das soll auch dem Priester gehören..."* Da könnte man glauben zu wissen, vom wem diese Zeilen stammen.

3Mose 21;9 -148- unterrichtet uns: *„Wenn eines **Priesters Tochter** sich durch Hurerei entheiligt, so soll man sie mit Feuer verbrennen; denn sie hat ihren Vater entheiligt."* Man denke nach, um was sich dieser biblische, „allmächtige" Gott alles kümmert. Dafür sieht er die Ungerechtigkeit auf der Erde „weltweit" nicht. Aber auch hier wieder der Nachweis, Priester müssen nicht ehelos sein, *„um des Himmelreiches willen",* wie mir „mein Bischof in seinem Brief hat weismachen lassen.

Kinder durften die Priester auch haben. Warum richtet sich der Klerus heute in diesem Punkt nicht nach der Bibel, die ihm sonst „heiliges Buch, Wort Gottes" ist, das es zu beachten gilt? Und mich belügt „mein" Erzbischof, oder lässt mich beschwindeln, mit dem Hinweis, dass der Zölibat: *„eine besondere Gabe Gottes ist!*

Heiraten dürfen die geweihten Herren also heute nicht mehr, aber Kinder haben, die mit Kirchensteuergeldern alimentiert werden. Erfahren darf es allerdings die Öffentlichkeit nicht, weil man sich dann Lügen gestraft sieht. Vom „lieben Gott" hofft man, der wird sich darum nicht kümmern, falls man in diesen Kreisen das glaubt, was man jenen erzählt, von denen man sich aushalten lässt.

Huren

Aber welch harte Strafen sieht der HERR für eine Frau vor, die Männern gerne eine Freude macht (sich selbst wohl auch), oder weil sie in Not ist um ihren Lebensunterhalt zu sichern – damit eventuell auch eine Vergewaltigung verhindert. So weit scheint er, Biblische HERR, nicht gedacht zu haben, auch wenn er die Haare auf unsren Köpfen zählt. Dabei leisten Huren (welch schändliches Wort, Nutten noch schlimmer) Sozialarbeit im besonderen Sinne. Wenn der HERR alles bestimmt: „Jeremia 10;23 -829- *Es liegt in niemandes Macht, wie er wandelt oder seinen Gang richtet",* dann ist auch er für das Treiben einer Hure verantwortlich. Da ist der HERR aber ungnädig, lesen wir bei 3Mose 21;9:-148- *"Wenn eines Priesters Tochter sich durch Hurerei entheiligt, so soll man sie mit Feuer verbrennen; denn sie hat ihren Vater entheiligt".* Warum sie grauenhaft verbrennen? Diese Frauen sollte man als Überdruckventil im Gesellschaftsleben sehen, wenn sie zu ihrem Tun nicht gezwungen werden.

Man geht aber auch mit einer jungen Frau hart ins Gericht, wenn sich herausstellt, bei ihrer Heirat war sie nicht mehr Jungfrau. Da wird bei 5Mose 22;21-234- empfohlen *"so soll man sie heraus, vor die Tür des Hauses ihres Vaters führen und die Leute der Stadt sollen sie zu Tote steinigen, weil sie eine Schandtat in Israel begangen und in ihres Vaters Haus Hurerei getrieben hat; so sollst du das Böse aus deiner Mitte wegtun."* In diesem Fall geht es um eine Frau, bei der sich nach ihrer Hochzeit herausstellt, dass ihr Angetrauter nicht der erste war, der ihr (und sich?) sexuelle Freude bereitet hat – oder wollte.

Kurioses über Huren lesen wir im ersten Buch der Könige im Kapitel 22,38 -419-, wo der König Israels von einem Mann getötet wird und sein Wagen mit seinen Blut befleckt wird: *"Als sie den Wagen wuschen bei dem Teich der Samarias, leckten die Hunde sein Blut – und die Huren wuschen sich darin – nach dem Wort des HERRN",* das er geredet hatte.

Ohne Blut geht es nicht, im Alten Testament. Wie mögen Huren ausgesehen haben, wenn sie sich „im Blut" gewaschen haben?

Da werden nicht nur Altäre mit Blut bespritzt, Gläubige -, oder es waschen sich darin sogar Huren. 'Brief an die **Hebr**äer 9;22 -287-: lässt uns das „Gottes Wort" wissen, *„denn nach dem Gesetz wird fast alles mit Blut gereinigt und ohne Blutvergießen geschieht keine Vergebung"*. Blut muss beim Biblischen Gott immer im Gebrauch sein. Man stelle sich das Geschmiere vor, *„beim **Reinigen mit Blut**"*. Und: warum überhaupt muss ständig Blut im Einsatz sein? Ist dieser Gott ein Vampir?

Hingegen verschont man eine Frau, wie die Hure Rahab, bei Josua 6;17: -257-weil *sie „die Boten verborgen hat"*. Der Grund: der HERR hatte über die Stadt Jericho seinen Bann verfügt und die Hure war behilflich, mit Verstecken, was dem HERRN dienlich war. Beim Strafen kommt es halt auch immer darauf an, ob man von jemanden unterstützt wird, Vorteile hat, oder nicht. Das ist bei Göttern so, wie bei Menschen.

Bei Hesekiel, Kapitel 16 -903-, gibt es eine Hure, die den Freiern noch Geld gibt. Sie war als Säugling auf einem Acker geworfen worden, wo er, der HERR, sie *„in ihrem Blut liegend „* findet und errettet. Vermutlich war der HERR gerade spazieren gegangen. Im Alter dann das Malheur mit der Freude am Huren. In diesem Kapitel wird ein Gott beschrieben, der scheinbar vor Eifersucht, wie das bei Männern so ist, wenn sie betrogen werden, seinen ganzen Hass freien Lauf lässt. Mit Vorwürfen gegen die untreue Frau wegen all der gemachten Geschenke und Aufzählen ihrer sexuellen Untaten, für die sie dann auch noch bezahlt, was besonders verwerflich ist. Schließlich ruft er, der HERR, alle ihre „Freudenspender" zusammen, auch jene, die sie nicht liebte, und sie sollen sie (16;40)-904-: *„steinigen und mit ihren Schwertern zerhauen"*. Das ganze Kapitel befasst sich mit Hurerei und erscheint als Eifersuchts-Geschichte, wie man sie vielen Männern zurechnen kann. Ergo: Hat wieder ein Schriftsteller seine Ergüsse zu Papier gebracht und dem HERRN in die Schuhe geschoben. Nach der Devise: Gott kann man gebrauchen, wie es einem gefällt: ER protestiert nie.

Der Prophet **Hes**ekiel hatte wohl eine Schwäche für Hurerei, weil er sich im Kapitel 23;4 -914- wieder, wie es scheint, leidenschaftlich, mit diesem Thema befasst. Hier will der HERR die geile Ohola und ihre Schwester Oholiba, die die Hurerei noch schlimmer treibt, als ihre Schwester, ebenfalls bestrafen. Und was macht er, der HERR? Er treibt auch hier alle zusammen, die mit den Freuden-Damen ihre Freude hatten, um diese zu bestrafen. Hes 23;25 -915-:*"Ich will meinen Eifer gegen dich richten, dass sie unbarmherzig an dir handeln sollen. Sie sollen dir Nase und Ohren abschneiden, und was von dir übrigbleibt, soll durchs Schwert fallen. Sie sollen deine Söhne und Töchter wegnehmen und, was von dir übrigbleibt, mit Feuer verbrennen..."* Das lesen wir über den „lieben Gott". So etwas verklickert man uns als „Wort Gottes".

Kann ein wirklicher Gott so gehässig sein? Und: Ist dieser Gott immer zugegen, um „seine" Untertanen zu befehligen? Muss man nicht annehmen, es sind Schriftsteller die zu so grausamen Gedanken fähig waren. Der Gott, den sie schildern ist ein rachsüchtiges Wesen, und immer auf Erden, um einzugreifen. Nun kann man ja davon ausgehen, Mächtige sind unnachgiebig und fordernd, wenn es nicht nach ihren Köpfen geht. Von einen „lieben Gott" erwarten wir aber anderes. Es ist schriftstellerische „Weisheit", die da geboten wird!

Die Geschichte, in der Gott bei Hesekiel bestraft, könnte eigene Erlebnisse des „Propheten" darstellen, mit wenig Glück in der Liebe und den gesammelten Hass auf Frauen, die eine persönliche Enttäuschung waren. Dann schiebt man das Ganze einen zusammenphantasierten Gott in die Schuhe, um sich abzureagieren, seinen seelischen Frieden mit einem Phantasieprodukt Gott zu finden und dieses gleichzeitig groß zu machen.

Bei Hesekiel 29,9 -922- wird uns der HERR wieder als strafender Despot geboten: *„Und Ägyptenland soll zu Wüste und Öde werden, und sie sollen erfahren, dass ich der HERR bin".* Großspurig klingt der HERR auch da wieder.

Beim Brief an die Hebräer wird uns mitgeteilt: 10;30-288-: *Denn wir kennen den, der gesagt hat: „Die Rache ist mein, ich will vergelten".* Und weiter. *„Der HERR wird sein Volk richten. Schrecklich ist's in die Hände des lebendigen Gottes zu fallen".* Gott straft gerne – man weiß es – und man muss ihm gefallen. Welcher Despot will nicht geliebt werden? Dass solche Sätze aber von einem Gott den Menschen mitgeteilt wurden, ist doch sehr zweifelhaft!

Ich komme beim Lesen der Bibel immer wieder zu der Erkenntnis, man sollte es besser bleiben lassen. **Aber:** sollte man den „Propagandaleuten" des HERREN nicht Paroli bieten?

Nochmals: Die Beichte

Die Beichte dient den katholischen Sündern als Seelen-Entlastung. Man braucht seine Schandtaten nur einem geweihten „Würdenträger" offenbaren und dieser sie nach eigenem Straf-Ermessen „im Namen Gottes" vergeben (Welch ein Machtanspruch!). Wozu braucht man dann einen Gott? Ach…der HERR des Herrn vergibt die Sünde, schont damit Gott, der inzwischen über sieben Milliarden Erdenbürger rund um die Uhr beobachtet (nach christlicher Diktion), was sicher anstrengend ist.
Gott, dieses universelle Wesen, ist der beste „Gebrauchs-Gegenstand", den die Menschheit kennt. Ein Gummi-Paragraph ist nichts dagegen. Was man diesen allmächtigen Gott alles in die Schuhe schieben kann. Alles Gute, alles Schlechte. Die größten Verbrechen – mit Gott. Heilige Kriege, in seinem Namen. Gesegnete Waffen – zum Zwecke des Tötens, des Mordens, in seinem Namen. Gott ist geduldig! Gäbe es ihn nicht, er müsste erfunden werden.
Gott ist grandios. Seine HERREN predigen seine Erhabenheit im Vergeben und Verzeihen. Selbst der größte Verbrecher, wenn er bereut, muss seinen Zorn nicht fürchten. Gott wird ihn **im letzten Moment vor der Hölle** bewahren. Frage ich mich, wozu braucht es dann ein Fegefeuer, um sich für den Himmel bewähren zu können?
Weiter könnte man sich fragen, warum Gesetzes treu leben, wenn am Ende die Reue ausreicht, das Himmelreich zu erreichen? Dieses Prinzip pflegen die zölibatären HERREN, wenn sie sich sexuell enthemmen, die Freuden des Geschlechtsverkehrs genießen, bei sexuellen

„Verkehrsunfällen" Kinder in die Welt setzen. Und dies nach ihrer Reue wieder tun. Die Beichte ist ein schönes Prinzip. Praktisch, wie ein Allheilmittel. Und diese HERREN lassen uns immer wissen, dass sie für ihren Stand auserwählt sind. „Herr, wir danken dir, dass du **uns** berufen hast…"

Andererseits lässt die Bibel aber auch einen Gott erkennen, dem nach Rache gelüstet, der straft, wenn nicht penibel seinen Anordnungen gefolgt wird. Bei 2Mose 34;6-114- winselt dieser Bergsteiger, als Gott zwei neue Tafeln auf dem Berge Sinai mit Gesetzten beschriften will, weil die ersten zerbrochen sind: *„Gott barmherzig und gnädig und geduldig und von großer Gnade und Treue (34;7 -115-) der da Tausenden Gnaden bewahrt und vergibt Missetat, Übertretung und Sünde, aber ungestraft lässt er niemand, sondern sucht die Missetat der Väter heim an Kindern und Kindeskindern bis ins dritte Glied!"*

Welch grandioser Widerspruch, den man hier einen Gott unterjubelt. Güte und Strafe sind so gängig wie Schwarz und Weiß. Welch ein lieber Gott, der bis ins dritte und sogar vierte Glied Kinder für die Sünden ihrer Vorfahren bestraft. Das ist Gehässigkeit hoch Drei! Mose greint ihn an, fürchtet ihn wie der Teufel das Weihwasser, möchte man sagen. Wirklich ein „gefälliger" Gott. Kann so was einem göttlichen Hirn entsprungen und an Personen weitergegeben sein, um geliebt zu werden? Der biblische Gott will geliebt, verehrt, gepriesen werden. Auf so primitive Weise?

Soll man ernsthaft glauben, solche Worte, solches Gebaren, kommt von einem Gott, von dem man erzählt er könne mit einem Finger schnippen alles verändern? Die Bibel, das „Wort Gottes"?

In diesem Kapitel *„Neue Gesetzestafeln",* lässt dieser Gott den Mose zwei steinernen Tafeln zurechthauen und auf den Sinai hinaufschleppen. Sicher eine mühevolle Last, wie man sich denken kann. Da hätte der HERR doch mit „Hau-Ruck" die Tafeln selbst fertigen können und dem armen Mose viel Mühe den Berg hinauf erspart. Aber Größe kann beanspruchen – und Diener dienen gerne. Außerdem ist Mose ein erfahrener Bergläufer geworden.

Niemand soll ihm bei diesem Gang sehen. *„Auch kein Schaf und Rind".* Bravo, Herr Literat. Wenn es keine Zeugen gibt, nicht mal Rindviecher, lässt sich vieles behaupten und nichts beweisen. Klugheit gehört auch zum Schreiben von Geschichten. Jesu „Auferstehung" hat auch keiner gesehen – seine „Himmelfahrt" ebenfalls nicht.

Rätselhaft ist manches im Buch der Bücher. Da fragt sich selbst der Prophet Jesaia bei 40;13:-790- „*Wer bestimmt den Geist des HERRN, und welcher Ratgeber unterweist ihn? Wen fragt er um Rat, der ihn Einsicht gebe und lehre ihn Erkenntnis und weise ihm den Weg des Verstandes?*" Ja, Herr Jesaia, das fragt man sich beim Lesen auch immer wieder! Schon die Frage, „*wen fragt er um Rat, der ihn Einsicht gebe…*" weist auf einen Literaten hin.

Und wie sieht die Wirklichkeit aus? Dieser Gott lässt sich brauchen, nutzen, wie schon angeführt. Von jedem, für alles. Dieser Gott rührt sich nicht. Er hält sich zurück. Schweigt! Ein „Gebrauchsgegenstand" wie sonst keiner auf der Welt. Man kann sich auf ihn berufen. Ihn jederzeit zur eigenen Entlastung anführen. Er ist der beste Kamerad. Immer gegenwärtig, immer zu verwenden. Allerdings nie zu sehen. Ein richtiges „**Nutztier**", möchte man sagen – wenn man nicht fürchten müsste, wegen Blasphemie vor Gericht zitiert zu werden.

Werden kriminelle Machenschaften verübt, oder gegen Gesetze verstoßen, korruptes Verhalten praktiziert, ist man mit dieser Floskel „So wahr mir Gott helfe" aus dem Schneider. Hat Gott eben nicht geholfen. Wie praktisch! Ein unabhängiger Staat müsste solche Ausflüchte vor Gericht untersagen.

Priester wähnen Gott überall

Die „geweihten" HERREN wollen ihre Schäflein meist bevormunden, ihnen Anleitung geben, wo es lang zu gehen hat und tun dabei so, als stünden sie mit dem himmlischen Vater in stetem Kontakt. Mir reicht schon, wenn sie am Altar stehen, die Arme ausbreiten und beten: „Herr, wir danken dir, dass **du uns berufen** hast, vor dir zu stehen".
Der HERR hat sie berufen. Ausnahmslos. Welch eine Ehre. Welche Berufung. Auserlesen aus Millionen. Welche Bescheidenheit! Dann der eine oder andere, ein Sünder auf Teufel komm raus. Den Weibern nicht abgeneigt, solche bieten sich ihnen allerdings auch merklich an. Hat doch bei uns eine Frau, die im kirchlichen Dienst stand, Jungfrau nach Außen, weil nicht verehelicht, zu „ihrem" Priester gesagt (der hat es engen Freunden erzählt), „Herr Pfarrer, für Sie ist meine Schlafzimmertür immer offen". Hätte sie es ihm im Beichtstuhl gesagt, hätte er wohl den Mund gehalten.
Wäre die Dame, sie war älter als er, sexy gewesen, wäre er vielleicht auf sie hereingefallen. Später lehnte er eine ständige Gesellschafterin in seiner Nähe nicht ab. Einen späteren Pfarrer den ich darauf hinwies, dass dieser HERR des Herrn vermutlich ständig den Zölibat bricht, sagte mir, diese sei seine Sekretärin. Nun, so viel Menschlichkeit trifft man in Industrieunternehmen nicht an, wo die Chefs mit ihrer Sekretärin ständig durchs Leben gehen, in Urlaub – und überall hin. Aber die sind ja meist verehelicht – was die Angetrauten wohl größtenteils zu verhindern wissen.
Natürlich kann solch eine Beziehung rein platonisch sein. Man müsste die Nase dazwischen haben, um sexuelles beweisen zu können. Auch dann, wenn die Herrschaften gemeinsam in Urlaub fahren und im selben Hotel, vielleicht im selbigen Zimmer, nächtigen. Ein Priester ist ein guter Mensch. Sicher ist es christliche Nächstenliebe, eine alleinstehende weibliche Person am eigenen Leben teilhaben zu lassen. Solch Uneigennützigkeit sichert einen Platz im Himmel.
Ähnliches erlebte ich bei einer Goldenen Hochzeit, wo ich gebeten wurde, die Zeremonie in der Kirche zu fotografieren. Ein Verwandter

der Jubelbraut, ein Geistlicher, hatte seine Freundin, dabei. Als ich den Jubelbräutigam fragte, wer die Frau sei, erklärte er mir, das sei seine Sekretärin. Mit dieser hat er, wie ich heute weis, mindestens einen Sohn. Den Zölibat wird es nicht stören. Den Bischof, der, wovon ich überzeugt bin, davon weiß, auch nicht. So lange die Öffentlichkeit nichts davon erfährt, ist die Welt in Ordnung! „Herr, wir danken dir…"

Es geht in der heiligen katholischen Kirche wirklich untrüglich zu. Ein Vorbild ist sie im moralischen – predigen. Aber ach – die Beichte relativiert ja alles. Darf man nicht vergessen.

Papst in Deutschland

Der Heilige Vater (angeblich ist nur Gott heilig), ist am 22. September 2011 in Deutschland. In der Bundeshauptstadt Berlin, spricht auch im Bundestag. Darüber gibt es unterschiedliche Meinungen. Warum auch nicht.

Er wird von seinem Erzkonservativismus nicht einen Schritt abweichen. Kann er auch nicht, würde dadurch seinen Machtanspruch in Frage stellen. Jesus war schließlich auch nicht verheiratet. Also wird er niemals zulassen, dass Frauen Priester werden. Wäre ja wirklich ein Schlag für die Männerdomäne Seelsorger, die alles über Gott Wissenden. Die HERREN des Herrn würden dadurch ihre Sonderstellung in der Gesellschaft verlieren, nicht mehr das Außergewöhnliche sein, das sie sein wollen (bei den Gläubigen auch sind). Männer in besonderer Stellung, „berufen" von Gott, wie man den Gottesfürchtigen immer wieder verklickert. Eine einmalige Ausnahmestellung: nicht heiraten, auf Sex verzichten. Leben, wie Jesus gelebt hat (?).

Der Besuch unseres Heiligen (Junggesellen) Vaters in Deutschland, im September des Jahres 2011, reizt mich weiter, meinen unheiligen Frust über die „heiligen" Männer heraus zu lassen, um meine Seele zu befrieden.

Wie ein Gott wird er empfangen. Sein Besuch soll 30 (dreißig) Millionen Euro kosten. Eine stolze Summe. Wenn man den Aufwand sieht, der für den „Heiligen Vater" betrieben wird, werden die immensen Kosten verständlich. Er könnte ja gefährdete sein. Wer möchte schon an seiner Verletzung, gar seinem Tod, mitschuldig werden, weil man es an der notwendigen Vorsicht hat fehlen lassen. Anderen bedeutende Persönlichkeiten der Zeitgeschichte werden ähnliche Vorsichtsmaßnahmen zuteil. Der „Heilige Vater" ist die Person mit dem größten Ansehen, weltweit. Darüber hinaus hat er so viele Anhänger, Verehrer, wie kein anderes lebendes Individuum des öffentlichen Lebens. Und er ist der Chef, Vormund, könnte man auch sagen, von über einer Milliarde Christen auf dem blauen Planeten.

Das Geld hätte man sicher nutzvoller ausgeben können. Der Papst selbst, sein Vatikanstaat, zahlt diese Kosten für seinen Besuch nicht. Es ist das „Zahlungsvergnügen" des Landes, das er besucht. Dennoch, vielen Menschen ist es das Wert, zumal sie nicht direkt an den Kosten beteiligt werden. Sie wollen ihren „Heiligen Vater" sehen, koste es was es wolle. Von dem sie außer frommen Sprüchen kaum Konkretes erwarten dürfen. Die evangelischen Christen schon gar nicht. Dennoch hoffen die „Protestanten", die „Abtrünnigen", auf ein Wort der Annäherung.

Warum Annäherung, nach rund 500 Jahren?

Der Heilige Vater (er ist selbstverständlich stolzer Junggeselle), dennoch Vater – für alle Menschenkinder. Gut: Vaterfigur, mag man anerkennen. Er spricht im Bundestag (22. September 2011). Es ist etwas Einmaliges. Das hat es noch nicht gegeben. Ein historisches Ereignis. Auch hier wird er als außergewöhnliche Person gefeiert. Spitze Ohren achten auf jedes Wort. Keine Ausführungen eines Politikers werden so aufmerksam verfolgt und erörtert, wie die des jeweiligen „Heiligen Vaters". Im Bundestag, an den Fernsehern, durch die Printmedien. Er weiß um seine Bedeutung. Moralische Bemerkungen haben aus seinem Munde Größe. Worte, die bei einem Politiker nicht dieses Interesse erreichen – auch nicht dessen Glaubwürdigkeit.

Deshalb hängen auch ungezählte Augen an seinem Munde, was denn über diese Lippen kommen wird. Die evangelischen Christen, die Annährung, besonders im Hinblick auf gemeinsame Kommunion erwarten, vergessen dabei, dass sie in seinen Augen Ungetreue sind. Sie sind in Erwartung! Dieser Hoffnung hätten sie sich nicht hingeben sollen. Ein Mann wie Benedikt der XVI, der im 21. Jahrhundert im Vatikan 1500 (Eintausend-Fünfhundert) Exorzisten ausbilden lässt, wird im Punkt Kommunion keinen Deut nachgeben. Das sollte man von ihn gar nicht erwarten. Er lebt in einer anderen Welt, hält katholische Doktrin für das einzig Wahre, für das ewig Gültige. Wie ja auch die katholische Religion die einzig Wahre ist (Allerdings glauben das auch andere Konfessionen von sich).

Andererseits ist der Papst – egal welchen „Künstlernamen" er sich gibt, oder gegeben hat – Weltweit die einzige Person, die Achtung genießt, wie keine Zweite. Er gilt als moralische Instanz, die keine andere Persönlichkeit neben ihm hat. Von ihm empfangen zu werden, ist eine begehrte Ehre, eine Auszeichnung. Alle Großen der Welt wollen von ihm empfangen werden, auch wenn sie vom katholischen Christentum nichts, oder nicht viel, wissen wollen.

Ich bin sicher, wäre der Papst verehelicht, er würde diese moralische Institution nicht sein, die er heute darstellt. Vermutlich auch seine Untergebenen Geistlichen nicht, die weniger Ansehen genießen würden, als das heute der Fall ist. Das wissen diese geweihten Spezies auch, und werden dagegen sein, die Ehe für sich als normal zu sehen, wie es in der Zeit der Urkirche selbstverständlich war. Auf willige Damen müssen sie deshalb nicht verzichten.

Keine Persönlichkeit der Weltgeschichte erweckt mit ihren Worten mehr Interesse und Aufmerksamkeit, als der Papst. Und seine Worte haben Gewicht. So gesehen, ist er nicht abzulehnen, trotz der menschlichen Fehler, die auch er hat.

Als moralische Instanz ist er für die Menschheit wichtig. Keine andere Religion hat ein Oberhaupt, mit seiner Bedeutung. Mag das Brimborium in Rom, in und vor dem Petersdom, noch so viel Schauspiel enthalten.

Die Protestanten (welch selbstherrliches Individuum mag schon Protestanten?) sind auch beim niederen Priesterstamm nicht beliebt.
Das „gemeine" Volk umjubelt den „Stellvertreter", feiert ihn wie einen Heiligen. Nein, eher wie einen Gott. Jesus wenn kommen würde, würde vermutlich nicht enthusiastischer bejubelt.
Er würde allerdings erst gar nicht dazu kommen, sich dem Volke zu präsentierten, wie sein Stellvertreter. Seine Obergeweihten Vertreter auf Erden, die ihn überall und jederzeit irgendwo wähnen, würden ihn in die Klapsmühle stecken lassen. Sie würden es nicht wahrhaben (wollen), dass Jesus auf die Erde kommt. Aus unterschiedlichen Gründen. Einmal weil ein Teil von ihnen selbst nicht glaubt, es gibt irgendwo im unendlichen All einen „Himmel" (Paradies), wo er zur Rechten seines Vaters sitzt. Zum anderen, weil der Herr Jesus nicht auf die Erde kommen könnte, ohne dass sie ihn herbeigeredet haben. Noch immer haben sie die Religion, den Glauben an den einen Gott, im Griff. Gott will, was sie wollen. Das wird in ihren Predigten, schriftlichen Kolumnen, immer wieder deutlich.

Firmung 2004

Denke ich an 2004, wo bei uns in der Pfarrkirche die Firmung anstand, da hat der Dorf-Pfarrer den Eltern der Firmlinge wissen lassen:
„Kinder, die sich für die Firmung 2004 in der Pfarrei anmelden wollen, müssen einen Firmpaten haben, der katholisch sein muss": Satz aus einem Pfarrbrief in einer katholischen Pfarr-Gemeinde, in Oberfranken.

Dazu bleibt anzumerken, dass eine Oma gerne die Firmpatin ihrer Enkelin geworden wäre. Aber das ging nicht. Die Oma war evangelisch. Aber katholisch verheiratet und deren Tochter war „natürlich" auch katholisch. Deren Tochter wiederum katholisch, wollte die evangelischer Oma zur Firmpatin. Die katholische Kirche im Ort durfte die evangelische Oma aber regelmäßig zusammen mit anderen Frauen seit Jahren putzen. Da zeigte sich die heilige katholische Kirche generös. Denn die Frauen putzen zum „Pfarrtarif", dem katholischen „Vergelt's Gott". Eine stabile Währung in allen Zeiten.

Erzählt mir ein guter Bekannter aus dieser Gemeinde, seine Schwester wollte in der Nachbarschaft ihrer Eltern mit ihrem künftigen Mann einen Bauplatz erwerben. Das war in den 1950er Jahren, wo ein so genanntes Pfarrfeld (Eigentum der örtlichen Kirchenstiftung) als Baugebiet erweitert wurde. Die Kirche hat dem künftigen Ehepaar einen Bauplatz zugesichert. Bis – ja bis der Herr Pfarrer erfahren hat, der künftige Bräutigam ist evangelisch. Er hat das junge Paar nicht getraut; den Bauplatz konnten die jungen Leute nicht erwerben. Sie haben im evangelischen Nachbarort einen Bauplatz bekommen, und auch dort geheiratet. Ihre Kinder wurden „natürlich" evangelisch getauft.

Bleibt noch anzumerken, dieser katholische Pfarrer hat zusammen mit seinem evangelischen Glaubensbruder im genannten Nachbarort gerne einen (nein mehrere) hinter die Binde gegossen – und beide sogar gemeinsam auf einem Tisch stehend im Wirtshaus gesungen. Dem evangelisch „Geweihten" ist das nicht bekommen – er wurde „gegangen".

Am Sonntag 4. Oktober 2015, beginnt in Rom die **Bischofssynode**, die sich drei Wochen lang hauptsächlich mit dem Thema „Ehe und Familie" befassen will. In den „Tagesthemen" um 22,45 Uhr berichtet die ARD an diesem Tag auch von einem Ehepaar, beide Geschieden und wiederverheiratet, das klagt, nicht mehr an der Kommunion teilnehmen zu dürfen.

Welch ein Problem haben diese Leute? Sie sollten es machen, wie die Kleriker, die sie maßregeln – nämlich so, wie es denen gerade nützlich ist. Es steht zwar in der Bibel, *„was nun Gott zusammengefügt hat, **soll** der Mensch nicht scheiden"*. *(**soll!**)*: Mathäus 19;6 -28-. Es steht aber auch „geschrieben": Mathäus 18;18 -27-. *„Was ihr auf Erden löst, **soll** auch im Himmel gelöst sein „*. Als Geschiedener (und wieder Verheirateter) würde ich mich nach Mt. 18;18 richten! Denn: mein Vormund bin in selber und Erwachsen genug, über mein Verhalten frei zu entscheiden. Ich brauche keine Kontrolleure!

Muss ich mich von „berufenen" Junggesellen, die keine Praxis von Ehe haben, vorschreiben lassen, was ich tun darf und was nicht? Diese Gescheitlinge wissen von Gott und Teufel nicht mehr wie ich. Aber ihre Einbildung ist größer, vermessener, als meine. Hat man schon gelesen, dass sie ihre verbrecherischen „Brüder", die sich an Kindern vergangen haben, von der Kommunion ausgeschlossen haben?!

Bei „Fehlverhalten" wegen der „Heiligen" Kommunion gibt es doch noch eine „Rettung" für die Seele: Sollten mich gegen Ende meines Lebens Gewissensbisse plagen, würde ich aufrichtig Bereuen – und Gott der Gütige, würde auch mich in sein Paradies aufnehmen, wie jeden Schwerverbrecher der ehrlich bereut: Klagel: 3;31-886-. Da muss ich mich nicht von „Einspännern" bevormunden lassen! Wie schon angemerkt, die Bibel bietet jedem etwas. Da sollte man selbstbewusst genug sein, um für sich das heraus zu suchen, was einem genehm ist. Die geweihten HEEREN, die im Oktober 2015 drei Wochen in Rom zu einer Synode zwecks neuer Bevormundung von „Sündern" zusammenkommen, machen es genauso. Ihr Ergebnis werden sie mit „Gottes weisen Ratschluss" verkaufen. Wenn die keine Gewissenbisse haben, die Kinderschänder in ihren Reihen zu schonen, und Gottes Zorn darüber beim „Jüngsten Gericht" nicht fürchten, muss ich mich auch nicht ängstigen, wenn ich „verbotener" Weise eine Oblate schlucke.

Da lese ich zufällig eine Betrachtung von Johann Wolfgang von **Goethe,** der kurz vor seinem Tod am 12.März 1832 an Eckermann schreibt: „viel Dummes in den Satzungen der Kirche" und meinte „sie fürchte nichts mehr als die Aufklärung der unteren Masse. Sie will herrschen und dazu muss sie eine borniete Masse haben, die sich duckt und die geneigt ist, sich beherrschen zu lassen."

Der Ehrenwerte Geheimrat Goethe hat recht. Als Kinder mussten wir Beichten, wenn wir an „verbotenen" Tagen Fleisch oder Wurst gegessen haben. Da kräht heute kein Hahn mehr danach. Auch der Klerus meckert nicht mehr. An Orten mit viel Publikumsverkehr (Einkaufszentren usw.), sind besonders an Freitagen die „Fressstellen" der Würstchen- und Döner-Buden begehrt.

Als ich in den 1950-er Jahren an einem Freitag zu „meinem" Pfarrer ging, um mir dort Schallplatten klassischer Musik fürs Filme Nachvertonen zu holen (er war da großzügig!), saß er in der Küche, hat Wurst gegessen und mich dazu eingeladen. Damals war an „verbotenen" Tagen Fleisch zu essen, noch eine Sünde.

Wie Goethe schreibt, brauchen die Kleriker die gläubige Masse, um sie bevormunden zu können. Je nach ihrer Einstellung. Sie sind es, die die „göttlichen" Ideen entwickeln und der Masse vorsetzen. 'Wie man's gerade braucht", wie Karlheinz Deschner schon wusste. Sie selbst richten sich nicht korrekt nach ihrem „Grundgesetz", der Bibel! Zum Dank dafür, dass wir ihnen mit unseren Steuern ein „gottgefälliges" Leben ermöglichen, sagen sie uns, was wir tun und lassen dürfen.

Übrigens, Goethe, der in Rom, in der Sixtinischen Kapelle eine Kerzenweihe verfolgte, nennt diese „Hokuspokus" und den Papst den „größten Schauspieler Roms". Wenn er den Polnischen Papst Wojtyla -, der noch als Leiche auf den Petersplatz eine Show abgezogen hat, kennen gelernt hätte, hätte er diesen bestimmt für den Film-Oskar vorgeschlagen.

Hat sich da in den fast 200 (zweihundert) Jahren seit Goethe was verändert?

Von Goethe ist auch zu lesen: „Das Märchen von Christus ist die Ursache, dass die Welt noch 10 000 (zehntausend) Jahre stehen kann und niemand recht zu Verstande kommt, weil es ebensoviel Kraft des Wissens, des Verstandes, des Begriffes braucht, um es zu verteidigen, als es zu bestreiten."

Bei uns im Dorf scheinen evangelische Christen aufgeklärter, gescheiter, zu sein. Sie gehen ganz selbstverständlich in **die katholische** Kirche und nehmen **zweifelsohne** an der Kommunion teil – obwohl das Verständnis beider Konfessionen in diesem Punkte nicht harmoniert. Der Katholische Priester sieht darüber hinweg. Sein Grund: Er möchte keinen „Aufstand" und verhält sich in diesem

Punkt wie wohl auch Christus, sein Vorbild, es tun würde: Er ist nachsichtig, nicht rechthaberisch. Wenn Gott so großzügig ist, selbst einen Verbrecher zu vergeben, wenn der seine Sünden bereut, so dürfte er beim Verzeihen wegen Schluckens einer Oblate schon gar keine Probleme machen. Auch die (guten) katholischen Christen in unserer Gemeinde stören sich nicht am Oblaten schlucken der evangelischen Brüder und Schwestern – das könnte man Fortschritt nennen.

Das „Drumherum" in der katholischen Kirche beeindruckt die Gläubigen. Die Show (das zeigen die „Obergeweihten" wieder bei der Bischofssynode im Oktober 2015 in Rom) der katholischen Riten beeindruckt. Äußerliches ist hier sehr wichtig: Gepränge, Gold, goldene Kelche, glänzende Ornate, viel Brimborium, Schau (moderner Show), Weihrauch. Über dieses kultische Räucherwerk lesen wir beim Propheten Jesaja 66;3 -814-: *„Wer Weihrauch anzündet, gleicht dem der Götzen verehrt."* In katholischen Kirchen wird er besonders gerne bei festlichen Anlässen verwendet – der Weihrauch.

Geweihte Priester in operettenhafter Kleidung aufgemotzt, mit Frömmelnden Gesichtern von „Auserwählten", schreiten sie vornehm dahin und zeigen sich als etwas Besonderes. Das flößt Respekt, Achtung, Ehrfurcht ein. Vermittelt Größe. Da wächst bei den Kleingläubigen das Ansehen zum himmlischen Respekt, was von den „Auserwählten" genossen wird.

Es ist ja auch ein schönes Bild, das sie abgeben: Händchen, die nichts gearbeitet haben, wie zum Gebet aneinander gelegt, vermitteln sie beim Dahinschreiten einen gutmütigen, frommen Eindruck, wie Erstkommunikanten. Ein gefälliges Bild für alle Gläubigen.

Exorzismus

Im Himmel vermuten Arglose wohl ähnlichen Zauber. Dazu passt ein frommes Gesicht, ein unsicheres Grinsen von „Benedikt" das als entgegenkommendes Lächeln verstanden wird. Die Unterwürfigen wissen nicht, oder denken nicht daran, dass dieser Herr verantwortlich ist, für Ausbildung von fünfzehnhundert Teufelsaustreibern in Rom, wie schon angemerkt. Heute, im 21-Jahrhundert, glaubt dieser im Mittelalter verhafteter Oberhirte, an Teufel und Teufelchen, an Dämonen, im menschlichen Körper. Jesus ist da allerdings Vorbild: Mk: 3;15 -48-, Jesus gibt **„Vollmacht, böse Geister aus zutreiben"**. Der Teufel ist im Glaubensgeschäft der wichtige Widerpart Gottes. Wie im Schauspiel, Drama, Krimi, braucht es einen guten und bösen Hauptdarsteller. Wo sonst läge Spannung, wie könnte Interesse entstehen. Für und Wider brauchen sich. Angst ist ein probates Mittel, Menschen gefügig zu machen, sie zu lenken, zu beeinflussen. Dieses Prinzip kennen alle Machtmenschen – auch Schriftsteller und Regisseure.

Wer weiß schon von all den Papstverehrern, dass der erzkonservative Kirchenmann Ducaud-Bourget sich über die vermutliche Ermordung von Papst Johannes Paul I (Albino Luciani, am 26. August 1978 zum Papst gewählt), nach nur 33 Tagen im Amt, wie folgt äußerte: „Angesichts all der Geschöpfe des Teufels, die im Vatikan hausen, ist es schwer, daran zu glauben, dass es ein natürlicher Tod war". *(Deschner: „Opus diaboli, Seite 174)*

Der italienische Enthüllungsjournalist Gianluigi Nuzzi weist in seinem Buch über den Vatikan im November 2015 auf die kriminellen Energien im Vatikan hin und auf die unterschiedlichen Mächte in der Verwaltung. (45 Woche-November 2015)

Das Papamobil des Papstes, gepanzert und mit schusssicheren Glasscheiben versehen, allein ist keine Gewähr für Sicherheit. Das Papamobil ist auch ein Zeichen von wenig Gottvertrauen. Eigentlich sollte der Stellvertreter Gottes auf Erden davon ausgehen, sein Chef im Himmel wird ihn nicht töten lassen. Könnte aber auch sein, der jeweilige Stellvertreter fürchtet, sein Befehlshaber im Himmel möchte ihn bald sprechen. Weil ihm das Dasein auf Erden sicher gefällt, kann er nicht daran interessiert sein, bald einer himmlischen Ungewissheit entgegen zu gehen. Der irdische Zustand soll möglichst lange erhalten bleiben. Was danach kommt, ist auch für einen Hochgeweihten nicht vorhersehbar – auch wenn er und seine ebenfalls „Berufenen", das Gegenteil behaupten. Außer dem Himmel kennt der Glaube ja noch zwei Abteilungen, die für gläubige Erdenbürger zuständig sind, wenn sie das Zeitliche gesegnet haben: Die Bewährungsstrafe Fegefeuer, die himmlische Reha, sozusagen, und die Hölle. Beide „Institutionen" werden gebraucht, um Menschen ängstlich und gefügig zu halten.

Der „Stellvertreter Gottes auf Erden" wird sicher davon ausgehen, dereinst bei seinem Gott, „seinem Gebieter", im Himmel anzukommen. Aber möglichst spät sollte das schon sein, obwohl es im himmlischen Eldorado so herrlich seinen soll, dass menschliches Vorstellungsvermögen nicht ausreicht, dies zu erfassen.

Der Heilige Vater Benedikt XVI grient sich also durch die Städte, Berlin, Erfurt, Freiburg. Er segnet – auf Teufel komm raus, möchte man lästern. Er hebt die Arme feierlich gen Himmel. Man fürchtet, er wird gleich abheben und Mutter Erde verlassen, wie sein Vorbild, der Herr Jesus. Ein Lächeln geht über sein Gesicht; Seine „Heiligkeit" wird als Warmherzigkeit empfunden. Viele Angesichter geraden in Verzückung. Das ist gut so – für den Glauben an die Kirche.

Hingerissen geben sich Jugendliche, angesichts des göttlichen Stellvertreters. Er ist ihnen Heilsfigur, Leuchtturm, Vorbild. Menschen brauchen Vorbilder! Das ist nicht zu beklagen. Zu bejammern ist, sie können von diesem Idol kein Entgegenkommen erwarten. Wie gemeinsame Kommunion mit den evangelischen Christen, also Gemeinsamkeit, Gemeinschaft, Priester-Ehe, Frauen am Altar, Verständnis für gleichgeschlechtliche Partnerschaften, gar Homo-Ehen, usw. Dieser Papst wird nichts zulassen, was den Einmaligkeitsanspruch seiner Organisation aufweichen könnte – und seine Nachfolger sicher auch nicht. Am 28. Februar 2011 hat Benedikt XVI aus Altersgründen gewissermaßen das Handtuch geworfen und einen Nachfolger bekommen.

Beispielsweise werden Homosexuelle von diesem Papst Benedikt kein Näher kommen (soll man jetzt nicht falsch verstehen) erwarten können. Zu sehr ist er, wie viele seiner geweihten Untergebenen, davon überzeugt, Mann und Frau dürfen nur Sex haben, wenn Nachwuchs geplant ist. Sonst ist es Sünde. (Allerdings wissen die HERREN, Sünde kann in der Beichte (bei ihnen) wieder vergeben werden.) Homos und Lesben wollen sie in ihrer großen Güte erst gar nicht sündigen lassen.

In der Bibel lesen wir schon bei 3Mose 18;22 -145-: *„Du sollst nicht bei einem Manne liegen, wie bei einer Frau; das ist ein Gräuel."* Die Ablehnung der Homosexualität ist bibeltreu. Wenn man sich auch nicht immer bibelkonform geriert, hier tut man es. Mag sein, weil die meisten der geweihten Brüder Hetero sind, sich gleichgeschlechtliche Freuden nicht vorstellen können. Was einige Spezies von ihnen, die sich an Buben vergreifen, sicher nicht verstehen können.

Sexuelle Sünde sehen sie gleichgeschlechtlichen Partnern nicht nach. Schon eher ihres Gleichen, übersehen sexuellen Kindesmissbrauch ihrer „berufenen" Berufskollegen, als gäbe es ihn nicht, auch die zölibatären Kinder, die die Welt bereichern, fallen ihnen nicht auf.

Wobei der heilige zölibatäre Schwur vor Hoch-Altar und hochgeweihten Bischof (und Gott?) eine besondere Qualität von Meineid sein muss, wenn er nicht beachtet wird.

Laut des Alten Testaments „geschieht nichts, das Gott nicht will". Da müssten die HEEREN des Herrn doch dahinterkommen, ein gleichgeschlechtlich Veranlagter, oder Veranlagte, kann nichts für sein (ihr) Empfinden. Er (Sie) sind nur Opfer göttlichen Willens. Die Kirche müsste sie achten, wie jeden „Normalen". Hier könnte man sich fragen, was ist normal? Im Irrenhaus ist es „normal", wenn die meisten irre sind!

3Mose 18;23 -145- lässt uns dazu wissen, *„auch bei keinem Tier sollst du liegen, dass du an ihm unrein wirst. Und keine Frau soll mit einem Tier Umgang haben; es ist ein schändlicher Frevel".* Hier darf man annehmen, zur Zeit der Bibelentstehung hat es Ferkeleien zwischen homo sapiens und Kreaturen gegeben, sonst wäre man nicht auf die Idee gekommen, solche „Beziehungen" zu beschreiben. Aber auch da gilt wieder: *„Nichts geschieht, wenn Gott es nicht will…"*

Sex mit der eigenen Schwester, oder gar mit der eigenen Mutter, ist natürlich auch tabu. Das lesen wir bei 3Mose 18;8-144-: *„Du sollst mit der Frau deines Vaters nicht Umgang haben"*. Man ist immer wieder erstaunt, welche „Erkenntnisse" die Bibel mitteilen kann.

Aber auch kopulieren mit der Tochter deines Sohnes oder der eigenen darfst du *keinen „Umgang" haben*, heißt es in der Bibel. Wer in dieser „Disziplin" tabu ist, wird kleinlich aufgelistet. Es könnte vereinfacht auch heißen, „lass die Finger von der Verwandtschaft". Aber es wird haarklein aufgezählt – vielleicht aus lauter sexueller Freude am Berichten. Dabei wird nicht vergessen, darauf hin zu weisen, dass *„du die Schwester deiner Frau nicht zur Nebenfrau nehmen sollst."* Waren die Schriftsteller zu der Zeit so voraussehend, oder schreiben sie von Praktiken, die ihnen bekannt geworden sind? Oder – waren „nur" ihre Gedanken ausgefallen, um sich die unterschiedlichsten Methoden ausdenken zu können?

Nebenfrauen waren nichts außergewöhnliches. Zum Beispiel bei Richter 19;25 -305-: *„...da fasste der Mann seine Nebenfrau."* Moslems, die später Gläubigen, können sich heute noch danach richten. In den monotheistischen Religionen sind die Frauen weniger wert als „die Herren der Schöpfung". Liegt es daran, dass der „Schöpfer" auch ein Mann war (ist)? Oder nur, weil der Mann von der muskulären Kraft her, dem „schwachen" Geschlecht überlegen war und ist? Es steht aber schon geschrieben (Brief des Paulus an die **Eph**eser 5;33*)-241-: „... ein jeglicher habe lieb seine Frau, wie sich selbst; die **Frau aber fürchte den Mann"*.

In Monotheistischen Religionen gilt halt der Mann mehr als die Frau. Vermutlich weil Gott Junggeselle ist. Eine Familie hat er nicht. Oder ist die Trinität seine Family? Aber nein. Gott selbst ist (sind?) DREI: Das kann keine Familie sein – es fehlt die Frau, die *„Männin"*. Wichtig zu wissen ist, *„die Frau aber fürchte den Mann*: Eph: 5;33 -241- In der Christlichen Welt ist das allerdings heute nicht mehr gang und gäbe. Durch Bildung und eigenes Geld verdienen, kuschen die Frauen nicht mehr vor den „Herren der Schöpfung".

Opfern

Der biblische Gott kümmert sich ja um viele Kleinigkeiten. Da verwundert es nicht, wenn er sich nicht nur über Besonderheiten bei seinen begehrten Opfern kümmert.

Wie zum Beispiel bei 3Mose 20;10 -147- wird kleinlich über sexuelles Verhalten berichtet, wo man sich wundert, was Gott diesen Bergsteiger Mose alles mitgeteilt hat. Um das Beieinander liegen mit den unterschiedlichen Verwanden geht es, aber auch mit Tieren. Und dass die, die Verbotenes treiben, getötet werden sollen. Allerdings sind das allgemeine Hinweise. Die könnten aber auch für Priester gelten.

Obwohl dieser Gott immer wieder Opfer verlangt, mag er doch keine von Menschen, die irgendwelche Gebrechen haben: 3Mose 21;21 -149- *„Wer nun unter Aarons, des Priesters, Nachkommen einen Fehler an sich hat, der soll nicht herzutreten, zu opfern die Feueropfer des HERRN, denn er hat einen Fehler"*, wie zum Beispiel: *„einen weißen Fleck im Auge, oder Krätze, oder Flechten, oder **beschädigte Hoden:"*** Das sprach der HERR zu Mose, um es Aaron zu sagen. Dem HERRN fallen beim Ablehnen von Opfern sogar die Hoden eines Mannes ein. Ist das nicht verwunderlich?

Will dieser Gott schon nicht Tiere geopfert haben, die nicht fehlerfrei sind, so will er auch keine Opfer von Menschen, die mit Schwächen behaftet sind. Und da steht in diesem Machwerk von AT: *„Der HERR lenkt jeden Schritt"*(Spr. 16;9 -728-).

Wo ist da göttliche Logik? Oder gar Liebe? Weist dies nicht alles auf schriftstellerische Aufzeichnungen hin, die unzulänglich, nicht durchdacht sind, weil nur darauf ausgerichtet, einen Phantasie Gott groß zu machen?

Wer in der Gegenwart Behinderte missachtet, sie gar verunglimpft, beispielsweise am Opfern behindert, der käme in Teufels Küche. Allerdings lassen die „auserwählten" HERREN solche Sprüche wie bei 3Mose 21;21-149- nicht von der Kanzel hören.

„Herr wir danken dir,…."

Die „Berufenen"

Gibt es einen Berufstand, der noch mehr Brimborium um sich selbst macht, als das katholische Priestertum? Die orthodoxen Kirchen darf man dazu rechnen. Man schaue sich Zeremonien in Rom an, wenn sich Kardinäle und Bischöfe aus aller Welt treffen. Oder in Kirchengemeinden, wenn Hirten und Oberhirten, aus weiß Gott welchen Anlässen auch immer, beisammen sind. Selbst in kleinsten Sprengeln, wenn ein Priester ein Jubiläum begeht, werden die „Brüder" aus den umliegenden Pfarreien eingeladen. Mitunter ist auch der zuständige Bischof, oder ein wichtiger Vertreter von ihm, dabei. Da wird große Show zelebriert. Weltliche Honoratioren dazu eingeladen; die kommen gerne, sonnen sich im Glanz der geweihten Würdenträger. Sie werden gebraucht, für den eigenen Abglanz – und merken nicht, dass sie nur erwachsene Schäflein unter den „Gottes-Vertretern" sind.

Und immer sind die gläubigen Schäflein von dem Schauspiel hingerissen. Danach: „Schön war es und feierlich". Man zeigt sich richtig glücklich.

Unbewusst projiziert man das Gehabe ins Himmelreich, wo man dereinst sein möchte, wenn die irdische Last von einem durch den Tod genommen ist. Trotzdem will keiner dieser Gläubigen sein Leben aufgeben, um die himmlische Pracht bald „erleben" zu können. Die geweihten HERREN des Herrn schon gar nicht! Sie streben ein langes Leben an und dank ihrer schweren Aufgabe, ihres „Stresses", werden sie meist auch alt.

Große Vorstellung ist beim priesterlichen Treffen angesagt, um zu beeindrucken. Und die Show beeindruckt die Gläubigen auch. Für sie ist es ein göttliches Schauspiel; im Himmel wird es noch prächtiger zugehen. Da möchte man hin. Also akzeptiert man das Gesellschaftsspiel mit aller Feierlichkeit. Man wird sich gar nicht bewusst, dass man nur…(Entschuldigung), Schäflein, ist und von den Hirten beeinflusst wird.

Zu viele Gläubige glauben ja auch, ihre Priester seien von Gott auserwählt. Woran die immer wiederkehrende Floskel der HERREN am

Altar: „Herr, wir danken dir, dass du uns berufen hast…" nicht ganz wirkungslos sein dürfte. Diese Besonderheit wird schon – permanenter Seelenmassage sei Dank – verinnerlicht.

Macht man sie darauf aufmerksam, diese Gläubigen, dass ihre Vorbilder Verhältnisse mit Frauen haben, oder sonstige Schwächen – zu denen der Alkoholmissbrauch gehört – bekommt man die Antwort: „Sind halt auch nur Menschen". Einen „geweihten" HHERRN verzeiht man gerne. Weniger großzügig geht man mit seines Gleichen um, mit Mitmenschen, die auf gleicher Lebensstufe stehen wie man selbst. Gut, für die HERREN des Herrn.

Die Gut-Gläubigen haben mehr oder weniger bewusst, diese „Sonderstellung" ihrer Prediger verinnerlicht und glauben auch, der geweihte HERR wird einmal im Himmel ein gutes Wort für sie einlegen. Deshalb ist es für sie wichtig, beim Gottesdienst vom geweihten HERRN des Herrn bemerkt zu werden. Das lässt sich am sichersten durch zu spät kommen beim Gottesdienst erreichen.

Ein Grund im Glaubenseifer Gottesdienste zu besuchen, dem Himmelreich näher zu kommen. „Man weiß ja nie…" Es lässt sich immer wieder feststellen, wenn ein fremder Geistlicher als Aushilfe die Anbetungen Gottes zelebriert, sind weniger Gläubige in der Kirche – oder auch, wenn der „eigene" klerikale HERR Urlaub macht. Bei uns auf dem Dorf ist das so. Möchte ich anmerken, es sind weniger Gottesdienste im Jahresprogramm der Pfarrei nötig, wenn der HERR des Herrn Urlaub macht. Dazu lässt sich lästern, Gottesdienstbesuche sind auch aus dem Grunde weniger „notwendig", wenn der HERR des Herrn seinen Einfluss nicht geltend machen kann, oder will. Beten im „Gotteshaus" allein, ist wenig wirksam – weil der Einfluss des Geweihten fehlt. Es ist für den Zölibaten auch attraktiver, sein „gesegnetes" Handwerk zu verrichten, wenn Zuhörer/Zuschauer dabei sind.

Als mein Freund im Alter von 29 Jahren beerdigt wurde, war es bei uns Brauch, nach der Beisetzung in die am Friedhof angrenzende Kirche zu gehen, um für die Seele des Verstorbenen für eine beschleunigte Aufnahme im Himmel zu Beten.

Neben mir stand am Ende des Hauptganges im Kirchenschiff ein weiterer Freund. Als die Litanei zu Ende ging, baute sich der Geistliche vor den Gläubigen auf. Am Ende des Gebete Leierns meinte er zu den Glaubensseligen, es nütze nichts, wenn sie jetzt beten. Es wäre sinnvoller eine Messe für die Seele des Verstorbenen lesen zu lassen. Die Mutter unseres verstorbenen Freundes war eine sehr gläubige Frau. Ich weiß nicht, was sie ob dieser Unverschämtheit gedacht hat. Vermutlich ist ihr wegen des Kummers um ihren Sohn in ihrer großen Frömmigkeit diese Bedenkenlosigkeit gar nicht aufgefallen. Wir haben die Kirche nach dieser pfäffischen Botschaft sofort verlassen und über das Ansinnen des geweihten HERRN gelästert.

Eine Messe „lesen lassen" kostete 1963, acht D-Mark. Nicht viel Geld, wenn man gut verdient hat. Auf dem Lande waren die Löhne zu der Zeit nicht besonders hoch.

„Messe lesen lassen" für verstorbene Seelen, ist der moderne Ablassverkauf in katholischen Kirchen heute. Konnten sich im Mittelalter sündige Gläubige mit Mammon ihre Sünden abkaufen lassen, um dem Himmel nicht verloren zu gehen, können das heute die Hinterbliebenen, indem sie „Messen lesen lassen", um die verstorbene Seele dem Himmel näher zu bringen. Das kann nicht oft genug geschehen. Es ist nicht selten, dass bei uns in einem Gottesdienst für die Seelen von mehreren Verstorbenen gebetet wird. Der Auftraggebenden Familie kostet das heute 10,--. Euro. Hat aber mit Geschäft und Abzocken nichts zu tun. Bestimmt nicht. Es geht „nur" darum, die verstorbenen Seelen in den Himmel zu katapultieren. Auch noch nach Jahrzehnten. Man geht halt immer davon aus, diese Seelen haben das Paradies noch nicht erreicht.

Martin Lutter hätte wieder eine Gelegenheit, sich zu profilieren. Die Unverschämtheit des katholischen Klerus Geschäfte mit dem Sündenablass zu machen, hat zur Spaltung in der christlichen Kirche geführt. Diese „Lutherischen" liebt die Catholica heute noch nicht – sie wird es auch in Zukunft nicht tun. Ach ja, man nennt sie auch Protestanten. Wer mag schon Leute, die einem nicht nach dem Munde reden.

Die Menschheit sollte sich bewusst werden, dass ihre größte Dummheit die ist, ihr Dasein auf ein Leben nach dem Tode auszurichten, statt das begrenzte Leben auf Erden zu genießen und sich diese zum Paradiese zu machen!

Priester Ehelosigkeit

Die Ehelosigkeit in der Bibel, dem angeblichen „Wort Gottes", wird von Priestern nicht gefordert, um sie als etwas Besonderes, Einmaliges, zu kennzeichnen.
„Herr, wir danken dir, dass du uns berufen hast, vor dir zu stehen…", rekapitulieren die HERREN des Herrn in jedem Gottesdienst, um ihre Einmaligkeit zu äußern. (Steht da in der Bibel nicht auch: *„Wer sich selbst erhöht, der soll erniedrigt werden"*?: Lukas 14;11 -96-. Sie wollen sich damit von der Masse abheben, ihre Gottbezogenheit kundtun, sich erhöhen. *„Um des Himmelsreich Willen"* -, bleiben sie ehelos, verzichten (offiziell) auf sexuelle Freuden, um dereinst im Himmel ihre Ewigkeit zu genießen. Heißt doch gleichzeitig; wem die HERREN zum Heiraten verführen, wird diesen Himmel, den die Geistlichkeit predigt, nicht erreichen – oder nur schwerlich. Und ebenso gleichzeitig ist es eine Dreistigkeit der geweihten Spezies, den Gläubigen zu suggerieren, Jesus habe die Ehe „gestiftet".
Bei Uta Ranke-Heinemann ist zu Petrus Damiani (*1007 bis † 1072), einen einflussreichen Bischof des 11. Jahrhunderts in Italien seine Meinung über die Ehe folgendes zu lesen: *„Petrus hat den **Schmutz der Ehe** mit dem Blut seines Martertodes abgewaschen."*
(Ich weiß allerdings nicht mehr, in welchem Buch ich das bei Uta-Ranke-Heinemann gelesen habe. Ich habe es notiert, ohne dabei die Quelle anzugeben.)
Das muss man sich durch den Kopf gehen lassen! Ein einflussreicher Bischof (und Kirchenlehrer) des 11. Jahrhunderts, bezeichnet die Ehe, die angeblich Jesus gestiftet hat, als Schmutz. Die einfachen Gläubigen drängt man zur Ehe – in den Schmutz.
Bei 1Mose 2;24 -17- und Mt.19;5 -28- (gleicher Text) erscheint eine Ehe nicht als zwangsläufig, um eine Gemeinschaft zu sein. Da heißt es: *„Darum wird ein Mensch Vater und Mutter verlassen und an seinem Weibe hangen und werden die zwei ein Fleisch sein? So sind sie nun nicht mehr zwei, sondern ein Fleisch. Was nun Gott zusammen gefügt hat **soll** der Mensch nicht scheiden."* Von Ehe ist hier nicht die Rede. Allerdings gibt es bei Matthäus ein Fragezeichen am

Satzende. Was wohl bedeutet, beide können nicht ständig „ein Fleisch" sein – wie wäre da noch anderes Tun möglich.

Was der Mensch nicht scheiden **soll**, ist also keine Verpflichtung, sondern **ein kann**!

Was lässt uns die Bibel, „Das Wort Gottes", zur Priester-Ehe noch wissen? 3Mose: 21;14 -149-: *„eine Jungfrau seines Volkes soll er zur Frau nehmen".* Oder beim Propheten Hesekiel 44;22 -942-: *„Eine Jungfrau vom Hause Israel oder die Witwe eines Priesters".* Und mein Bischof aus Bamberg (wie wohl alle anderen) meint, *„um des Himmelsreich willen, sollen Priester ehelos bleiben und dem Zölibat verpflichtet"* sein.

Sind unsere Bischöfe heute gescheiter, als jene, die das „Buch der Bücher", die Bibel, geschrieben haben, nach angeblicher Suggestion Gottes? Ist ihnen das Wort der Bibel nicht Verpflichtung und Aushängeschild gleichzeitig? Wie hat der große Deutsche Kirchenkritiker Karlheinz Deschner im „Abermals krähte der Hahn" festgestellt: „Wie man's gerade braucht".

Zölibat

Bei den „Lutherischen" dürfen die Priester heiraten. Die sind bibelkonform. Während die Catholica es mit der Wahrheit in dieser Abteilung nicht so genau nimmt. Sich heraussuchen, was gerate opportun ist, sich alles nach den eigenen Vorstellungen ausrichten – den Glaubens-Schäflein wird man es schon verklickern, was sie als „Gottes Wort" verstehen sollen. Gott selbst widerspricht ja nie! Hat man auch noch nie gehört, oder gelesen. Im Alten Testament, wo er sich immer wieder mit seinen Untertanen unterhält, ihnen Befehle erteilt und vor allem auf Opfer schielt, kennt man nur Befehle und Verordnungen. Im Leben der Menschen heute, ist er nicht mehr wahrnehmbar. Aller-

dings wissen seine Prediger immer was ER will. Mehr muss nicht sein.
Es könnte auch sein, ER ist still und heimlich verstorben – Aber das wüssten seine „Berufenen" sicher. Oder verschweigen sie es uns, weil sie sich sonst brotlos machen würden?
In der Bibel, dem angeblichen Wort Gottes, steht: *„jeder Bischof soll eines Weibes Mann sein:* 1.Brief des Paulus an Timotheus 3;2 -258-: *„Der seine Kinder in Gehorsam halte....*(3;4) -258-. Das gilt auch für Diakone. Dem Wein sollen beide Spezies nicht verfallen sein: 3;12 -158-
Noch um das Jahr 1000 herum, waren die meisten Geistlichen verheiratet. In der Synode von Elvira, zu Beginn des 4. Jahrhunderts, wurde im Canon 33 bestimmt, „dass den Bischöfen, Priestern und Diakonen sowie allen Klerikern, die den Altardienst versehen, zu befehlen sei, sich des ehelichen Verkehrs mit ihren Ehefrauen zu enthalten und keine Kinder mehr zu zeugen. Zuwiderhandelnde sollen aus dem Klerikerstand ausgestoßen werden."
Was lernen wir daraus? Die geweihten Herren treffen sich zu einer Synode, beschließen was ihnen derzeit Opportun ist, und pfeifen auf das angebliche „Wort Gottes" in der Bibel. „Gottes Wort" interessiert sie dabei nicht, weil ihnen ihre eigenen „göttlichen" Vorstellungen wichtiger sind, als die Worte in der Bibel, ihrem Grundgesetz. Die Ergebnisse ihrer Beratungen verkaufen sie den „Schäflein" als „Gottes Wille". Denn natürlich hat ihre Entscheidungen Gott beeinflusst. Gläubige glauben alles.
Dass die geweihten HERREN des Herrn, trotz Zölibat auf sexuelle Kontakte nicht verzichten, ein, oder auch mehr Kinder in die Welt setzen, ungewollt „Verkehrsunfälle" verursachen, sozusagen, weiß der römische Oberhirte der Gegenwart (und alle seine Vorgänger wussten es) sicher auch. Sicher auch die Bischöfe, Kardinäle, die sich selbst (vielleicht) schon ungewollt, vermehrt haben, wissen davon. Und – sie halten den Deckel des Schweigens schön darüber, haben nur die eine Sorge, ihr sündiges Verhalten könnte an die Öffentlichkeit kommen.
In der ZDF-Sendung „Kennzeichen D", vom 12. Januar 1993, letzter Block, berichtete das Fernsehen von einer Frau der die Kirche für

ihre drei Priester-Kinder die Alimente zahlt. Allerdings nicht über ein Konto bei einer Bank, sondern in bar. Damit über diese Praxis kein Nachweis vorhanden ist, wie die Mutter der Priesterkinder glaubhaft erklärte. Es ist für die heilige katholische Kirche nicht schlimm, wenn Priester durch brechen des Zölibats meineidig werden. Schlimm ist es für sie, wenn die Beschämung an die Öffentlichkeit dringt.

Die Skandale um Kindesmissbrauch in katholischen Einrichtungen, die in jüngster Zeit (2010er Jahre) an die Öffentlichkeit gedrungen sind, sind ein Beweis dafür. Das frühere Tabuthema hat viele Opfer ermutigt, selbst 40 Jahre nach den Vorfällen ihre traumatischen Erlebnisse öffentlich zu machen. Sie berichten über Fälle sexuellen Missbrauchs, durch Priester, Mönche und Nonnen, sowie angestellte Erzieher innerhalb der römisch-katholischen Kirche, an ihren Schutzbefohlenen. Das große Bedauern der Vormann-Kleriker gilt nicht den missbrauchten Jugendlichen. Es gilt dem Öffentlich werden, dieser Unflätigkeiten. So lange der Deckel der Verschwiegenheit den Mief nicht an die Öffentlichkeit lässt, wird nichts dagegen unternommen und auch nichts bedauert.

Am Montag 31.8.2015/22 Uhr: (45 Minuten Dauer) befasst sich das NDR-Fernsehen in seiner Sendung: „Das Schweigen der Männer" – mit dem Thema „Kindesmissbrauch durch katholische Priester": Der Bericht macht klar, die katholischen Bischöfe haben kein Interesse daran, den Missbrauch aufzuklären. Der Klerus beweist sich immer wieder auch als eine Geheimorganisation, die im Verborgenen agiert, um ihre Schwächen, Neigungen, die Hintergründe ihrer Politik, zu verheimlichen. Wie es auch in Diktaturen üblich ist. Den Schein wahren, die wirklichen Gegebenheiten verheimlichen, um erfolgreich die eigenen Belange verfolgen zu können. Das ist wichtig. Das liegt wohl auch daran, dass diese HERREN nicht das glauben, was sie anderen einreden. Die Kirche ist nach meiner Erkenntnis eine Firma und ein Machtapparat, dem es um sich selbst geht, wobei er „seine" Herden berieselt, um seinen Machtanspruch zu behaupten. Heute in zweiter Linie eine Glaubensgemeinschaft, die durch Einnebeln der Massen, dem Mammon dient, wie man es auch von Sekten kennt. Zu

Beginn des Christentums handelte es sich ja um eine Sekte. Damals sicher nicht Gewinn orientiert, wie heute.

Die Verschwiegenheit der Kleriker beweist auch die ARD-Sendung (1. Programm) vom Montag 30. November 2015 um 22,45 Uhr mit dem Titel: **„Richter Gottes – Die geheimen Prozesse der Kirche"** (45 Minuten).

Der Bericht zeigt auf, wie der Klerus mit Geschiedenen umgeht (wenn sie wieder heiraten wollen, wie er diese bis ins Intimste ausforscht, dabei seine Macht zeigt) – und wie ein Priester (Peter K.) der über 100 (hundert) Kinder im Laufe der Jahre missbraucht hat (wovon man wusste), und von den Oberen seiner Kirche geschützt wird. Seine Taten sind verjährt. Aber die mit einer 14-Jährigen, der Enkelin eines mit ihm befreundeten Ehepaares, nicht. Das verhandelt der Klerus in seinem eigenen Strafgericht in Berlin (wovon es 32 (zweiunddreißig) in Deutschland gibt), wo Pfaffen über Pfaffen zu Gericht sitzen (und man Verständnis untereinander zeigt). Dieses Kirchengericht stellt das Verfahren gegen seinen Priester ein, weil es angeblich kein öffentliches Interesse, wegen Geringfügigkeit, an dem Fall gibt. Dabei hat das Mädchen einen Selbstmordversuch hinter sich. Der Priester wurde zu 4000,-- Euro Strafe verurteilt, die er in monatlichen Raten abbezahlt. Das Geld geht aber nicht an das missbrauchte Mädchen. Es geht an die kirchliche Einrichtung für Missbrauchsopfer. Da bereichert sich die Firma Kirche schamlos an Straf-Geldern, die sie, wäre sie die Institution für Nächstenliebe, wie sie gerne predigt, dem Opfern ihres geweihten Bruders zukommen lassen sollte.

Fazit: Die Kirche schützt ihre Halunken, übt Druck auf Opfer aus und beweist zum wiederholten Male: sie ist auch eine Geheimorganisation **mit eigener Gerichtsbarkeit**, um ihren Sünden-Sumpf zu pflegen, ohne dabei Angst haben zu müssen, der Staat, den sie unterwandert hat, wird den Sumpf trockenlegen. **Sie ist ein Staat im Staat.** Was für ein Rechtsstaat ist das, der so etwa zulässt?

Was lehrt uns das Verhalten des Klerus beim Umgang mit seinen eigenen Gesetzesbrechern? Die geweihten HERREN **fürchten kein Gericht im Himm**el, am jüngsten Tag", wo Gott angeblich alle Menschen aburteilt – die „Auferweckten", wie die noch Lebenden.

Warum? Weil sie selbst nicht glauben, was sie anderen über die Jahre einflößen. Wie hat der Kirchenkritiker Karlheinz Deschner in seinem „Abermals krähte der Hahn" geschrieben? „Wenn ein Pfaffe den Mund aufmacht, lügt er".

Diese Junggesellen Gesellschaft hat es durch ihre Beeinflussung im Staat so weit gebracht, dass die Verantwortlichen in öffentlichen Institutionen, aber auch in der Privatwirtschaft, kein bemerkenswertes Ereignis, wie Übergabe, Inbetriebnahme von Gebäuden, Straßenfreigaben und Ähnlichem, sich vorstellen können, ohne Zelebration von Weihwasser und Kreuze malen in die unschuldige Luft. Sie Reden und mischen überall mit, in Rundfunk- und Fernsehrat, Schulen und Erziehung, Kultur allgemein, Kindergärten, die oft unter ihrer Regie betrieben werden (hier zahlen sie das Wenigste dazu, haben aber das Sagen). Ähnlich bei Krankenhäusern, die sie betreiben und den Angestellten und Arbeitern weniger Lohn zahlen, als staatliche Einrichtungen und private Unternehmen. Dafür führen sie immer das Wort „Gott" im Munde, sprechen von Nächstenliebe, geben sich sozial, was sie in Wirklichkeit nicht sind. Ihr soziales Bewusstsein gilt ihnen selbst.

Wie hat mir der Bamberger Bischof geschrieben, in der katholischen Kirche gibt es die Möglichkeit der Beichte. Die stammt aber nicht vom lieben Herrn Jesus. Die Beichte kennt das Christentum nicht von Anfang an. Aber sie kann die Seele, das Gewissen, beruhigen – und den Klerus informiert halten. Fürwahr, eine göttliche, richtiger, eine pfäffisch gute Einrichtung. Hat der irdische Machthaber im Beichtstuhl vergeben, wird der Himmel sich schon danach richten. Vergessen ist das Sündige. Die Seele ist wieder fleckenlos. Mann/Frau, kann neu beginnen.

Zur „allgemeinen Ehe", weiß der Klerus *„Was Gott verbunden hat, **soll** der Mensch nicht trennen:* Mt; 18;18 -27-. Deshalb lehnt er in seiner Selbstherrlichkeit auch die Kommunion von Geschiedenen ab. Auf diesen Matthäus-Spruch berufen sich die „Berufenen" und beleidigen damit viele Gläubige die gerne die Oblate als Jesus-Fleisch schlucken würden, um dazu zu gehören.

Im selben Satz lesen wir aber auch: *„und was ihr auf Erden lösen werdet, **soll** auch **im Himmel los sein"*. Nun, ihr „geweihten" HER-

REN des Herrn, was ist denn nun richtig? Der große Kirchenkritiker Karlheinz Deschner hat festgestellt: 'Wie man's gerade braucht'; im „Abermals krähte der Hahn". Wie recht er hat, lässt sich immer wieder feststellen. Auch bei Mt.19;6-28-: spricht Matthäus von **soll**: *„Was nun Gott zusammengefügt hat, das **soll** der Mensch nicht scheiden".* Auch hier ein **soll,** kein darf!

Austritte

In den Tagesthemen der ARD, am 17. Juli 2015, um 20,45 Uhr, hören wir, dass in Deutschland noch nie so viele Gläubige ihre Kirche verlassen haben, wie im Jahr 2014. 217.716 waren es bei den Katholiken. Noch mehr als 2010, dem Höhepunkt des Missbrauchskandals an Abhängigen durch Kirchenpersonal. Damals waren es 181.193. Aber auch die evangelische Kirche hat Gläubige verloren. So viele, wie in 20 (Zwanzig) Jahren nicht.
Mit 24,17 Millionen Mitgliedern ist die katholische Kirche die Nummer Eins (2014) in der Bundesrepublik. An zweiter Stelle steht die EKD, mit 22,63 Millionen Gläubigen. Bei rund 81 Millionen Bundesbürgern, nähern wir uns einen Atheistischen Staat. Scheinbar. Denn nicht alle, die an einen Gott, an ein übernatürliches Wesen glauben, sind „Vereinsgebunden", gehören einer Kirche an.
ARD vom 17.8.215/23,30 Uhr: „**Was glauben die Deutschen?**" erfahren wir, dass 59% im Lande Christen sind, 30% sind Konfessionslos, 5% sind Muslime, 1 Prozent Juden oder Buddhisten. Ein Drittel der Bundesbürger glauben an ein Leben nach dem Tod.

Vielweiberei

Die Priester durften also heiraten. Von Sex wird in der Bibel nicht geredet, dafür von Vielweiberei. Da möchte man annehmen, der Herr Mohammed, der später Prophet seiner eigenen Glaubensrichtung wurde und seinen Hörigen mehr als eine Frau „genehmigte", hat abgeschrieben. Nämlich bei 2Chron 11;21 -499-, wo es heißt: Rehabeam (der Sohn Salomos)... *der hatte 18 (achtzehn) Frauen und 60 (sechzig) Nebenfrauen und zeugte 28 (achtundzwanzig) Söhne und 60 (sechzig) Töchter.* Ein geiler Bock muss dieser Rehabeam gewesen sein. Da hat man es mit dem Sexuellen in der Bibel großzügig genommen. Trotz des lüsternen Rehabeam im Buch der Bücher, ist das Christentum zu einer sexual-feindlichen Religion geworden.

Dies lässt uns Karlheinz Deschner in „Opus diaboli", Seite 103 (unwidersprochen), wissen, geht auf den Kirchenlehrer, dem Hl. Augustinus, zurück, der „maßgeblich die christliche Moral" bestimmte, nachdem er „sich satt gehurt" hatte, der „allen Ernstes beten konnte, 'Herr gib mir Keuschheit, aber noch nicht gleich' ,,.

Vielweiberei war laut AT nicht unüblich: 1Samuel 25;43:-346- *„Auch hatte David Ahinoam von Isreel zur Frau genommen: sie wurden beide seine Frauen."* Oder bei Richter 19;25 -305-: *„...da fasste der Mann seine Nebenfrau..."* Es ist ja im Leben oft so, dass Veränderungen ins Gegenteil umschlagen. Es ist aus einem Saulus ein Paulus geworden, ein Christen-Verfolger zu einen Christentum-Gründer und Jesus-Eiferer, wie uns die Bibel deutlich macht.

Dieser Heilige Paulus ist geradezu zum Fanatiker für Jesus geworden; was man ja oft bei Konvertiten beobachten kann. Da lesen wir im *Brief an die Philipper:* 1;**21**-243-: *„Denn Christus ist mein Leben, und Sterben mein Gewinn".* Und weiter, bei 1;23: *„... ich habe Lust, abzuscheiden und bei Christus zu sein".* Hat man noch von keinem Kleriker, auch nicht vom Allerhöchsten in Rom gehört, wegen Jesus möchte er das Zeitliche segnen! Im Gegenteil. Sie versuchen alle recht alt zu werden und recht spät ins Paradies einzugehen.

In seinem Brief an die Philipper schwärmt Paulus gar: 3;20:-245: *„Unsere Heimat aber ist der Himmel, von dannen wir auch warten* *des Heilandes Jesus Christus, des Herrn, welcher unseren nichtigen Leib verklären wird, dass er gleich werde seinem verklärtem Leibe nach der Wirkung seiner Kraft, mit der er kann all Dinge sich untertänig machen".* Die Wahnvorstellung des einstigen Christenverfolgers Paulus für Jesus lässt ein normales Leben nicht zu. Im Brief an die **Kol**osser 3;2-249- empfiehlt er: *„Trachtet nach dem was droben ist, nicht nach dem, was auf Erden ist".* Paulus ist buchstäblich berauscht, von seinem Jesus. Die Gläubigen heute, *„trachten nach dem was oben ist",* statt sich auf ein endliches Leben auf Erden einzurichten und human miteinander um zu gehen.

Die Menschheit sollte sich bewusstwerden, dass ihre größte Dummheit die ist, ihr Dasein auf ein Leben nach dem Tode auszurichten, statt das begrenzte Leben auf Erden zu genießen und sich diese zum Paradiese zu machen!

Was Paulus von sich gibt, ist Delirium pur. Das kennt man auch von Verliebten. Aber auch die Liebe zu Jesus ist Liebe – in diesem Fall halt eine Besondere. Die gleiche Überspanntheit lässt Paulus in seinem Brief an die **Kol**osser 1;15-247-erkennen. Da will er begeistern mit:*"Er (Jesus) ist das Ebenbild des unsichtbaren Gottes, der Erstgeborene vor allen Kreaturen."*

Obwohl er, Paulus, diesen Gott noch nie gesehen hat (weil er eben unsichtbar ist), weiß er in seiner Jesus- und Gottes Verliebtheit, dass dieser seinem Vater gleich sieht. Das ist die hohe Kunst der Vorstellungskraft eines menschlichen Gehirns. Dann geht es mit dem Enthusiasmus für den „Gottessohn" weiter: 1;16 -247-*"Denn in ihm ist alles geschaffen, was im Himmel und auf Erden ist, das Sichtbare und Unsichtbare, es seien Throne oder Herrschaften oder Reiche oder Gewalten; es ist alles durch ihn und zu ihm geschaffen."*

Begeisterter kann man andere nicht begeistern wollen. Das ist Werbung in der Antike.

Im 1.Brief an die **Thess**alonicher 5;17-254- empfiehlt Paulus diesen:*"Betet ohne Unterlass, seid dankbar in allen Dingen, denn das ist der Wille Gottes in Christus Jesus an euch. Den Geist dämpft nicht. Weissagungen verachtet nicht. Prüft aber alles, und das Gute behaltet".* Beten ist für ihn selbstverständlich wichtig. Aber ohne Unterlass? Das ist zu viel, des Überschwanges. Wie soll man da noch andere Verrichtungen bewerkstelligen und dabei *Nach-Denken* können? Allerdings ist Nachdenken im Glauben nicht sehr gefragt! Und Weissagungen sind dem Paulus wichtig. Gelingen die auch, wenn man ohne Unterlass betet? Schwärmerei kennt keine Grenzen! Nur noch Beten, könnte auch als Faulheit ausgelegt werden. Lesen wir bei Salomos **Sprüche**: 11;16 -725-: *„Den Faulen wird es mangeln an Hab und Gut."* Der Sprüche Macher konnte die soziale Hängematte der Bundesrepublik noch nicht kennen. Aber sonst hat er recht, mit seiner Vorhersage.

Da hört man im August 2015 aus Radio und Fernseher bei einem Nachruf auf dem im Alter von 91 Jahren verstorbenen SPD-Politiker Egon Bar, dass dieser gesagt hat: „Alle, die den Himmel loben, waren niemals droben" Wie recht der Mann hatte. Es stimmt sogar mit Ausrufezeichen!

Der später zum „Heiligen" gewordene Paulus war auch „niemals droben", erdreistet sich aber in seiner Ekstase für Jesus, in seiner Jesusschwärmerei, sein Leben für „droben" auszurichten. Gottesschwärmern ist diese Hellseherei aber Wasser auf ihre Mühlen.

Und bei Kolosser 3;16-249- meint Paulus: *„Lasst das Wort Christi reichlich wohnen in euch: lehret und vermahnet euch selbst in aller Weisheit mit Psalmen und Lobgesängen..."* Eine Leidenschaft die geradezu paranoid ist. Aber alle Fanatiker tun so, als seien ihre Ergüsse Lebenserfahrungen. Schwärmerei verliert den Blick für die Realität.

Aber auch Petrus ist nicht ohne Berauschung. Wie bekannt, hat die „Auferstehung" Jesu niemand miterlebt. Dennoch behauptet Petrus in der Apostelgeschichte (Apg): 3;15 -148 – *„Den hat Gott auferweckt; des sind wir Zeugen"*. In der Pfingstpredigt (Apg. 2;32-147-) ist dieser **Petrus** aber so begeistert, dass er in seiner Übertreibung für Jesus lügt und sagt über die Auferstehung... „des **sind wir alle Zeugen**". Im Glauben kommt es nicht auf Genauigkeit an. Ach ja, damals war Petrus noch gar kein Heiliger. Da musste seine Schwärmerei nicht der Wahrheit entsprechen.

Papst Wertstellung

„Es ist niemand heilig, wie der HERR „: 1Samuel 2;2 -315-. Trotzdem haben wir in Rom einen „Heiligen Vater". Wie passt das zusammen? Dann bei 3Mose 19;2 -145-: *„Kinder sollen Heilig sein".* Wie hat Karlheinz Deschner geschrieben: „Wie man's gerade braucht." Die Bibel bietet jedem etwas.

Also: Der Papst, der Heilige Vater, das katholische Oberhaupt ist eine Person mit Weltrangstellung, egal, welchen Künstlernamen er sich nach der Kampfabstimmung zu seiner Wahl gibt. Entsprechend wird er hofiert. Er ist Boss eines kleinen Weltstaates mit 44 Hektar Größe, mit der Achtung, wie sie bedeutenden Industriestaaten, wie Amerika, Deutschland, Frankreich und anderen, zuteil wird. Dieser Ministaat produziert keine Industriegüter. Seine Leistung beschränkt sich auf Predigen von Moral, auf nicht beweisbare Versprechungen „nach" dem Tod.

Obwohl ich das Papsttum nicht brauche, das Gepränge und Operettenhafte bei den Zusammenkünften der Hochgeweihten, weil es nach meiner Ansicht nur dazu dient, den Gläubigen den Verstand zu vernebeln, halte ich die Päpste der Neuzeit, doch für wichtige Persönlichkeiten. Weil keiner Person der Weltgeschichte so viel Achtung und Glaubwürdigkeit entgegengebracht wird, wie dem jeweiligen Papst. Allein aus dieser Sicht, denke ich, sollte es auch in Zukunft einen Papst geben. Allerdings sollte es ihm gelingen, die Verantwortlichen in seinem Imperium auf Bescheidenheit zu trimmen und das Säuseln um ein „Jenseitsleben" auf irdischen Frieden zu beschränken.

Ohne Moral würde das menschliche Miteinander nicht funktionieren. Gut, dass die mahnenden Worte aus dem Vatikan nicht ungehört bleiben, wenn sie auch nicht alle Ohren erreichen. Die allermeisten Intellektuellen richten sie eh nicht nach dem, was aus dem Vatikan an „Glaubwürdigen" für die „Seele nach dem Tod" kommt. Ihre wahre Gedankenwelt lassen sie allerdings nicht öffentlich werden, weil sie die Macht der Catholica kennen. Berufliche Stellungen könnten gefährdet sein.

Trotz allen Moralanspruchs, ist der Vatikan keine Hochburg tugendhafter Charakter-Stärke. Zu viele sind zur Aufrechterhaltung der Institution notwendig. Wölfe im Schafspelz gibt es auch hier. Wobei man wieder zu der Erkenntnis kommen kann, „beim Erschaffen des Menschen" hat dem lieben Gott der Teufel geholfen.

Deshalb ist der Vatikan nicht fehlerfrei – und kann es gar nicht sein. Hoffnung macht der aktuelle Papst Franziskus. Doch bei „all den Teufelchen", die es in diesem Ministaat geben soll, wird dieser Papst es nicht leicht haben, eine vollwertige moralische Instanz in der Verwaltung des irdischen Gottesvertreters hin zu bekommen. Schon gar nicht in der weltweiten Verflechtung der katholischen Kirche, dürfte eine „saubere Moral" im Ganzen zu erreichen sein. Zu viele sind damit befasst, „Gott zu dienen" wobei ihre menschlichen Schwächen ihnen oft (auch gerne) im Wege stehen. Franziskus wird als Papst schon seine Lebenszeit dazu nicht reichen.

Da machte der TV-Sender *Servus TV* am Donnerstag 11.12.2014, um 21,15 Uhr, mit seinem Bericht „*Heiliges Geld – die Geschäfte des Vatikan"* deutlich, wie hier mit Finanzen gehandelt und betrogen wird und in Amerika Spendengelder im großen Stil veruntreut wurden. Das kann ein „Heiliger Vater", den der Himmel bei seiner Wahl auserkoren haben soll, nicht kontrollieren. Und da es viele Mitarbeiter in einer staatlichen Verwaltung braucht, mag sie sich auch noch so „göttlich" wähnen, werden Unredlichkeiten nicht zu vermeiden sein.

Der Vatikan ist ein Machtapparat mit menschlichen Schwächen, wie jede andere Institution. Mag er sich auch noch so sehr auf seinem angeblichen Kirchengründer, dem lieben Herrn Jesus, berufen. Hätte man sich in der Entwicklung und Ausdehnung (Missionierung) des Glaubensimperiums auf die Bescheidenheit Jesu immer besonnen, wäre der Apparat Kirche nicht so groß, wohlhabend – und unehrlich – geworden. Heute hat man den Schlamassel, mit Wein genießen und Wasser predigen: „*Der Wein erfreut das Leben, und das Geld muss alles zuwege bringen:* **Pred**iger *Salomo 10;19 -749-*.

Während jener Herr Jesus, auf dem man sich gerne beruft und immer wieder seine Bescheidenheit predigt, ihn gerne als Vorbild bejubelt, kennt man selbst dessen Anspruchslosigkeit nicht. Kennt in der Kirche goldene Becher, bei Gottesdiensten, hüllen sich die „Berufenen" in teure Gewänder, die im Lichte leuchtend glitzern, zur Verherrlichung Gottes (?), fährt dicke, teure Blechkarossen, jedenfalls die Oberhirten und steckt als Junggeselle fette Gehälter ein (auch zur Verherrlichung Gottes (?), von denen drei und vier Familien mit Kindern gut (in Deutschland) leben könnten (hier sind auch wieder die Oberhirten gemeint, obwohl es dem „gemeinen" Pfarrer auf dem Dorf auch nicht schlecht geht. Siehe Lohn der Geistlichen. (Seite 20) Und das alles, obwohl ein viel zu großer Teil der Menschen, die Gottes Erde bevölkern, Hunger leiden, zu wenig Wasser haben und auch mangels Hygiene täglich tausendfach sterben. Finanziell tut man nichts, oder nur wenig dagegen. Hier pflegt die Heilige Kirche Bescheidenheit – und betet.

Man betet für die Armen und Unterbelichteten. Die eigenen Kinder, Resultate von verbotenen, geschlechtlichen „Verkehrsunfällen", zahlt man über die Kirchensteuer (in Deutschland). Die Gläubigen also haben das „Vergnügen", mit ihrer Kirchensteuer das Meineidige Vergnügen ihrer „Berufenen" zu finanzieren.

Da mag man verstehen, dass sie gerne, und immer wieder, beten: „Herr, wir danken dir, dass du uns berufen hast…"

Man spricht sehr gerne von Moral – und empfiehlt anderen moralisches Verhalten. Aber: *„der Geist ist willig, aber das Fleisch ist schwach"*: Markus 14;38 -66-.

Wie dürftig geht es da in der reformierten, evangelisch christlichen Kirche zu. Bescheidene Kleidung hier, Trauerkleidung der Pastoren, die eher ans irdische Ende erinnert, als an eine „frohe Botschaft", an ein seliges Leben in einem himmlischen Paradies. Hier wird das Brimborium nicht gepflegt, das Äußere soll vom Glauben nicht ablenken. Man ist hier nüchterner, eher auf den Boden der Realität – zumindest hat es den Anschein, für einen weniger guten Katholiken. Allerdings hängt der Herr Luther irgendwo herum, um nicht zu vergessen, wem man diesen Zweig des christlichen Glaubens zu verdanken hat.

Im Katholizismus betet man zu Holzfiguren und Bildern, die Gott, Jesu und Heilige darstellen (sollen), zur ewigen Jungfrau Mutter und

„Gottesmutter" (besonders gerne). Alle sollen einem bei Gott einschleimen.

Selbst wenn nicht alle „gläubigen" Katholiken den Papst als Stellvertreter Gottes akzeptieren (es aber öffentlich nicht wissen lassen), weil sie es ablehnen bevormundet und gegängelt zu werden, gehören sie doch zu seiner Kirche. Sind Mitglied in „seiner" Vereinigung, die sein Vorbild, der Herr Jesus, aber nicht gegründet hat. Schon im unmündigen Säuglingsalter werden sie zum Mitglied gemacht, zahlen später treu ihre Kirchensteuer (in Deutschland) und unterstützen, was sie im Grunde gar nicht wollen, oder brauchen.

Das „juckt" die Kirchen-Verantwortlichen allerdings wenig, so lange die Kirchensteuer pünktlich bezahlt wird.

Die Eltern, sie sind ebenfalls der Kirche (Jesus) als Säuglinge „geschenkt" worden, geben ihren indoktrinierten Glauben ihren Kindern weiter, wie er ihnen eingegeben wurde. Widersprüche werden nicht hinterfragt, wenn sie denn überhaupt erkannt werden. Und wenn, werden sie hingenommen. Es wird schon stimmen. Im Glauben ist Kritik nicht angebracht und schon gar nicht gewünscht. In früheren Jahrhunderten war es den Gläubigen verboten, die Bibel zu lesen (wenn sie denn lesen konnten). Heute ist es erlaubt. Allerdings ist man scheinbar dahintergekommen, welch schlimmes Pamphlet das AT ist. Man findet in Krankenhäusern und Hotelzimmern nur noch das Neue

Der Heilige Geist

Der Heilige Geist ist ein Schelm. Einem Schelmen kann man vieles Zutrauen. Da sprechen die Geistlichen in ihren Kirchen von der Jungfrau Maria, die der Heilige Geist befruchtet hat. Aber sie war nicht die Einzige, schon gar nicht die Erste, die dieser göttliche Bube „heimgesucht" hat. Das jedenfalls lässt uns das AT erkennen.
Wenn ich die Bibel richtig verstehe, hat der Heilige Geist **fünf, oder gar sechs Kinder,** gezeugt. Alles Söhne. Aber nur von dem „Gottes-Sohn" hört und liest man, den angeblich eine alternde Jungfrau geboren haben soll, die aber mindestens sieben Kinder geboren hat, wie uns die Bibel wissen lässt: MK 6;3 -52-.
Der bekannteste vom Heiligen Geist gezeugte Mensch wurde elendig gekreuzigt. Der erste Sohn, seiner Zeugungskunst wurde zum Mörder. Der zweite wahrscheinlich dessen Bruder. Der vierte wurde geköpft. Im 'Buch der Richter' lesen wir, bei 13;3 -297- dass der HERR ein weiteres Mal den Heiligen Geist beauftragt haben muss. Warum hört man das nicht von den HERREN, von der Kanzel?

Der Hl. Geist wird zum 1. Male „Erzeuger".

Schon Eva, die *„Männin",* muss er beglückt haben, der Heilige Geist. Ich frage mich, warum man das in der Kirche nicht hört. Bei 1Mose 4;1-18- steht geschrieben: *„Adam erkannte sein Weib Eva; und sie ward schwanger und gebar den Kain und sprach: „Ich habe einen Mann gewonnen mit Hilfe des HERRN".* (Hier wird der HERR in Großbuchstaben genannt; also mit Sicherheit ist Gott gemeint). Hat der HERR sexmäßig zum ersten Mal „zugeschlagen"? (Also nicht er selbst, sondern der Heilige Geist). *„Mit Hilfe des*

Herrn" hat Eva ein Kind bekommen, den Kain. Dieser erste Mensch mit Nabel war der Sohn Evas, lernten wir schon in der Schule. Aber kein Wort davon, dies sei *„mit Hilfe des HERRN"* geschehen. Da wären wir als Schüler vermutlich darauf gekommen, dass Adam nicht der Erzeuger sein konnte und damit auch nicht der leibliche Vater sei. Somit ist stark zu vermuten, hier war der Heilige Geist erstmals am Werke. Von Gott nimmt man ja an, er ist geschlechtslos, denn bei allem Getöse um die Bibel hat man nie gelesen oder gehört, auch von den HERREN des Herrn nicht, er habe in irgendeiner Weise was mit Sex zu tun. Allerdings hat er Adam mit einem Penis versehen: *„Nach seinem Ebenbilde"*. Scheint der HERR also doch nicht geschlechtslos zu sein. Er ist (?) ein Mann!

Wenn man bei 1Mose 17;10 -30-: liest, ER schließt einen Bund mit Abraham, und alles was männlich ist in dessen Haus soll beschnitten sein, muss man annehmen, auch der HERR ist beschnitten, damit zwischen ihm und Abrahams Gesellschaft Gleichheit hergestellt ist. Wenn der große Papst Carol Wojtila noch leben würde, der wusste, auch Hunde kommen in den Himmel, könnte man ihn fragen, ob auch die männlichen Hunde und Katzen im Hause von Abraham beschnitten waren. Denn es steht ja im „Buch der Bücher" zu lesen: *„**alles** was männlich ist unter euch, soll beschnitten werden":*1Mose 17;10.

Um mit dem HERRN im Bunde zu sein, hat sich Abraham mit 99 (neunundneunzig) Jahren die Vorhaut selbst weggeschnitten. In dem betagten Alter wegen der Größe der Kleinigkeit wohl keine einfache Aufgabe – und das mit einem „scharfen" Stein. Wenn der HERR sich so um das männliche Glied bemühte, muss man annehmen, auch er ist mit dem „Freuden-Spender" der Männer ausgestattet und hat ein besonderes Gedankenspiel damit getrieben. Aber weiß dies nur der Herr allein – oder auch die HERREN des Herrn, die alles über ihn wissen?

Wenn es bei Gott um Fortpflanzung geht, ist entweder Ackererde im Spiel, eine männliche Rippe, oder der Heilige Geist. Bei Maria hat er fruchtbringend „gewirkt" und ihr einen Sohn beschert, den sie (Lk 1;31) -71-: *„Jesus heißen"* soll.

Man kann – und will sich auch nicht vorstellen, wie Gott, der Allmächtige und eine Frau… – die er selbst aus einer männlichen Rippe erschaffen hat… Der Heilige Geist geht schon eher. Wobei sich auch hier wieder die Frage stellt, wie konnte aus einer Rippe eine Frau entstehen? Diese Kunstfertigkeit kann menschlicher Verstand nicht ermessen. Aber über Kunst lässt sich bekanntlich streiten.

Als gelungen muss man die „Schöpfung" schon bezeichnen. Es gibt ansehnliche Männer. Als „richtig gepolter" Mann findet man die Frauen noch attraktiver, anziehender, selbst wenn sie ausgezogen sind. Da muss man Gott loben, wenn es ihn denn gibt und er als kreativer Gestalter mit Ackererde und Rippe so vorzüglich umzugehen wusste.

Bleiben wir noch bei der Schaffung der ersten Menschen. Gott hat Adam nach seinem Ebenbild erschaffen. Mit einem Bibi – geeignet auch zur Fortpflanzung. Die überlässt der HERR aber nicht Adam selbst. Zur Erinnerung: 1Mose 4;1-18-: sagt Eva: *„Ich habe einen Mann gewonnen mit Hilfe des HERRN "*. Es kommt der Heilige Geist ins Spiel, wie man annehmen muss. Zum ersten Male, was Kleriker aber nicht deutlich machen, wie schon erwähnt.

Nach Kain gebar Eva den Abel. Bei 1Mose 4;2 -18- heißt es: *„Danach gebar sie Abel."* Wenn man annimmt, Adam war auch hier nicht involviert, muss der Heilige Geist zum zweiten Male zugeschlagen haben. Von Adam ist bei Abels Zeugung jedenfalls keine Rede – vom Heiligen Geist allerdings auch nicht. Da Adam keine Übung hatte, woher sollte er sein Wissen übers Zeugen haben (?), könnte also wieder der Heilige Geist in Anspruch genommen worden sein.

Heiliger Geist modern

Der Heilige Geist ist modern, „lebt" in der heutigen Zeit weiter. Zu vermuten ist, er hat den ganzen Prozess der menschlichen Entwicklung mitgemacht und ist heute auf dem Laufenden. Wie ich aus dem Obermain-Tagblatt, Lichtenfels, vom Freitag 26.6.2015, Seite 15, entnehme, kennt er sich auch mit so modernen Sachen aus, wie einer App. Das vermittelt der Bamberger Erzbischof Prof. Dr. Ludwig Schick den Jugendlichen bei der Firmung in Bad Staffelstein. Der hoch geweihte HERR weiß in solchen Dingen, über Gott und dem Heiligen Geist was los ist – in himmlischen Gefilden.

In dem Zeitungs-Bericht über diese Firmung mit dem „Erz" lässt er den Jugendlichen wissen, was der Mensch wissen müsse, beschränke sich nicht auf Erdkunde und Mathe. Er fragt dabei nach dem Sinn des Lebens und meint, *„dafür reicht der Kopf nicht aus, dafür braucht es mehr – und dieses Mehr schenkt euch der Heilige Geist. Er sagt euch das von innen heraus – da muss man freilich zuhören"*. Gut, dass dies einer weiß, der wohl „zugehört" hat. Da wäre kein Jugendlicher draufgekommen.

Anhand der App-Funktion erklärt der weise Bischof: *„Der Heilige Geist schickt euch mit der heutigen Firmung quasi auch Apps, um euch mitzuteilen, welche Wege ihr gehen müsst und welche es zu meiden gilt"* Seine Segenreiche Wirkung durch den Heiligen Geist könne aber nur unter einer Voraussetzung erfolgen „... *durch Updates, etwa der Beichte oder Bußandacht, zu prüfen, bin ich noch auf der Spur des Heiligen Geistes"*.

Die Beichte ist dabei sehr wichtig -, sie informiert auch.

Welch ein Glück für diese Jugend, dass es einen so gut informierten Geistlichen für die Aufklärung gibt, um ein gottgefälliges Leben führen zu können. Ein Glück auch, dass der Heilige Geist nicht nur fürs Kinderzeugung zuständig ist, sondern auch den menschlichen Fortschritt begleitet. Und vor allem, dies geweihten HERREN wissen lässt, damit die es vermitteln. *„Wir danken dir, Herr, dass du sie berufen hast..."*

Laut Trinität der Heiligen Kirche sind Gott-Vater, Gott-Sohn und Gott-Heiliger-Geist DREI Personen in EINER. Drei Personen! Von einer Taube als Heiliger Geist ist hier nicht die Rede. Ein Geist ist sicher verwandlungsfähig. Somit ist er für alle Situationen geeignet. Für Fortpflanzung bestens zweckdienlich. Nehmen wir also an, auch bei Abel war er im Einsatz.

Der Heilige Geist schlägt zum 3 (?) Male zu: Abraham Sara

1Mose 17;1-29- lässt uns wissen: *„Als nun Abram neunundneunzig (99) Jahre alt war,* **erschien ihm der HERR** *und spricht zu ihm…"* Diese Ausdrucksweise deutet wiederum auf einen Schriftsteller hin. Gott ist hier wieder mal sichtbar (obwohl er landläufig als Unsichtbar gilt). Die ganze Beschreibung weist auf Geschichtenerzählung hin, nicht auf eine wirkliche Begebenheit. Dann macht der HERR den Abram zum Abraham, weil er so gottesfürchtig ist, *„denn ich habe dich gemacht zum Vater vieler Völker":*1Mose 17;5 -29-. Der HERR läss im Verlauf dieses Kapitels dem Abraham wissen, dass seine Frau Sarai nun Sara heißen und Männer beschnitten sein sollen. Der HERR kümmert sich um so profane Dinge wie den „Schlingel" der Männer, den er einst mit Ackererde modellierte und lässt wissen: (1Mose 17;14 -30-): *„Wenn aber ein Männlicher nicht beschnitten wird an seiner Vorhaut, wird er ausgerottet werden aus seinem Volk, weil er meinen Bund gebrochen hat".*
Hier wird wieder ein kleingeistiger Gott beschrieben. Einer, dem es am Selbstbewusstsein fehlt und der Aufkracht. Und: warum hat der HERR beim Modellieren von Adam nicht gleich die Vorhaut am Penis weggelassen? Um sie als „Erkennungszeichen" für seinen

Bund zu gebrauchen? Wie kann man bei einem eingekleideten Menschen sehen, ob er mit Gott einen „Bund geschlossen" hat. Oder sollte das gar niemand erkennen?

Die schlechte Geschichte geht weiter, bei 1Mose 17;16-30- lässt der HERR dem Abraham wissen: „*Denn ich will sie* (Sara, Abrahams Frau) *segnen und auch von ihr will* **ich dir** *einen Sohn geben*". 1Mose 17;17 -30- lässt weiter wissen, dass „*Abraham auf sein Angesicht fiel und bei sich lachte* **(Er lachte!)** *und sprach in seinem Herzen: 'Soll Sara, neunzig Jahre alt, gebären?'* Er „**Sprach in seinem Herzen**". Wieder ein Nachweis für eine dichterische Schöpfung menschlicher Fantasie.

Bei 1Mose 17; 19 -30-: spricht Gott: „*…Sara, deine Frau wird dir einen Sohn gebären, den sollst* **du Isaak** *nennen…*"

Bei 1Mose 18;12 -31- ist das sehr verschwurbelt beschrieben, dass **Sara** trotz des hohen Alters noch ein Kind haben soll. „*Darum lachte sie bei sich selbst*" (auch die hochbetagte Sara lachte, als sie hörte, sie soll noch schwanger werden), als sie vernahm, „*ich will wieder zu dir kommen übers Jahr; siehe dann soll Sara, deine Frau, einen Sohn haben. Das hörte Sara hinter ihm, hinter der Tür des Zeltes. Und sie waren beide alt und hoch betagt, so dass Sara nicht mehr ging nach der Frauen Weise. Drum lachte sie bei sich selbst und sprach: Nun, da ich alt bin, soll ich noch der Liebe pflegen und mein Herr ist auch alt.*" Diese Formulierung kann wieder nicht von einem Gott selbst stammen. Sie ist schriftstellerische Klugheit.

Da sprach der HERR zu Abraham: „*Warum lacht Sara und spricht: Meinst du dass es wahr sei, dass ich noch gebären werde, da ich doch alt bin?*" (Gott ist wieder mal nicht allwissend!) „*Sollte dem HERRN etwas unmöglich sein?*": 1Mose 18;14)-31-. Nun, bei Gott ist nichts unmöglich, haben wir schon im Religionsunterricht gelernt. Wer diese Frage stellt, ist nicht ganz klar, wie manches nicht deutlich beschrieben ist. Wohl deswegen, um Möglichkeiten der Interpretation zu ermöglichen. Schriftsteller Intelligenz! Ein schlechter Deutscher Krimi ist besser als diese Biblische Geschichte, die ins Märchenreich gehört, aber nicht gläubigen Menschen als „Wort Gottes" verklickert werden sollte.

Und weiter geht es mit derselben Gelehrtheit, immer noch bei 1Mose 18;14 -31-: *„Um diese Zeit will ich wieder zu dir kommen übers Jahr; dann soll Sara einen Sohn haben".* Diese Äußerung kann nur wieder der HERR gemacht haben. Denn *„zu jener Zeit"* konnte nur ein Gott wissen, ob ein Kind als Mädchen oder Junge zur Welt kommt. Der „HERR" ist Gott. Der überlässt das Vermehren dem Heiligen Geist, wie man von der Jungfrau Maria sattsam weiß. Ergo, hat der Heilige Geist wiederum „zugeschlagen". **Zum dritten Male.**

Der Hl Geist macht sein (vermutlich) viertes Kind: Johannes den Täufer

Bei Lukas lesen wir, bei 1;6 -70-: über Zacharias und seine Frau Elisabeth**:** *„beide waren fromm vor Gott und sie hatten kein Kind; denn Elisabeth war* **unfruchtbar***, und beide waren* **wohlbetagt***".* Auch diese beiden waren „wohlbetagt". Denn wenn schon Gott, oder „göttliches" im Spiel ist, muss es Außergewöhnlich, rätselhaft sein, wie hier das hohe Alter und die Unfruchtbarkeit von Sara.

Da kam am Räucheraltar dem Priester Zacharias ein Engel nahe, weshalb er erschrak. Bei Engeln muss man hochgradig empfindlich sein, denn die scheinen in der Bibel nicht immer Gutes zu verkünden. Also erschrak Zacharias, denn der Engel sagte: Lk 1;13 -70-: *„Dein Gebet ist erhört, und dein Weib* **Elisabeth** *wird dir einen Sohn gebären, des Namen sollst du* **Johannes** *heißen".* Verständlich die Furcht des Zacharias, denn sicher hatte er noch nie gehört, dass eine Frau vom Beten schwanger wird. Zumal, wenn eine Frau im hohen Alter und unfruchtbar ist. Beim Lesen mag man froh sein, wenn heute Engel nicht mehr herumflattern, die uns Dinge verklickern, die einem umwerfen würden. Aber die Leute damals waren sehr gläubig und ließen sich selbst im hohen Alter noch Kinder von Gott „schenken" und hatten der Bibel zu folge, nur Glauben, Gott und Opfer, in ihren Köpfen. Heute würden wir ungläubigen Männer einen Gentest machen lassen, um fest zu stellen, wer uns ein Kind untergejubelt hat. **Aber ach** – vom heiligen Geist gibt es gar keine DNA, um vergleichen zu können.

Da lesen wir weiter, bei Lk: 1;24 -71-: *„Und nach diesen Tagen wird sein Weib Elisabeth schwanger und verbarg sich fünf Monate und sprach: So hat mir der Herr getan in den Tagen; da er mich angesehen hat, dass er meine Schmach unter den Menschen von mir nähme".* Wenn sie mitbekommen hat, dass der Herr sie angesehen hat, muss wohl auch sie ihn gesehen haben – den unsichtbaren Gott. Oder war es ein anderer Herr, der sie „angesehen" hat, an Stelle ihres Gatten Zacharias.?

Fünf Monate hat sich die arme Frau versteckt, wohl aus Scham, weil sie in ihrem hohen Alter noch schwanger wurde. Vermutlich auch deswegen, weil der Herr sie nur angesehen hat. Der Herr wird diesmal nicht mit Großbuchstaben beschrieben, so kann man auch annehmen, dieser Herr sei nicht göttlich gewesen. Ein anderer dann, als der HERR?

Vergessen wir auch nicht, dass „geschrieben steht", noch nie hat ein Mensch Gott gesehen!

Und war Elisabeth wirklich schon *„betagt"* und *„unfruchtbar"*, wie uns die Bibel verklickern will, um etwas Besonderes vorzustellen? Kann sie nicht von einem „normalen" Mann begattet worden sein? Aber da der HERR sie nur *„angesehen"* hat, ist nach biblischer Lesart zu vermuten, es war der HERR, genauer, der Heilige Geist des HERRN, der die Glückseligkeit über sie brachte.

Der Verkünder dieser freudigen Nachricht, die Zacharias die Sprache verschlug, war der Engel Gabriel, der später zum „Erzengel" mutierte. Das Volk, das auf Zacharias draußen vor dem Tempel wartete, als er am Räucheraltar seinen Dienst versah, wunderte sich über sein langes Verbleiben. Lk 1;22 -71-: *„Und als er herausging, konnte er nicht mit ihnen* (den Wartendenten) *reden".* Verständlich, dem Manne hatte es die Sprache verschlagen. Wer hätte da freudig gelacht? In dem Alter noch „Vater" zu werden – ohne eigenes Zutun.

Dieser Sohn, der dem Zacharias „geschenkt" wurde, war später Johannes der Täufer. Der Taufte, wie man gelernt hat, den Gottessohn mit Namen Jesus – und wurde später enthauptet.

Der wohl 5. Einsatz des Heiligen Geistes!

Mt: 1;18 -3-: „*Die* **Geburt Jesu Christi** *geschah aber also* (Welch eine Formulierung!) *Als Maria seine Mutter dem Joseph vertrauet war, erfand sich's* (welch ehrliche Abfassung!) *ehe er sie heimholte, dass sie schwanger war von dem heiligen Geist"*. Der Joseph wurde genau genommen hintergangen. Hat sich das gefallen lassen, weil er ein guter Mensch war. (Warum hat die Kirche ihn nicht zum Schutzheiligen gehörnter Ehemänner erkoren?) Bei Lukas 2;7 -73-: steht *„und sie, Maria, gebar ihren* **ersten** *Sohn"*.
Die ewige und angebliche Jungfrau gebar ihren **ersten** Sohn. Sie gebar insgesamt laut Bibel (Bergpredigt Mk. 6;3 -52-) *Jakobus und Joses, Judas u. Simon*. **Fünf Söhne!** Und weiter: *„Sind nicht auch seine Schwestern allhier?"* Mindestens **zwei Töchter** hat die angebliche Jungfrau auch geboren. Man darf annehmen, bei allen Kindern war Joseph der Vater, und auch noch „jugendlich" mit kraftvollen Lenden. Nur die christliche Geistlichkeit hat im Laufe der Geschichte aus Maria die ewige und selige Jungfrau gemacht, die nur einen Sohn geboren hat, den der Heilige Geist gezeugt haben soll. Aus der **jungen** Frau wurde **die Jungfrau**.
Auf dem Konzil von Ephesus vom 22. Juni bis 31. Juli 431 in Kleinasien (heute Türkei), trat die christliche Jungfrau an Stelle der ägyptischen **Göttin Isis**. In „Opus diaboli", Seite 232, stellt Karlheinz Deschner, der große deutsche Kirchenkritiker, unwidersprochen fest: „Lange vor Maria verehrte man Isis als 'Liebreiche Mutter', 'Himmelskönigin', 'Gnadenspenderin', 'Retterin', 'Unbefleckte-' und 'Himmelskönigin'. Und weiter: 'Isis muss die Titel „Gottesmutter" und „Gottesgebärerin" an die Galiläische Zimmermannsgattin abtreten". Riesige Bestechungsgelder waren mitentscheidend, die

der Patriarch von Alexandrien, der Hl. Kirchenlehrer Kyrill, allen möglichen Leuten zuschob, sich dabei verausgabte, obwohl selber reich, sich Geld leihen musste und damit nicht auskam."

Der Klerus behauptet, früher habe man nahe Verwandte auch als Brüder und Schwestern bezeichnet. Um den Gläubigen die „Jungfrau Maria" aufrecht zu erhalten, hat man aus Brüdern und Schwestern nahe Verwandte gemacht. **(Allerdings:** Brüder und Schwestern **sind** Verwandte – und Nahe auch!) Und das alles verklickert man uns als „Gottes Wort", oder „Wort Gottes". Warum? Sonst könnte man die Erzählung von der Geburt des „Gottessohnes" nicht aufrechterhalten – würde sich damit brotlos machen und ein angenehmes Leben auf Erden opfern.

Wo die Kleriker immer wieder auf die Wahrhaftigkeit der Bibel schwören, wollen sie nicht wahrhaben, dass Jesus der erste von fünf Brüdern war, um ihn als etwas Besonderes darstellen zu können, als „Sohn Gottes". Der war Jesus so wenig und so viel, wie jedes andere Mannsbild auf „Gottes Erde" auch.

Allerdings sprechen sie ihn ihren „Gottesdiensten" auch vom „Erstgeborenen" ohne Skrupel. Auch die Bezeichnung **„*Menschensohn"*** ist ihnen geläufig – nicht nur Gottessohn: Mk 14;62 -67-. Man darf hier wohl annehmen, dass sie, die HERREN des Herrn, uns voll auf den Arm nehmen.

Einsatz Nr. 6 durch den Heiligen Geist?

Der Heilige Geist könnte aber auch ein *sechstes Mal* bei der „Menschwerdung" im Einsatz gewesen sein. Lesen wir im Buch der Richter 13;3 -297- über die Geburt Simsons: *„Und der Engel des HERRN erschien der Frau und sprach zu ihr: 'Siehe, du bist **unfruchtbar** und hast keine Kinder, aber du **wirst schwanger** werden und einen Sohn gebären.'* Die Frau erklärte ihren Gatten (13;6): *'Es kam ein Mann Gottes zu mir und seine Gestalt war anzusehen, wie der **Engel Got-***

tes, zum Erschrecken, *so dass ich nicht fragte, woher oder wohin ; und er sagte mir nicht, wie er hieß. Er sprach aber zu mir…: der Knabe soll ein Geweihter Gottes sein vom Mutterleibe an bis zum Tag seines Todes."* Das Schauermärchen geht noch weiter. Hier soll nur der „Beweis" für die weitere Zeugung durch den Heiligen Geist angeführt werden. Allerdings die Frau sagte ihren Mann, *„es kam ein Mann Gottes zu mir…"* War dieser *Mann Gottes* vielleicht ein Priester (?) und die Frau hat ihren Gatten hintergangen? Es ist die zweite Frau in dieser ominösen Geschichte, der der Heilige Geist ein Kind, macht, obwohl sie unfruchtbar war.

Vermutlich war es aber doch der Heilige Geist. Denn: er versprach der Frau *einen Sohn*. Allein der Sohn scheint ein Indiz für die Zeugung durch den Heiligen Geist zu sein. Der kann scheinbar nur männliche Kinder fortpflanzen. Wiederum auch ein Beweis für eine Schriftsteller-Zeugung. Frauen galten zur Zeit der Bibelentstehung nicht viel. Das Zeugen eines Mädchens durch eine göttliche Figur, wäre wohl eine Beleidigung für einen Gott, ja, für das ganze menschliche Geschlecht, gewesen. Die Frauen selbst gaben sich untertänig. Sagte doch Abrahams Frau Sara, als sie hörte sie würde (die dritte) Schwanger(e) durch den Heiligen Geist werden: *„Nun, da ich alt bin, soll ich noch der Liebe pflegen und* **mein Herr** *ist auch alt."* „Ihr Herr", das klingt Unterwürfig, erniedrigend, gehorchend.

Die Bibel, das angebliche „Wort Gottes", kennt ja viele Überraschungen. Dass Frauen in der Bibelgeschichte weniger wert sind, wie ein Mann, überrascht aber nicht.

Man muss es im Glauben mit der Wahrheit nicht so genau nehmen. Glauben reicht für alles. Die unabhängige Forschung zieht das Wissen vor. Ergo: Wissen ist der Feind des Glaubens!

AT

Was ist das für ein Gott, der im Alten Testament beschrieben wird? Der Biblische Gott ist ein Gott, der andere Götter fürchtet, der ständig angebetet und glorifiziert werden will, der immerzu Tieropfer erwartet. Die Erstgeborenen zumal, und gesund müssen sie sein, sonst akzeptiert er sie nicht, ist beleidigt. Beim Ablehnen von Ungesunden, Missratenem, würde er heute auf Erden in ein schiefes Licht geraden.
Das alles, was da geschrieben steht, soll ein Gott, oder besser, DER GOTT, Menschen eingeflüstert haben? Wie schon angeführt, ist all dies das Geschwurbel von Schriftstellern, die sich in ihrer Fantasie verrannt haben, um ein göttliches Wesen zu beschreiben (besser: zu erzeugen), das Tag und Nacht gefürchtet werden soll, das alles im Griff hat, dabei doch unzulänglich ist, dem man eine Größe andichtet, die bei naher Betrachtung nicht gegeben ist. Der Hauptgrund ist, die Menschen furchtsam zu halten, weil ängstliche Kreaturen leichter zu manipulieren sind, als Selbstbewusste, von denen Gegenwind zu erwarten ist.
Der Biblische Gott steckt voller Vorschriften, die ein freies Leben nicht zulassen; er will ständig geliebt, dabei gefürchtet sein und delektiert sich an Strafen „bis ins vierte Glied" von Verwandten. Ein wahrer Gott?
3Mose 3;6 -125-: *„Will er aber dem HERRN ein Dankopfer vom Kleinvieh darbringen, es sei ein männliches oder ein weibliches Tier, so soll es ohne Fehler sein."* An dieser Stelle wird mal ein weibliches Tier akzeptiert. Eine Ausnahme.
Und bei 5Mose 12;13 -223- – steht: *„Hüte dich, dass du deine Brandopfer nicht an jeder Stätte opferst, die du siehst; sondern an der Stätte, die der HERR erwählt in einem deiner Stämme, da sollst du dein Brandopfer opfern und alles tun was **ich dir gebiete**. Doch darfst du in allen deinen Städten ganz nach Herzenslust schlachten und Fleisch essen, nach dem Segen des HERRN, deines Gottes, den er dir gegeben hat."* Wenn du absolut hörig bist, den Dirigismus des HERRN folgst, erlaubt dir dein Gott viel. Man muss ein Arschkrie-

cher sein, dann wird man geliebt. Das kennt man auch von irdischen Despoten.

Und all dies soll Gott den Menschen mitgeteilt haben? Ist das zu behaupten nicht vermessen, gar Gotteslästerung -, wenn man an einem Gott glaubt? Hier stellt sich auch die Frage, kann ein Atheist Gott lästern, wenn er überzeugt ist, es gibt keinen Gott?

Eine weitere Frage ist die, wie sollen die Opferwilligen von IHM erfahren, wo sie ihre Liebesgaben (?) dem HERRN zuwenden sollen. Ist er auf Abruf bereit, zu informieren? Zur „Bibelzeit" lesen wir immer wieder, ER hat sich immer wieder mit seinen Untertanen unterhalten. Der Bergsteiger Mose war ein beliebter Informant, aber sicher nicht überall von jedem zu jederzeit zu erreichen, um Auskunft zu erhalten, wo der HERR geopfert haben will.

Kleinkarierter kann man einen Gott nicht beschreiben. Der HERR, der alles erschaffen hat, kümmert sich um kleinliche Anordnungen für Opfer, die man ihm bringen soll. Ein Federfuchser, ein Gott, der das Weltall erschaffen hat, Tier und Mensch, alles was um uns ist, will immer wieder geopfert haben, kümmert sich um Bedeutungslosigkeiten. Will Tiere als Blut- und Rauchopfer, weil ihm der Geruch von brennenden Fleisch so „*lieblich*" ist. Warum will er geopfert haben? Vor allem Lebendiges, damit getötet werden muss, was er erschaffen hat? Er scheint sich daran zu ergötzen, wenn diese Wesen kalt gemacht, ihr Blut an seinem Altar versprizt wird.

Andererseits, um die Verwirrung vollkommnen zu machen, oder die Geistesgröße dieses Gottes in Frage zu stellen, lesen wir bei **Jes**aia 66;3 -814-: *„Wer einen* **Stier** *schlachtet, gleicht dem, der einen Mann erschlägt".* Und bei 3Mose 22;19-150-: *„Damit es euch wohlgefällig mache, soll es ein männliches Tier sein, ohne Fehler von Rindern oder Schafen oder Ziegen."* Frauen schätzt er gering: weibliches Getier mag er nicht mal geopfert haben. Oder schont er es nur, weil er Weibliches so schätzt? Eine Göttin hat er sich allerdings nicht erschaffen!

Der HERR ist wählerisch – irdische Despoten sind es auch. Aber, kann man einen „lieben Gott" einen Gewaltherren nennen, selbst wenn er von „vernichten", „zerschmettern" und „töten bis ins vierte Glied" spricht?

Bei 5Mose 12;11 -223-: geht es wieder um Opfer, die an der auserwählten Stelle zu spenden sind: „... *sollt ihr dahin bringen alles, was ich euch gebiete: eure Brandopfer, eure Schlachtopfer, eure Zehnten, eure heiligen Abgaben und alle eure auserlesenen Gelübdeopfer, die ihr dem HERRN geloben werdet.*" Welch ein kleinkarierter Gott wird hier wieder beschrieben. Ein Angeber, der sich am Gehorsam erfreut. Hätte er sich eine Gespielin erschaffen, würde er sich vermutlich nicht so spießbürgerlich geben. Eine Frau hätte ihn zurückgepfiffen. Sie haben heute noch die Hosen an (zumindest in der Ehe) – auch wenn das Männer nicht wahrhaben wollen. Als alles wissender Gott hat er auf eine Göttin verzichtet. Könnte man denken, beim Tod seines Sohnes Jesu hatte er wohl gedacht, lieber ans Kreuz mit ihm, als in eine Ehe.

Warum legt Gott Wert auf einen „Zehnten"? Was will er damit? Braucht er im Himmel ein Zehntel von irgendwelchen Werten? Oder will er nur seine Untertanen schröpfen, damit die nicht übermütig werden? Sollen sie daran gewöhnt werden, „*dem Kaiser zu geben, was des Kaisers ist?*": Lk 20,25 -105-. Dann stünde der HERR auf Seiten derer, die den Hals nicht vollkriegen. Oder ist er gar einer von denen -, ein Tyrann, ein menschlicher Diktator, den man aus Furcht vergöttert hat?

Was soll aber dann der spätere Spruch: „*Es ist leichter, dass ein Kamel durch ein Nadelöhr gehe, als dass ein Reicher ins Himmelreich komme*": Matthäus 10;25 -59-. Allerdings stammt dieser Spruch von einem Verehrer Jesu, wofür der HERR vermutlich nicht verantwortlich gemacht werden kann. Wenn denn dieser angebliche Gott überhaupt für etwas verantwortlich gemacht werden kann!

Man kommt immer wieder zu dem Ergebnis, dass es sich hier **nicht** um „Gottes Wort" oder „Wort Gottes" handelt.

Da könnte man auch denken, beim Opfern, vor allem dem „Zehnten", spricht ein habgieriger Kapitalist, der nicht genug bekommen kann. Im Mittelalter waren es die Fürsten (und auch die Fürst-Bischöfe), die sich alimentieren ließen, ohne Schamgefühle, wobei das Volk in größter Armut lebte – und hungerte! Und „zur Bibel-Zeit" wird es bei den Juden nicht anders gewesen sein.

Heute sind es Königshäuser die sich von Steuern ihrer Untertanen ohne Bedenklichkeit aushalten lassen – und die HERREN des

Herrn – glauben ebenfalls, sie hätten einen Anspruch auf ein besonders „gottgefälliges" Leben, das ihnen ein sicheres Dasein gewährt. Der Schriftsteller der oben genannten Weisheit, könnte aus ihren Reihen stammen.

Hat es die Zeit gegeben, in der ein Gott immer wieder mit den Menschen gesprochen, ihnen Anweisungen gegeben, sie ständig bevormundet und immer wieder Opfer verlangt hat? Wann war diese Epoche, in der Menschen Gottes Befehle entgegennahmen, wie wir heute Nachrichten empfangen? Weist all diese Bevormundung, diese Rechthaberei, dieses absolute Gehorchen, einem Gott gegenüber, nicht alles auf schriftstellerische Fantasien hin? Geschichten, Abhandlungen, Fantastereien, Ausgeburten von Denkweisen, die man zusammengetragen hat, um daraus **eine** Geschichte zu fertigen, die letzten Endes wegen ihrer Zwiespältigkeit nichts Konformes wurde? Die man „Bibel" nennt, eine „Heilige Schrift" und als „Gottes Wort" ausgibt, um diesen Äußerungen einen glorifizierten Anstrich zu geben? Worte eines Gottes sind sie jedenfalls nicht – nur Anmaßung!

Gibt es einen unabhängigen Berichterstatter, der von einem Gott informiert, der aus dem unendlichen Weltall den Menschen Anweisungen gegeben hat? Zumal dies in umfänglichen Ausmaß geschehen sein soll, um es zu überhören, oder zu übersehen? Die Propheten und Sprüche-Klopfer, die in der Bibel aufgeführt werden, darf man sicher nicht als Historiker verstehen!

Bei all dem, was die Bibel berichtet, hätte das doch als was ganz Besonderes auffallen und wert sein müssen, festgehalten zu werden – von nüchtern denkenden Menschen, nicht von Fantasten!

Einen regelrechten **Opferwahn** finden wir im Alten Testament. Im Buch der 1Könige 3;4 -388- lesen wir den Unfug von Eintausend Brandopfern. Da „steht geschrieben": *„Und der König* (Salomo) *ging hin nach Gibeon, um dort zu opfern; denn das war die bedeutendste Höhe. Und Salomo opferte dort 1000 (tausend) Brandopfer auf dem Altar."* Bei Hesekiel 45;23 -945- ist die gleiche Opfernarretei zu lesen: *„Und an den sieben Tagen des Festes soll er dem HERRN **täglich** ein Brandopfer darbringen; **je sieben Stiere** und **sieben Widder**, die **ohne Fehler** sind, und je **einen Ziegenbock zum Sündopfer**. Zum **Speiseopfer** aber soll er je einen Scheffel zu einen Stier und einen*

Scheffel zu einem Widder opfern und je eine Kanne Öl zu einem Scheffel".

Je sieben Stieren sind bei diesem Wahnsinnsfest zu opfern. Bei **Jes**aia 66;3 -814-, lesen wir: *„Wer einen* **Stier** *schlachtet, gleicht dem, der einen Mann erschlägt".* Wie schön das alles zusammen passt! Bei diesem Opfereifer bringt der König Salomo im Umkehrschluss gleich sieben Männer um die Ecke, nach Ansicht des Propheten Hesekiel. Die Bibel „Gottes Wort"?

Und bei Jesaja lesen wir, bei 66;3 -814-:" *Wer ein Schaf opfert, gleicht dem der einen Hund das Genick bricht".* Lesen wir doch immer wieder, dass **ER** Opfer mag, Schafe zumal. Wenn er all das den Propheten irgendwie eingeflüstert hat, um daraus die Bibel entstehen zu lassen, dem „Grundgesetzt" seiner irdischen Prediger, muss er wohl sehr vergesslich sein. Vergesslichkeit ist im Alter nichts Außergewöhnliches. **Vor 13,7 Milliarden** Jahren hat es laut Forschung den Urknall gegeben, der wohl auf dem HERRN zurück zu führen ist. Und ebenfalls laut Forschung wurde ein menschlicher Unterkiefer (2015) in Israel gefunden, der **400 000 Jahr alt sein soll.** Eine lange Zeitspanne – bis vor rund 3000 Jahren die ersten Bibelstellen niedergeschrieben wurden, um nicht zu vergessen, was man anderen „eingeflüstert" hat, um ein Buch der Bücher entstehen zu lassen.

Die **Opfer-Narretei** kann aber schon bei 4Mose 7;15 -168- gelesen werden, wo es um die *„**Weihegaben der Stammesfürsten zur Einweihung der Stiftshütte" geht.* Da sagt der HERR zu Mose: *„Lass an jedem Tag einen Fürsten sein Opfer bringen, zur Einweihung des Altars."* Dann wird, gewissermaßen „auf Teufel komm raus", geopfert: 7;15 -168-: *„ein junger Stier, ein Widder* (ist diese Schafsrasse schon ausgestorben, weil sie ein beliebtes „Rauchopfer" für den HERRN zu biblischen Zeiten gewesen ist?), *ein einjähriges Schaf zum Brandopfer, ein Ziegenbock zum Sündopfer und zum Dankopfer zwei Rinder, fünf Widder, fünf Böcke und fünf einjährige Schafe."* Da fasst man sich an den Kopf bei soviel Sinnlosigkeit – wenn sie denn der Wahrheit entspricht! Und das hier Aufgezählte ist nicht alles, in diesem Kapitel! Oder sind es doch „nur" „Papier-Wahrheiten"? „

Bei 1. Chronik 29;21 -487- lesen wir ähnliche Opfernarretei. Heißt es doch da: *„Am Morgen opferten sie dem HERRN Brandopfer, 1000* (tausend) *junge Stiere, 1000* (tausend) *Widder, 1000* (tausend) *Lämmer und ihr Trankopfer, sowie Schlachtopfer in Menge für ganz Israel."* Mit opfern und schenken waren die Menschen damals scheinbar den ganzen Tag ausgelastet.

Dann lesen wir bei Sprüche Salomos 6;16 -721-: *„Diese Dinge hasset der HERR: „… **unschuldiges Blut zu vergießen…"**.* Die Bibel-Macher waren wieder nicht aufmerksam. Wenn wir uns den Opferwahn ansehen, müssen wir uns fragen, waren all diese Tiere schuldig, weil man sie in Massen massakrierte, um, „liebliches Räucherwerk" für den HERRN zu erzeugen? Und dann auf einmal bei Salomos, hasst der HERR Blutvergießen. Wo man doch beim Lesen der Bibel fürchtet, Blut von unschuldigen Tieren tropft zwischen den Blättern heraus.

Im 2.Buch der Chronik geht es mit dem Spendenfimmel weiter, bei 15;11 -503-:*"… und opferten dem HERRN am selben Tage von der Beute, die sie hergebracht hatten 700* (siebenhundert) *Rinder, und 7000* (siebentausend*) Schafe…"* Das blutige Gemetzel muss man sich bildlich vorstellen! „Wort Gottes?" Bei Sprüche Salomos 6;16 -721- haben wir gelesen: *„Diese Dinge hasset der HERR: „… **unschuldiges Blut zu vergießen…"**.*

Um Geschenke geht es bei 2. Chron 17;11 -504-: *„… auch die Araber brachten ihm 7700* (siebentausend-siebenhundert) *Widder und 7700* (siebentausend-siebenhundert) *Böcke…".* Den Auftrieb dieser Mengen stelle man sich einmal vor. Man muss aber anerkennen, großzügig waren die Menschen damals – auch beim Schenken. Zumal es (sehr) vermutlich nur Papier-Geschenke waren, weil Papier auch damals geduldig war.

Über den zahlenmäßigen Größenwahn lesen wir auch bei 1Könige 5,29 -391-: *„und Salomo hatte **70.000** (siebzigtausend) Lastträger und **80.000** (achtzigtausend) Steinhauer im Gebirge* und bei 1 Könige 10;26 -400- steht geschrieben: *„Und der König brachte Wagen und Gespanne zusammen, so dass er 1.400* (eintausend-vierhundert) *Wagen und 12.000* (zwölftausend*) Gespanne hatte… -10,27 -400-und der König brachte es dahin, dass es in Jerusalem so viel Silber gab* *wie Steine."* Das liest sich alles sehr glaubwürdig – im „Gottes Wort".

Da fragt sich der nüchterne Verstand, was hat ein Gott davon, wenn ihm diese Opfergaben dargebracht werden, Tiere sinnlos getötet und verbrannt werden? Nur wegen des *„lieblichen Geruchs"*, den der HEER so mag? Wo ER doch so weit weg ist, im unendlichen All! Welche Gehirnregionen haben diese Schriftsteller aktiviert?

Mit Zahlen geht man im Buch der Bücher großzügig um. Meine Mutter hatte immer gesagt, wenn es um Lügen ging: „das Maul aufmachen ist eins". Richtig, große oder kleine Lüge: Der Luftverbrauch ist der Gleiche. Beim Schreiben leidet das Papier nicht.; Papier war schon immer geduldig. Da lesen wir, immer noch bei 1Könige 10;10 -400-: Die Königin von Saba schenkt dem König Salomo *„120 (hundertzwanzig) Zentner Gold und sehr viel Spezerei und Edelsteine."* Ob solcher Spenden- und Opfernarretei in Wirklichkeit einmal stattgefunden hat, kann ich nicht beurteilen. Es klingt unglaublich! Ein Schriftsteller tut sich auf dem Papier leicht – mit Phrasen.

Auch im Buch Esra 8;35 -538- finden wir weiteren Opferwahn. Da heißt es: *„Zu dieser Zeit opferten die Leute, die aus der Gefangenschaft gekommen waren, Brandopfer dem Gott Israel **96** (sechsundneunzig) **Widder** (der Widder ist ein beliebtes Opfertier für den HERRN) **77** (siebenundsiebzig) **Lämmer, 12** (zwölf) **Böcke** zum Sündopfer, alles zum Brandopfer für den HERRN."* Von sinnlosen Tierverschleiß möchte ich hier reden, wenn mir nicht bewusst wäre, dass diese „Opfer" nur auf dem Papier von Schriftstellern ihr „Leben" lassen mussten. Vermutlich hatten diese Autoren einen Sprung in der Schüssel oder zuviel von scharfen Getränken intus, weil es in diesem Zustand auf Realität nicht ankommt. Und so was bietet man uns als „Wort Gottes" an. Warum schaltet man bei solchen Veröffentlichungen nicht sein Hirn ein?

Dass man mit Zahlen leichtfertig umgeht, lesen wir auch bei 1Samuel 21;12 -340-:"*Saul schlug 1000 (Tausend) David aber 10 000 (Zehntausend)"*. Allerdings in einem Lied, um David zu verherrlichen. Aber bei all den Massenvernichtungen im AT soll da wohl ein Teil Wahrheit dahinterstecken.

Erinnern wir uns: Der Engel des HERRN muss ein großer Krieger gewesen sein. Bei Jesaja 37;36 -788- lesen wir: *„Der Engel des HERRN schlug 185 000* (hundertfünfundachtzigtausend) *Mann".* Welche Kraft muss dieser himmlische Massenmörder gehabt haben. Er war noch stärker als der verherrlichte David, der im Lobgesang auf ihm „nur" 10.000 Mann erschlagen hat. Ein blutrünstiges Machwerk ist das Alte Testament! „Gottes Wort"?

Von Größenwahn liest man immer wieder in der Bibel. Diese Übertreibungen auf dem Papier sollen die Geschichte faszinierend und beeindruckend machen -, im Hintergrund des Denkens göttliches suggerieren. Man war beim Schreiben für die Verehrung eines Gottes bereit, das Äußerste zu geben und hat nicht bedacht, dass man sich dadurch unglaubwürdig, ja lächerlich, macht. Und immer wieder verwunderlich, das alles als „Wort Gottes" zu postulieren.

Lesen wir bei Josua 4;13 -255-: **40.000** *(Vierzigtausend) zum Krieg gerüstete Männer gingen vor dem HERRN her zum Krieg* (ein Kriegsgott also) *ins Jordanland von Jericho. An diesem Tag machte der HERR den Josua groß vor ganz Israel. Und sie fürchteten ihn, wie sie Mose gefürchtet hatten, sein Leben lang.* Der HERR ging schlauerweise hinter den Kriegern her. Da ist die Gefahr, getötet zu werden geringer. Die Kriegstreiber der Weltgeschichte hielten sich auch im Hintergrund: Sicher ist Sicher!

Papier ist geduldig. Das lassen die Propheten, die Gottes- und Jesusschwärmer, immer wieder im „Buch der Bücher", erkennen. So schlug Josua *„... das ganze Land Israel.... was Odem hatte.... wie der HERR, der Gott Israels, geboten hatte":* Josua 10;40 -264-. Den gleichen Wahnsinn lesen wir bei 2Chronik 29;31 -518-: *„die Gemeinde brachte herzu* **Schlachtopfer** *und* **Lobopfer (!)** *dazu jeder der willigen Herzens war,* **Brandopfer***.... die Gemeinde brachte* **70** *(siebzig)* **Rinder**, **100** (hundert) **Widder**, **200** (zweihundert) **Lämmer**, *die alles zum Brandopfer für den HERRN. Es waren aber der* **geweihten Tiere 600** *(sechshundert)* **Rinder** *und* **3000** *(dreitausend)* **Schafe***. Aber die Priester waren zu wenige, um allen Brandopfer die Haut abziehen zu können...*

Und weiter geht die Großtuerei, im Buch Esra 8;26 -537-: *Für das Haus des HERRN:* **650** *(sechshundertfünfzig)* **Zentner Silber** *und an*

silbernen Geräten und an **Gold** *100* (hundert) *Zentner,* **20** (zwanzig) **goldene Becher,** *1000 (*tausend) **Gulden wert**... usw., und bei 8;35 -538-: *12* (zwölf) **junge Stiere** *für ganz Israel,* **96** (sechsundneunzig) **Widder,** **77** (siebenundsiebzig) **Lämmer,** *12 (*zwölf) **Böcke** *zum Sündopfer, alles zum Brandopfer für den HERRN.*
Es wird da schon viel Glaube verlangt. Das mochte man vor tausenden, noch vor hunderten Jahren, den Gläubigen glaubhaft machen. Aber Heute…..? Und all das erklären uns die „geweihten" und „berufenen" HERREN des Herrn, die Propagandisten der Kirche, als „Wort Gottes"!
Aber – wer liest das schon.

Ohne Blut geht es nicht

Im 'Brief an die **Hebr**äer 9;22 -287-: steht: *„denn nach dem Gesetz wird fast alles mit Blut gereinigt und ohne Blutvergießen geschieht keine Vergebung".* Blut muss beim Biblischen Gott immer im Spiel sein. Man stelle sich das Geschmiere vor, *„beim* ***Reinigen mit Blut****".* Und: warum überhaupt muss ständig Blut im Gebrauch sein? Ist dies allein nicht schon verwerflich, es in einem *„Wort Gottes"* Buch zu postulieren?
Etwas vor dem genannten Absatz lesen wir bei Hebr 9;18 -287-: *„Daher ward auch der erste Bund nicht ohne Blut gestiftet."* Und bei 2Mose 24;8 -102-:*"Denn als Mose alle Gebote nach dem Gesetz dem ganzen Volk vorgelegt hatte, nahm er das Blut von Kälbern und Böcken mit Wasser und Scharlachwolle von Ysop und besprengte das Buch und danach alles Volk und sprach 'das ist das Blut des Bundes dem Gott für euch verordnet hat „ '.* Man muss sich die Szene bildlich vorstellen, wie die Menschen ausgesehen haben, wenn sie mit Blut bekleckert wurden. Das Blut, das hier wie Wasser vergossen

wird, wird an anderer Stelle als *„das Blut ist das Leben"* bezeichnet: 5Mosse 12;23 -223-. Noch etwas weiter vorne steht bei 12;16: *„Nur das Blut sollst du nicht essen, sondern auf die Erde gießen, wie Wasser."* Das Leben einfach weg gießen, wie das alles zusammen passt… – Essen darf man es nicht.
Und bei Jesaia 49;26 -801- lesen wir: *„Und ich will deine Schinder sättigen mit ihrem eigenen Fleisch und sie sollen von ihrem **eigenem Blut** wie von süßem Wein **trunken** werden. Und alles Fleisch soll erfahren, dass ich der HERR, dein Heiland bin und dein Erlöser, der Mächtige Jakobs."* Hier wird wieder die Aufschneiderei eines kleinen Gernegroß deutlich.
Blut darf man bei 5Mose 12;16 -223- nicht essen, aber bei Jesaja 49;26 -801- wie Wein trinken, bis sie „einen in der Krone" haben. Haben wieder die Schriftsteller geschlampt, oder war es der HERR selbst, beim „Einflüstern", weil er doch nicht unfehlbar ist? Weil ER ein menschlicher Gott ist, von Menschen gemacht. Womit der Spruch des englischen Philosophen, **„Nicht Gott hat den Menschen erschaffen, der Mensch hat sich Gott erschaffen"** als Beweis anzusehen ist.
Den Blutwahn lesen wir auch bei 2Chron 35;7-14-526-: mit einer Unmenge von Tieropfern. Bei 35;11-526- heißt es: *„Die Priester nahmen das Blut aus der Hand der Leviten und sprengten, und die Leviten zogen die Haut ab. Und die Brandopfer sonderten sie ab, um sie den Abteilungen der Sippen des Volkes zu geben, damit diese dem HERRN opferten, wie es geschrieben steht im Buch des Mose."*: Diese Passage gehört zum Kapitel: *„Zum Passa nach dem Gesetz"*.
Im AT fließ mehr Blut als in jedem modernen Krimi, mag er noch so schlecht sein. Beim Lesen sollte man fürchten, Blut tropft zwischen den Blättern heraus.
Opfer und Blut sind wesentliche Merkmale, die das Alte Testamen „auszeichnen". Besonders blutrünstig geht es in den fünf Büchern Mose zu. Diesen biblischen Herrn hat der HERR auserkoren, die Gesetzestafeln für zehn Gebote zu meißeln, um sie höchst selbst zu beschriften. Er hat sich dabei allerdings hinter einen Feuerbusch versteckt, der HERR, um nicht gesehen zu werden. Die Hitze des Feuers hat dem Mose nicht geschadet.

Der HERR spricht hier mit Mose, wie er es im Alten Testament auch mit anderen immer wieder tut, nicht nur mit Auserwählten. Mose ist in der Bibel eine besondere Größe. Jedenfalls wird beim Lesen dieser „Schriften" immer wieder deutlich: Es handelt sich um die Leistung von Schriftstellern, die sich einbildeten von Gott inspiriert worden zu sein, oder nur die Dreistigkeit besaßen, ihre Ergüsse als „Wort Gottes" zu glorifizieren. Und immer wieder verwunderlich, das unsere Kleriker dies als „Wort Gottes" verkaufen – ohne schamrot zu werden.

Gott fürchtet Nebengötter
Sorget nicht für den nächsten Tag

Ist Gott nicht der Alleinige im All? Es wird immer wieder von Nebengöttern gesprochen. Wie bei **2Chro**nik 2;4 -489-: „... *denn unser Gott ist größer als alle Götter"*, spricht Salomo zu Hiram, dem König von Tyrus. Hier geht es um den Bau eines Hauses *„für den HERRN meines Gottes, das ihm geheiligt werde."* Warum? *„Um* **gutes** *Räucherwerk vor ihm darzubringen und* **ständig** *Schaubrote zuzurichten und Brandopfer am Morgen und am Abend, an den Sabbaten und Neumonden und an den Festen des HERRN, unseres Gottes..."*. Opfern" ist eine Lebensaufgabe der biblischen Gestalten, gewissermaßen an der Tagesordnung, scheinbar die einzige Verpflichtung – und einziges „Vergnügen".

Götter gab es noch in der Antike zuhauff, zur Zeit Jesu. Daran störte sich keiner; man akzeptiere auch jene, denen man selbst nicht huldigte. Bis dann die Schriftsteller und „Gotteschwärmer" Altes und Neues Testament zum „Buch er Bücher" machten woraus geworden ist, mit dem wir uns heute herumplagen.

Zur biblischen Zeit konnten die Menschen wegen des dauernden Opferns kaum zum Arbeiten kommen – wohl auch nicht zum Denken! Mussten sie denn überhaupt Arbeiten? Sagt nicht „die Schrift": Matthäus 6;25-9-: *„Sorget nicht um euer Leben, was ihr essen und trinken werdet; auch nicht um euren Leib, was ihr anziehen werdet. Ist nicht das Leben mehr als die Speise und der Leib mehr als die Kleidung?"* Haben die Menschen zu Jesu Zeiten etwa so viel gearbeitet, weil er sie davon abhalten wollte? Er selbst hielt vom Arbeiten (scheinbar) auch nicht viel. Als Zwölfjährigen erfahren wir von ihm in der Bibel, dass er bei seinem Vater, der Zimmermann war, gearbeitet hat. Dann war er verschwunden und tauchte um sein dreißigstes Lebensjahr wieder auf. Nicht um zu arbeiten, um Rabatz zu machen.

Gut, er war auch ein Zauberer, konnte aus Wasser Wein machen – und Brote vermehren, damit alle satt wurden. Übertrieben hat er dabei sogar, so waren noch volle Körbe davon übrig. Speisung der 4000: Mt: 15;38-24-/ Mk.: 8;9 -55-. Und: Speisung der 5000: Mt: 14;21 -22- /MK: 6;44/Lk:9;10 -86-. Solch einen begabten Mann könnten wir heute, im Jahr 2015/16 gut brauchen, um all die Flüchtlinge zu sättigen, die aus Syrien, dem Libanon und Afrika, nach Europa drängen, um Armut und Kriegen zu entfliehen. Da brauchte ein Finanzminister mit Namen Schäuble nicht den Vorschlag machen, die Benzinsteuer (Nachrichten in der 2. Woche 2016) europaweit zu erhöhen, um die Flüchtlinge, die zuhauf nach Europa kommen, zu ernähren.

Laut seinen Predigern ist Jesu zwar überall gleichzeitig, wird allerdings selbst nicht mal an den Stellen gesehen, wo ihn die Diener Gottes besonders wähnen: in den „Gotteshäusern"!

Bei Matthäus 6;34 -10- lesen wir: *„Darum sorget nicht für den andern Morgen, denn der morgende Tag wird für das Seine sorgen. Es ist genug, dass ein jeder Tag seine eigene Plage habe."* Wie wahrhaftig dieser letzte Satz. Nach dieser Methode Bibel, wäre die Menschheit allerdings längst ausgestorben – verhungert.

Was würde aus uns, wenn wir nicht für die kommende Zeit planten? Solcher Scharfsinn kann nur von Fantasten stammen, die sich um die Realität keine Gedanken machen, oder den Kanal voll hatten – beim Schreiben.

Auch um Nebengötter geht, es bei 5Mose 5;6 -214- -: da teilt uns „die Schrift" mit: *„Ich bin der HERR dein Gott, der dich aus Ägyp-*

tenland geführt hat, aus der Knechtschaft. Du sollst keine anderen Götter haben neben mir". Da Gott alles weiß, muss es wohl doch noch weitere Götter geben. Sagen wir mal „neben unseren christlichen Gott". Nebenbuhler mag er gar nicht. Da geht es IHM, wie uns Menschen. Auch sollen wir uns *„kein Bildnis machen in irgendeiner Gestalt, weder von dem, was oben im Himmel, noch von dem, was unten auf der Erde, noch von dem was im Wasser unter der Erde ist."*
Was haben wir alle da nicht schon gesündigt. Die berühmten Maler, die zig Fotografen, die Fernsehmacher. Ihnen wird mit ihrem Tun wohl das Paradies verschlossen sein. Die Moslems vermeiden noch heute Bildnisse in ihren Moscheen – an Fernsehberichterstattung und Fotos in Zeitungen haben aber auch sie sich gewöhnt. Und empfinden es wohl auch nicht (mehr) als Sünde. Zumindest die Aufgeklärten.
Wie viele Bilder hat sich die christliche Menschheit von Paradies, Fegefeuer und Hölle gemacht! Besonders die Kleriker, die HERREN des Herrn, die die drei Standsäulen des Christentums, Himmel, Hölle und Fegefeuer, in allen Farben und Schattierungen ihren Gläubigen verklickerten und es heute noch erzählen, weil sie es besser wissen als jedes andere menschliche Geschöpf. Da leben sie frei, ohne Ehe und ohne Sex (?), *„um des Himmelsreich willen"* (wie mir „mein" Bischof hat schreiben lassen), dann landen sie in der Hölle, weil sie sich ein Bild von Gott und vielen Gestalten im Himmel gemacht haben. Auf Begehrlichkeiten zu Frauen (oder auch Männern) verzichten sie – und dann das… Man mag es nicht fassen!
Gott fürchtet aber nicht nur Nebengötter als Konkurrenten. Er will selbst gefürchtet werden, wie man es von Despoten kennt, die nur Duckmäuser dulden. Bei 5Mose 6;24 -216- heißt es: *„Und der HERR hat uns geboten, nach all diesen Rechten zu tun, dass wir den HERRN, unseren Gott fürchten, auf dass es uns wohlgehe unser Leben lang, so wie es heute ist."* Wer furchtsam ist, gehorcht, was ein Mächtiger von ihm verlangt, dem geht es gut. Kennt man von Diktaturen: Mitläufer und Vasallen sind genehme Untertanen – man mag sie nicht, die Aufmüpfigen, die ihr Gehirn zum Nachdenken benutzen, nicht nur zum Glauben.

Die absolute Gottesfurcht wird auch bei 5Mose 10;20 -221- verlangt: *„Den HERRN; deinen **Gott** sollst du **fürchten** ihm sollst du anhangen und bei seinen Namen schwören".* Was ist das denn für ein „lieber" Gott, den man ständig fürchten muss? Ist das nicht deutlich ein Produkt von Schriftstellern, oder soll man sie „Schriftgel**ee**rte „nennen? Eine bestimmte Leere im Kopf, ist hier gemeint.

Haben die Zeilen im Alten Testament nicht Priester geschrieben, die einen Gott als ihr Werkzeug nutzen wollen, um eigene Machtansprüche geltend machen zu können, indem sie sich auf ein Wesen berufen, das sie in ihrer Fantasie selbst geboren haben? Hier geht es doch wieder darum, Machtansprüche und Bevormundung, realisieren zu können.

5Mose 6;5 -216- lässt uns wissen: *„Du sollst den HERRN deinen Gott lieben, von ganzem Herzen, von ganzer Seele und mit all deiner Kraft".* Es wird das Äußerste von einem verlangt: Selbstaufgabe.

Haben die nordkoreanischen Diktatoren, die sich bisher als Götter gerier(t)en, die Bibel gelesen?

Ein Gott erschafft sich Menschen, damit sie ihn ständig fürchten und lieben, er sie nach „Herzenslust" bevormunden kann? Hat er das getan, weil er „Mutterseelen alleine" im unendlichen All, das er erschaffen haben soll, sich langweilte und Figuren um sich braucht, die er je nach Laune dirigieren kann? Man stelle sich vor, ein universeller Gott, im riesigen Universum, das sich nach menschlicher Erforschung noch heute ausdehnt, alleine, gewissermaßen „allein auf weiter Flur"… Das hält auch ein Gott nicht aus. Er braucht Abwechslung! Da erfindet er den Menschen – und hat ein Spielzeug für seine Neigungen.

Solch einen Gott beschreiben Leute, die etwas Besonderes leisten wollen – und verrennen sich in ihrer Fantasie. Dann werden die unterschiedlichen Geistesergüsse zu einem Ganzen zusammen gefügt, das man als „Wort Gottes" ausgibt, um der Menschheit eine Lehre zu erteilen.

Gott der Rächer

Was lässt uns dieser Biblische Gott im „Buch der Bücher" noch mitteilen? Bei 5Mose 5;9 -214--: *„Denn ich bin der HERR dein Gott, bin ein eifernder Gott, der die Missetat der Väter heimsucht bis ins dritte und vierte Glied an den Kindern derer, die mich hassen."* Ehrlich ist er hier, dieser übermächtige Gott. Und rachsüchtig, wie er auch hier beschrieben wird. Einer der sogar bis ins vierte Glied die Verwandten straft. Allerdings: nur, wenn er gehasst worden ist. Aber kann man einen Gott hassen, der soooo lieb ist, wenn man ihn ausreichend Opfer bringt? Dann lässt uns die Bibel aber auch gleich wieder wissen, bei 5Mose 5;10 -214-: *„Aber Barmherzigkeit erweist* (ER) *an vielen Tausenden, die mich lieben und meine Gebote halten".* Eine ausgeglichene Persönlichkeit wird auch hier nicht beschrieben. Kann das ein Gott selbst vermittelt haben? Aber auch hier wird im Plural und Singular geschrieben, wie so oft.

Man muss diesen „lieben Gott" nur ständig gefällig sein, dann ist er zu genießen. Fürwahr: Ein Gott, erzeugt von Schriftstellern, die in ihrer Unvollkommenheit etwas Vollwertiges entwerfen wollten. Warum der Klerus immer noch darauf besteht, dies als „Wort Gottes" zu betrachten, ist sehr verwunderlich. Mit solch einem Pamphlet lässt sich doch kein Renommee erzielen. Allerdings, wie schon angeführt, in Krankenhäusern und Hotelzimmern liegt nur noch das Neue Testament aus. Man hat wohl angefangen zu begreifen. Außerdem: wer liest schon die Bibel? Weder das Alte, noch das Neue Testament? Es sind sicher sehr wenige, wenn sie nicht beruflich damit befasst sind. Der „normal Sterbliche", oder der „einfache Christ" wird Interessanteres, Wichtigeres zu tun haben. Wegen des „Lebens nach dem Tode" werden ebenfalls wenige darin schmökern. Man glaubt, weil es die „Diener Gottes", die „Berufenen", permanent erzählen, weil man in der Schule damit konfrontiert, es im Religionsunterrichten verklickert bekam, und zur Erstkommunion oder Konfirmation damit „blasiert" wurde.

Auch bei 5Mose 13;7 bis 9, -224- wird ein Gott beschrieben, der Rache andeutet, wenn Verwandte zu anderen Göttern verführt werden wollen (und sollen): *"... gehorche ihm nicht. Auch soll dein Auge ihn nicht schonen und du sollst dich seiner nicht erbarmen und seine Schuld nicht verheimlichen, sondern du sollst ihn zum Tode bringen..."*. Gott mag keine Nebenbuhler. Wer auf der anderen Seite steht, der soll mit dem Tod bestraft werden. Ein wirklich guter Gott, der Biblische.

Bei **Jes**aia 43,10 -793- erleben wir einen selbstsicheren Gott, der da spricht: *"Vor mir ist kein Gott gemacht, so wird auch nach mir keiner sein"*. Auch bei **Hos**ea 13;4 -976- lässt Gott keinen Zweifel an seiner Größe: *"Ich bin der HERR dein Gott, von Ägyptenland her, und du solltest keinen anderen Gott kennen als mich und keinen Heiland als allein mich"*. Auf „Ägyptenland" aus dem er die Juden geführt hat, weist er immer wieder hin. Gute Taten sollen nicht verblassen. Die Aufschneiderei lesen wir auch bei Jeremia 23;29 -843-: *"Ist mein Wort nicht wie Feuer?"* Würde ein wirklicher Gott, der alles was ist erschaffen hat, sich so prahlerisch geben? Ich glaube es nicht, nicht nur, weil ich ungläubig geworden bin.

Auch bei Joel 2;13 -979- wirbt er für sich: *"Zerreist eure Herzen und nicht eure Kleider und bekehret euch zu dem HERRN; euren Gott! Denn er ist gnädig, barmherzig und geduldig und von großer Güte..."* Die Angeberei merkt man immer wieder beim Lesen im Alten Testament. Auch hier wird offensichtlich, Worte eines wirklichen Gottes können das nicht sein; Autoren Geräusch ist das.

Nach diesen Sprüchen muss man annehmen, außer diesem selbstgefälligen Gott gibt es keine weiteren mehr, obwohl wir auch gelernt haben, er fürchtet Nebengötter. Wenn man gläubig ist, muss man hoffen, dieser Gott wird nicht das Zeitliche segnen. Denn nach ihm gibt es dann keine Überwesen mehr. Wie schlimm müsste das für gläubige Menschen sein. Was lernen wir aus diesen Sprüchen? Dieser biblische Gott ist ein wankelmütiges Wesen, das die „Schöpfung" durch Schriftsteller erkennen lässt: Unvollkommen, unsicher, großspurig und auch klein kariert.

Das erkennen wir auch bei 1Mose 12;3 -25-: *"Ich will segnen, die dich segnen, und verfluchen, die dich verfluchen; und in dir sollen gesegnet werden alle Geschlechter auf Erden"*. Hier richtet sich dieser Gott einmal nach seinem „Ebenbild". Er ist behilflich beim Verfluchen, wie auch beim Segnen. Wie schon angeführt, er ist für alles zu gebrauchen. Gäbe es ihn nicht, müsste er erfunden werden: daher auch: die beste menschliche Erfindung!

Gott gerecht

Dieser Biblische Gott ist rachsüchtig, erfahren wir, aber er ist auch gerecht in seiner Allmacht. Eigentlich verständlich, denn wer Allmächtig ist, kann sich jede Neigung leisten. Deshalb erfahren wir bei Hiob 37:23 -592- *„Den Allmächtigen erreichen wir nicht, der so groß ist an Kraft und reich an Gerechtigkeit. Das Recht beugt er nicht. Darum sollen ihn die Menschen fürchten, und er sieht keinen an, wie weise sie auch sind".* Auch hier geht die Beschreibung wieder vom Singular ins Plural, um eindeutig zweideutige Möglichkeiten der Interpretation zu ermöglichen. Es muss nicht nur die Kraft dieses Gottes bekräftigt werden, sondern auch sein Gerechtigkeitssinn, an dem einen die Bibel immer wieder zweifeln lässt. Das Recht beugt er nicht; er ist ja das Recht in Person. Denn ein **Allmächtiger** hat immer recht. Das Recht ist auch heute unter den Menschen auf Seiten der Stärkeren.

Weiter ist richtig, dass man den (die) Stärkeren, die Mächtigen, fürchten muss. Heute, und zu allen Zeiten. Und je mächtiger sie sind, um so weniger achten sie die Klugheit niederer Rangstufen, die sie in ihrer Arroganz übersehen.

Gott straft bis ins vierte Glied

Gibt es den gütigen Gott? Einen lieben Gott, der bis ins vierte Glied die Verwandten bestraft? Am Töten hat der HERR Zebaoth aber auch beim Propheten **1Sam**uel 15;2 -330- gefallen: *„So spricht der HERR Zebaoth: ich habe bedacht, was Amalek Israel angetan und wie es ihm den Weg verlegt hat, als Israel nach Ägypten zog."* 15;3 -330-: *„So zieh nun hin und schlag Amalek und vollstrecke den Bann an ihm und an allem, was es hat; verschone sie nicht, sondern **töte Mann und Frau, Kinder und Säuglinge, Rinder und Schafe, Kamele und Esel"***. Dieser Gott will auch Kinder und Säuglinge nicht verschont wissen, in seinem Hass. Auch Tiere nicht, die mit Sicherheit nicht an menschlichen Unzulänglichkeiten schuld sind, wie Kinder und Säuglinge auch!

Ich frage mich, geht es nicht noch gemeiner? Ist das nicht Schriftstellerische Qualität? Oder wirklich „Wort Gottes"? Wie kann der Klerus auf solche Hasstiraden stolz sein?

Da erzählt uns die Bibel, Gott, der Allmächtige, hat den Menschen nach seinem Bilde erschaffen, dass nichts geschieht, was Gott nicht will und dann dieser Schlamassel! Solcher Zwiespalt, den man uns für bare Münze verklickern will, schreit doch zum Himmel. Wird aber nicht erhört. Warum nicht? Einfach deshalb, weil es diesen Himmel nicht gibt, wo ER ist. ER ist ein menschliches Fantasieprodukt. Weshalb Beten auch zwecklos ist. Außer man versteht es als **„geistige Selbstbefriedigung"**.

Wie schlimm ist dieser Gott bei Jesaia 13;16 -767-, wenn der HERR Zebaoth seinen grimmigen Tag hat. Da steht: *„Es sollen auch ihre Kinder vor ihren Augen zerschmettert, ihre Häuser geplündert und ihre Frauen geschändet werden"*. Geht es noch hasserfüllter? Hier geht es um das Beschreiben von *„Gottes Gericht über Babel"*. Da rüstet der HERR Zebaoth sein Heer zum Kampf. (ER hat sogar eine bewaffnete Macht, um Menschen zu vernichten). Diese Kämpfer kommen, wie es scheint, vom Himmel, aus dem unendlichen All, um Krieg zu führen. Welch ein Wahnsitz! Blamable Schriftsteller-Ergüsse sind es, die der Prophet hier von sich gibt. Hier stellt sich wieder die Frage, wie kann ein Berufszweig von „Berufenen" solche Ausführungen als „Wort Gottes" titulieren! Und das ohne Schamgefühl?

Da wundern wir uns über Kriegsheere, über Kriegstreiber, über Rüstungsindustrie und finden das Gleiche bei Gott als normal. Jes:13;5 -766-: *„Sie kommen aus fernen Ländern, vom Ende des Himmels, ja, der HERR selbst samt den Werkzeugen seines Zorns um zu verderben die ganze Erde".* Der Hinweis: *„Sie kommen aus fernen Ländern, vom Ende des Himmels,...",* ist schriftstellerische Märchenerzählung, die Einbildung eines Menschen, der einen erfundenen Gott groß machen will, dabei übers Ziel hinaus schießt, nicht bedenkt, dass aus dem unendlichen All keine menschlichen, oder göttlichen, Heere kommen können. Mit diesen „glaubhaften" Sprüchen ist dieser Herr Jesaja in der Bibel nicht der Einzige.

Die ganze Erde will dieser Gott verderben, weiß der Prophet. Eigenes Werkzeuge hat er sogar für seinen Zorn! Gott hat dem Propheten Jesaja dies alles eingeflüstert, damit der mit diesen Ergüssen die Menschen informiert? Da kann man nur staunen!

Wenn unter den Menschen jemand viele Menschen umbringt, wird er als Massen-Mörder bezeichnet. Gott kann kein Mörder sein. Auch nicht bei all dem Gemetzel, das im Alten Testament auf sein Konto geht. Ein Gott mordet doch nicht. Auch die „Schlächter" der Menschheitsgeschichte, die Größen in der Weltgeschichte und -literatur geworden sind, waren keine Mörder. Sie sind „nur" aus Schlachten in die Heimat zurückgekehrt – und wurden verehrt. Sie selbst haben kaum selbst das Schwert geführt, von dessen „Schärfe" wir im AT immer wieder lesen.

Diese hasserfüllten Tiraden sind ein weiterer Beweis, dass sie nicht von einem Gott stammen können. Selbst ein hasserfüllter Gott würde sich nicht so äußern. Brauchte er auch nicht, wenn er im Hauruckverfahren alles erschaffen hat, müsste er seine Gehässigkeit nicht Menschen einflößen – er braucht nur dezent handeln!

Es sind eindeutig schriftstellerische Qualitäten, die einen erfundenen Gott groß und furchtsam machen wollen, um Menschen zu ängstigen, damit sie nicht zu selbstbewusst und übermütig werden.

Könnte ein wirklicher Gott nicht einfach die Menschen über Nacht vernichten, wo er doch das ganze Weltall erschaffen hat, die Menschen schon einmal ausgerottet hatte, bis auf Noha und seinem Anhang? So ärgert er sich mit ihnen herum, braucht ein eigenes Heer um sie zur Räson zu bringen. Oder hat er daran Freude, weil er ja scheinbar auch Glücksgefühle empfindet, wenn sinnlos geschlachtet, Blut vergossen und ihm geopfert wird?

Haben alle Lebenden Strafe verdient? Hier wird wie mit einem Rasenmäher alles vernichtet, zu Recht, oder nicht. Diese gehässigen „Alpträume" können nur menschlichen Gehirnen entsprungen sein, die in der Ausweglosigkeit ihres Hasses keine Grenzen gefunden haben und sich anmaßen, ihre Äußerungen hätte ihnen ein Gott suggeriert.

Propheten sind Autoren, Erfinder von Geschichten. Wenn sie sich einbilden, das, was ihnen in den Schädel kommt, kommt von einem Gott, dann sind sie Figuren mit einer Einbildungskraft, die Psychologen erfordert. Die gab es allerdings zur damaligen Zeit nicht.

Beim „Pressesprecher" der damaligen Zeit, Amos 3;7 (983) erfahren wir: *„Gott der HERR tut nichts, er offenbare denn seinen Ratschluss den Propheten, seinen Knechten"*. Der Prophet hat sich selbst gerechtfertigt. Schriftsteller! Hier wird die Einbildungskraft menschlicher Gefühlsergüsse wieder deutlich. Und damit auch der „Gotteswahn", mit dem sich die Erdenbewohner seit ihrer frühen Menschwertung belasten.

Der Prophet **Mal**eachi lässt uns wissen, bei 2;7 (1018) *„Des Priesters Lippen sollen die Lehre bewahren, dass man aus seinem Munde Weisung suche; denn er ist der Bote des HERRN Zebaoth"*. Hat das ein Priester geschrieben? Sehr wohl denkbar.

Die Gehässigkeit in diesem Pamphlet, das man „Wort Gottes" nennt, lässt sich aber noch steigern. Im Kapitel *„Gericht über Jerusalem"* heißt es bei **Hes**ekiel 5;10 -893-: *„Darum sollen in deiner Mitte Väter ihre Kinder und Kinder ihre Väter fressen..."* Und hasserfüllt geht es weiter, bei 5;13 -893-: *„So soll mein Zorn vollendet werden und mein Grimm über sie zum Ziel kommen, dass ich meinen Mut kühle, und sie sollen erfahren das ich der HERR es in meinem Eifer geredet habe, wenn ich meinen Grimm an ihnen vollende."* Das ist vollkommener Hass, aus der Feder von Erzählern, die nicht böswilliger denken konnten. Solche Ergüsse als „Wort Gottes" zu bezeichnen zeugt eigentlich von Mut und Dreistigkeit und Einschätzung von Dummheit jener, denen man diese Behauptungen als „Wort Gottes" verklickern will. Auch (5;17-893-) zeigt dies irdische Gehässigkeit, die keine Grenzen findet, mit den Worten: „*Ja, Hunger und wilde Tiere will ich unter euch schicken, die sollen euch kinderlos machen, und es soll Pest und Blutvergießen bei dir umgehen, und ich will das Schwert über dich bringen. Ich der HERR, habe es gesagt*". Spricht so ein wirklicher Gott, der alles Erschaffen hat? Doch eher jemand, der einen Psychologen braucht. Rein menschliche Unzulänglichkeit von Hass beflügelt, kommt hier zum Ausdruck. Ich frage mich, warum man solches Geschreibsel nicht in den Reißwolf gibt.

Eine weitere Scheußlichkeit finden wir im Buch der Richter 19;22 -305-, wo „*Die Schandtat von Gibea in Benjamin*" besprochen wird. Da kommen Männer aus der Stadt, die einen Mann aus einem Haus herausholen wollen, um sich über ihn herzumachen. Aber der Hauswirt sagt zu ihnen: „*Nicht, meine Brüder, tut doch nicht solch eine Schandtat (*dabei kann er noch gar nicht wissen, was die Männer mit dem Geflohen vorhaben). Und er sagt weiter: „*Siehe, ich habe eine Tochter, noch Jungfrau, und dieser hat eine Nebenfrau;* (wer ist **dieser (?)**, das wird nicht deutlich. Hier wird wieder in Rätseln gesprochen. Dann geht es weiter: „*die will ich euch herausbringen* (die Nebenfrau muss hier gemeint sein, aber wessen Nebenfrau? „*Die könnt ihr schänden und mit ihnen* (Wohl Nebenfrau und die Jungfrauen-Tochter sind gemeint) „*tun, was euch gefällt, aber diesem Mann tut nicht eine solche Schandtat!*"

Das muss man sich einmal vorstellen. Da kommen aus der Stadt „*ruchlose Männer*", fordern den Hauswirt auf, einen Mann heraus zu geben, der sich hier versteckt. Und dieser Hauswirt schützt den ihm Fremden, bietet dafür seine (?) Nebenfrau und seine eigene Tochter an, diese zu Schänden nach Herzenslust. So etwas verklickert man uns als „Wort Gottes". Geht es nicht noch ungezügelter?

Es geht!

Was geschieht in diesem „Musterfall" weiter? „*Aber die Leute* (die ruchlosen Männer) *wollten nicht auf ihn hören. Da fasste der Mann seine Nebenfrau* (also doch seine) *und brachte sie zu ihnen hinaus. Die machten sich über sie her und trieben ihren Mutwillen mit ihr die ganze Nacht bis in den Morgen. Und als die Morgenröte anbrach, ließen sie sie gehen* (Scheinbar war nur die Nebenfrau Opfer. Von der jungfräulichen Tochter wird nichts mehr vermerkt. Wie mag diese arme Frau „gegangen" sein, nachdem *„ruchlose Männer"* sie die ganze Nacht vergewaltigt haben.

Die oft zu bemerkende Ausdrucksweise lässt unterschiedliche Interpretationen zu, was nach meinem Verständnis beabsichtigt ist. Eine Vorlage, die man anderen als Wahrheit suggerieren will, muss Möglichkeiten offenlassen, sich dem Gegenüber anzupassen, um glaubwürdig zu erscheinen.

Aber die Schinderei in diesem Kapitel ist noch nicht zu Ende. Es geht noch ekelhafter. 19;27 -305-: „*Als nun ihr Herr am Morgen aufstand und die Tür des Hauses auftat und herausging um seines Weges zu ziehen, siehe, da lag seine Nebenfrau vor der Tür des Hauses, die Hände auf der Schwelle. Er sprach zu ihr: Steh auf, lass uns ziehen! Aber sie antwortete nicht. Da legte er sie auf den Esel, machte sich auf und zog an seinen Ort.* 19;29 -305-: *Als er nun heimkam, nahm er ein Messer, fasst seine Nebenfrau und zerstückelte sie Glied für Glied in zwölf Stücke und sandte sie in das ganze Gebiet Israels."*

So was nennt man „Wort Gottes". Es kann einem beim Lesen solcher Schauergeschichten schlecht werden. Auf dieses „Wort Gottes" in der Bibel beruft sich ein Berufsstand von „Berufenen", der ernst genommen werden will – und auch wird.

Warum treten wir bei alle dieser Schauergeschichten nicht aus der Kirche aus? Ja, es gibt unterschiedliche Gründe dafür. Der Hauptgrund ist wohl der, die meisten „Gläubigen" kennen diese Fragwürdigkeiten „im Buch der Bücher" nicht. Das angeblich „meist gekaufte Buch der Welt", ist mit Sicherheit nicht das meist gelesene Buch der Welt!

Dass Frauen in der Bibel nicht viel gelten, wie beim Klerus allgemein heute noch, lesen wir schon bei 5Mose 21;14 -233-: „*Wenn du aber keinen Gefallen mehr an ihr hast, so sollst du sie gehen lassen, wohin sie will; du sollst sie aber nicht um Geld verkaufen, oder als Sklavin behandeln, weil du zu ihr eingegangen bist."* Da spricht der alles wissende Klerus von der Ehe, die nicht vor Gott getrennt werden kann. Hier lesen wir, wenn ein Mann seiner Frau überdrüssig ist, kann er sie gehen lassen, wohin sie will. Eine Ehe erscheint gar nicht als Voraussetzung für gemeinsames „Bettgeflüster". Allerdings darf er für sie keinen Mammon kassieren und als Sklavin darf er sie nicht behandeln. Vermutlich weil er in freudvollen Nächten *„zu ihr eingegangen"* ist. Es gibt auch noch Anständiges aus der Bibel zu berichten.

Die monotheistischen Religionen sind Erzeugnisse von Männern. Sie halten die Frauen für geringwertiger, wodurch wohl auch der Spruch „Die Herren der Schöpfung" entstanden ist. Im Islam, besonders in Saudi Arabien, wird besonders deutlich, was überhebliche Männer von Frauen halten. Dort dürfen die Damen nicht mal Auto fahren.

Männer sind gegenüber den Frauen auch als Fauler einzustufen. Deshalb stellen sie sich auch über sie. Frauen tragen nicht nur in der Familie die größere Last; in muslimischen Familien werden sie sogar eingemummt, „versteckt". Eifersucht könnte ein Grund dafür sein, oder immerwährendes Geil sein von Männern, wenn sie Frauen sehen, deren Schönheit ihr sexuelle Lust sie wohl „außer Rand und Band" bringen könnte.

Sklavenhaltung war zur biblischen Zeit üblich und vom HERRN geduldete. Da zeigt der HERR, dass Menschen für ihn unterschiedliche Werte darstellen. Sklaven hält er für normal. Lässt das bei 3Mose 25;44 -155- erkennen. Da heißt es: *„Willst du aber Sklaven und Sklavinnen haben, so sollst du sie kaufen."* Menschenhandel, der heute bei uns bestraft wird, ist für den biblischen Gott völlig legitim. Ein wirklich guter Gott. Sind ihm Frauen schon weniger wert, so kennt er Geringschätzung aber auch bei den „Herrn der Schöpfung". Denn auch Männer „dürfen" Sklaven sein. Man kann niedere, also wertlose Menschen, verschachern wie jedes Gut. So was hat der HERR selbst erschaffen. Da flößen uns die „geweihten" HERREN ein, „bei Gott sind alle gleich".

Wenn ich also die Bibel so kritisch sehe, mit dem vergleiche, was die Herren Theologen (logen?), über Gott erzählen, komme ich zu dem Ergebnis, die HERREN des Herrn… ich sage es wie ein einfacher Bauer es ausdrücken würde (meine Großstädtische Schwägerin nannte mich ein „Bäuerles"), fühle ich mich von den geweihten HERREN „verarscht".

Wert der Frau

Frauen sind im Glaubensgeschäft die Spezies Nummer Zwei. Ihr Wert ist geringer -damals wie heute. Heute dürfen sie beim (katholischen) Klerus niedere Dienste verrichten (buckeln vor den 'HERREN der Schöpfung', gewissermaßen), wie schon immer. Im Katholizismus werden sie es nicht zu Priesterinnen bringen. Das AT hat das Weib schon gering geachtet. Bei Richter 15;1 -299- erfahren wird folgendes: Da will ein Mann nach der Ernte seine Frau besuchen, natürlich nach langer Zeit zu ihr in die Kammer gehen (was er dort will, kann der Dümmste sich vorstellen). Ihr Vater wollte aber ihren Mann (seinen Schwiegersohn) nicht hineinlassen, weil er meinte, dieser sei seiner Frau überdrüssig geworden und sagte zu ihm: *„Ich habe sie deinem Gesellen gegeben"*. Da behandelt der Alte seine Tochter wie ein Stück Ware: *„Ich habe sie deinem Gesellen gegeben"*. Ganz selbstverständlich klingt diese Antwort. Dafür bietet er ihm ihre jüngere Schwester an, *„die ist schöner"*. Geschmacksache -, jüngeres Fleisch allerdings. Muss nicht unbedingt negativ sein. Was besonders missfällt, ist, dass der Alte wie ein Markthändler, seine Töchter einfach verschachert – und das im Buch, das man „Wort Gottes" nennt. Wirklich, ein gutes Beispiel.
Bei 3Mose 27;3-157- handelt Gott mit Mose über den Wert von Mann und Frau beim Ablösen von Gelübden. Da empfiehlt der HERR für einen Mann zwischen zwanzig und sechzig Jahren einen Wert von Fünfzig Lot Silber. Für eine Frau dreißig Lot (Im Anhang der Bibel ist ein Lot mit 11,2 bis 12,2 Gramm beschrieben). *„So soll das deine Schätzung sein"*. Was erkennen wir: Mann und Frau sind

doch nicht gleichwertig. Auch nicht bei Gott. Hier ist die Frau gut die Hälfte wert.

Vermutlich deshalb hat der Weltenherrscher auch keine Gespielin, weil Frauen billiger sind. Lieber scheucht ER die Menschen im AT von einem Opfer zum nächsten. Erkenntnis: es ist doch nicht gut, dass der Mensch allein sei.! Das scheint auch für einen Gott zu gelten. Zumal dieser Biblische Gott ein von Menschen gemachtes Produkt ist – wie sich immer wieder erkennen lässt.

Deshalb hat der HERR dem Adam eine *Männin* gemacht. Es wäre wohl nicht schlecht gewesen, wenn er sich auch eine Göttin gemacht hätte. Wer weiß, vielleicht sähe die Welt heute anders aus. Allerdings: eine selbstgemachte Partnerin könnte als Inzucht gewertet werden. Psychologen könnten darüber vermutlich eine Erklärung abgeben.

In einem weiteren Beispiel vom Wert der Frau beim „gerechten Gott", heißt es im *„Gesetzt für Wöchnerinnen"* (Was wird im AT nicht alles Bevormundet und kleingeistig geregelt) und der arme Mose muss immer den Berg hoch rennen um Gottes Weisheiten zu empfangen und weiter geben zu können. Hier heißt es bei 3Mose 12;2 -135-: *„Wenn eine Frau empfängt und einen Knaben gebiert, so soll sie **sieben Tage unrein** sein, wie wenn sie ihre Tage hat. Und am achten Tag soll man ihn beschneiden, und sie soll daheimbleiben, 33 (dreiunddreißig) **Tage im Blut ihrer Reinigung.**"* Bei 12;5-136- wird sie ebenfalls weniger geachtet, die Frau. Der Grund: *„Gebiert sie aber ein Mädchen, so soll sie **zwei Wochen unrein** sein, wie wenn sie ihre Tage hat und soll 66 (sechsundsechzig) **Tage daheimbleiben, in dem Blut ihrer Reinigung.**"* Zur Strafe, weil sie in Mädchen geboren hat, muss sie länger das Haus hüten. Das nennt man „göttliche Gerechtigkeit"! Vermutlich hat der Heilige Geist deshalb auch nur Jungen gezeugt!

Einmal ist die Frau die Hälfte wert, wie ein Mann. Dann wird sie doppelt bestraft. Welchen Einfluss hat eine Frau darauf, ob sie ein Mädchen oder einen Jungen zur Welt bringt? Steht nicht in der Bibel: „Nichts geschieht, was Gott nicht will „.. Wer will, findet immer Schuldige. Die Frau, das „schwache" Geschlecht, eignet sich dafür gut. Wie überhaupt sich Schwache als Opfer gut eignen.

Welch ein Gott! Ist er ein Frauenverächter, wie der Heilige Paulus? Muss man sich nicht wundern, wenn die Heilige Kirche Frauen geringer schätzt. Frage ich mich, warum „fahren" bei den Katholiken so viele Frauen auf Geistliche ab? Weil sie als ausgeruhter gelten? Wie hatte eine Jungfrau (?) zu unserem Pfarrer gesagt: „Herr Pfarrer, für sie ist meine Schlafzimmertür immer offen." Die eigene Wertung einer Frau.

Der Gehässigkeiten gegenüber dem weiblichen Geschlecht aber nicht genug, lässt uns 3Mose 12;6 -136- wissen, dass nach der *„Reinigung" für den Sohn oder für die Tochter „dem Priester ein „einjähriges Schaf zum Brandopfer und eine Taube oder Turteltaube zum Sündopfer gebracht werden soll", „der soll es opfern vor dem HERRN und sie entsühnen, so wird sie rein von ihrem Blutfluss."…"Vermag sie aber nicht ein Schaf aufzubringen, so nehme sie zwei Turteltauben, oder zwei andere Tauben, eine zum Brandopfer, die andere zum Sündopfer; so soll der Priester sie entsühnen, dass sie rein werde."*

Wenn eine Frau geboren hat, muss sie „entsündigt" werden. Noch heute werden Frauen „Ausgesegnet" wenn sie schändlicher Weise geboren haben. Haben sie es zu verantworten, wenn sie Kinder kriegen? Hat das nicht der „liebe Gott" so vorgesehen, bei seinem „Schöpfungsakt"?

Um die Frau „*rein*" zu machen, muss wieder Blut fließen, von einem unschuldigen Schaf oder von Tauben. Was können diese Tiere dafür, dass ER, dieser blutgierige Gott, die Frau mit Geburtswehen „gesegnet" hat und eine Geburt blutig abläuft? Hätte er es nicht anders einrichten können? Aber Blut mag sie ja, diese Biblische Größe. Sollte ER die Frau nicht belohnen, wenn sie blutig geboren hat? Sie erbringt doch die größte Leistung, bei der Vermehrung der Menschheit: „Macht euch die Erde untertan…"

Was ist das für ein Gott? Er ergötzt sich an Opfern, von denen er nicht genug bekommen kann. Warum hat er sich keine Gespielin gemacht, durch die er auf Opfer verzichten könnte, um Freude an ein frohgemutes göttliches Leben zu haben?

Den göttlichen Wert der Frauen passen sich die katholischen Geistesgrößen mit ihrer Einstellung zum weiblichen Geschlecht an. Der in christlichen Kreisen hoch angesehene und oft zitierte Thomas von Aquin hält *die „Frau körperlich und geistig für minderwertig. Sie ist eine Art 'verstümmelter' 'misslungener'* Mann", lesen wir bei Karlheinz Deschner in „Opus diaboli", Seite 93.

Dass der HERR nicht von der feinsten Art ist, liest man im Buch der Bücher immer wieder. Eitel und rachsüchtig, mit wenig Erbarmen „gesegnet". Beim Propheten **Nahum** lesen wir bei 1;2 -997-: *Der Herr ist ein eifernder Gott, ja, ein Vergelter ist der HERR und zornig. Der HERR vergilt seinen Widersachern; er wird es seinen Feinden nicht vergessen."* Der HERR ist auch nachtragend! Dieser Biblische Gott, den die Kleriker über den grünen Klee loben und huldigen, den sie als das Non plus Ultra preisen, den alles verzeihenden Gott, diese allmächtige Größe, die über alles erhaben sein soll, *„ist ein Vergelter".* Einer, mit dem nicht zu spaßen ist. Und immer wieder liest man in diesem hoch gelobten „Buch der Bücher", der HERR sei zu fürchten und ständig soll er verehrt werden – wegen seiner Größe.

Bierdeckel

Dieser Biblische Gott hat Widersacher. Es wird hier nicht ausgesprochen, aber es muss wohl der Teufel sein. Wer könnte einen Gott Todfeind sein, bei seiner Größe? Den Teufel bekämpft er, muss der es sein. ER ist mächtig. Aber nicht mächtig genug, um den Teufel zu vernichten. Wenn ein Schriftsteller seine zweite Hauptfigur vernichtet, ist das Schauspiel zu Ende. Die Leute gehen nach Hause. In der Bibel darf der Kampf nicht zu Ende gehen. Wäre man den Spruch: *„Nichts geschieht, wenn Gott es nicht will",* treu geblieben, hätte es für die ganze Bibelgeschichte nur ein Blatt Papier gebraucht. Nein, ein Bierdeckel hätte genügt. Den gab es allerdings „zu jener Zeit" noch nicht.

Da fragt man sich, warum der Allmächtige Gott Feinde hat? Als Allmächtiger, der ein ganzes Weltall erschaffen haben soll, hätte er das doch verhindern können. Seine irdischen Prediger wissen darauf sicher eine Antwort – aber worauf wissen die keine….?
Allerdings sei hier auch angemerkt, vom Teufel liest man im AT so gut wie nichts. Außer bei Hiob. Das ist der Mann mit den schlechten Nachrichten, wie man allgemein weiß. Aber in der Bibel geht es ja in erster Linie um Gott – nicht um seinen Gegenspieler, dem Engel Luzifer.
Gott hat den Menschen nach seinem Bilde erschaffen. Versehentlich wohl auch nach seinem Charakter. Nach Allem was man in der Bibel liest, muss es so sein. Ist er nicht selbstsüchtig, eingebildet, rachsüchtig, stolz, kriegerisch und wankelmütig? Will er nicht auch geliebt, geachtet, verehrt werden, wie „sein" menschliches Pendant? Er ist ein „Menschengott", ein selbst gemachter Gott, den man gebrauchen kann, wie man will. Einer der sich nicht wehrt, wenn er von Menschen „genutzt" und „benutzt", wird. Weil tote Erfindungen sich nicht wehren.
Ein Humanist ist dieser Biblische Gott wahrlich nicht. Kriegerischem nicht abgeneigt. Ist doch auch zu lesen, dass er seine Feinde nicht mag, sie gerne vernichtet. Im Buch der Richter lesen wir bei 20;23 -307-, *„Da zogen die Kinder Israel hinauf (*auf den Sinai*) und hielten Klage vor dem HERRN bis zum Abend und befragten den HERRN und sprachen: sollen wir wieder in den Kampf ziehen gegen die Benjaminiter, unsere Brüder?"* Was lesen wir da im Buch der Bücher? *„Der HERR sprach: ziehet hin gegen sie!"* Der HERR will, dass sie gegen ihre Brüder in den Krieg ziehen.
Allerdings: Es ist Altes Testament: „Aug um Auge, Zahn um Zahn": 2Mose 21;24 -98- -und 3Mose 24;20 -153-: Also „normal".
Dazu eine Bemerkung: Man stelle sich vor, wie die Israeliten (alle!) den Berg hinauf gingen um mit Gott zu reden. Hier ist es gleich das ganze Volk! Wie mag das vor sich gegangen sein, wenn diese Menschen mit Gott verhandelten, der da draußen, aus dem unermesslich weitem Weltall zu ihnen gekommen sein soll?
Mose, wenn er mit Gott sprechen will, oder muss, muss „den Berg hinauf". Warum? Ja klar, in hohen Höhen ist man dem Himmel näher und Gottes Weg ist etwas kürzer, um mit seinen Vasallen zu spre-

chen. Gleichzeitig bleibt dieser Erdling flexibel – durch das Bergsteigen.

Immer wieder führen die Menschen in der Bibel, „dem Wort Gottes", Dialog mit dem HERRN. Ist das nicht schon verdächtig genug, um anzunehmen, dieser Gott kann keine Wirklichkeit sein, sondern ein Phantasieprodukt menschlichen Geistes, „festgemauert" auf Papier? Man stelle sich das unendlichen All vor. Da soll irgendwo ein Gott wohnen, von wo aus er sich mit den Menschen unterhält. Das mochte man noch zu einer Zeit glauben, als die Geschichten für dieses Buch der Bücher entstanden sind. Aber doch in der Jetztzeit nicht! Umso vermessener ist der Mut von Predigern, dies heute als Realität ausweisen.

Was aber sollen diese „geweihten" Brüder auch anderes tun? Allein aus der Not heraus, müssen sie diese Behauptung aufrechterhalten. Sonst wären sie brotlos. Bei dem Gehalt, das sie in Deutschland erhalten, der Kirchensteuer sei Dank (!), fällt es leicht, sich den Unbeweisbaren hinzugeben – zumal **sie** nach dem Ableben keine Furcht vor Strafe haben, wie man es den Harmlosen ein Berufs-Leben lang verklickert. Ein sorgenfreies, unbeschwertes Leben beeinflusst den Charakter, wie der Mammon auch. Wie heißt es so schön? Das Hemd sitzt einem näher, als der Rock.

Das „Buch der Bücher" ist auch geeignet, den Verstand zu verwirren. Oder sagt es uns eher, die Schriftsteller des AT selbst waren verwirrt, als sie sich ans Schreiben begeben haben? Lesen wird doch bei 1Mose 8;21 -22-: als dem HERRN wieder mal Vieh und Vögel als Brandopfer dargebracht wurden: *„Und der HERR roch den lieblichen Geruch und sprach in seinem Herzen* (Gott hat den Wohltätern seine Gefühle eingeflüstert, was er in seinem Herzen „sprach"): *"Ich will* ***hinfort nicht mehr die Erde verfluchen um der Menschen willen; denn das Dichten und Trachten des menschlichen Herzens ist böse von Jugend*** *auf."* Mit diesem Satz wird die Zwiespältigkeit einer Aussage wieder deutlich. Obwohl das Trachten der Menschen böse ist, von Jugend auf, will er die Erde nicht mehr verfluchen. Welche Erkenntnis!

Ist der HERR sich wohl Schuldbewusst? *„Der HERR lenkt jeden Schritt":* Sprüche 16;9 -728-. Selbsterkenntnis ist der Weg zur Besserung. Auch beim HERRN?
Der *„liebliche Geruch"* hat den HERRN erfreut, und er sieht sich geneigt, den Menschen entgegen zu kommen. Wie Freuden auch einen Gott verändern können, wenn das Herz übergeht.
Das kann man auch bei **Spr**üche Salomos denken, wo wir lesen, bei 10;12   -724-: *„Hass erregt Hader; aber Liebe deckt alle Übertretungen zu."* Bei all seinem göttlichen Hass, der uns im AT immer wieder offenkundig wird, müssen wir uns fragen, warum richtet ER sich nicht immer nach diesem Salomos Spruch. Aber diese Aussage ist wieder eher ein Beweis, für Schriftstellerische Produktion.
Bei Josua 6;17 -257-ist er aber noch der Meinung, er will rächen. Da heißt es: *„Aber diese Stadt und alles was darin ist, soll dem Bann des HERRN verfallen sein"*. Ohne Liebe und Hass funktioniert keine Geschichte, wenn sie nicht langweilig werden soll.
1Mose 8;22 -22-: *„So lange die Erde steht, soll nicht aufhören Saat und Ernte, Frost und Hitze, Sommer und Winter, Tag und Nacht."* Dieses (göttliche Wort?) gilt bis heute. Allerdings müssen sich Landwirte weltweit den Rücken krumm machen, um Ernten zu können. Ohne ihren Fleiß, auch heute in der technisierten Landwirtschaft, wäre die Menschheit verhungert, oder hätte sich nicht so vermehren können. Aber natürlich haben wir jeden Ernteertrag dem lieben Gott zu verdanken. Die HERREN des Herrn rechnen die Ernte-Erfolge weltweit der göttlichen Kreativität zu, und nutzen den Tag des „Erntedankes" als Dankeschön an Gott, für den Erfolg menschlicher Betriebsamkeit, wobei sie sich „mit Gott" als einen wichtigen Teil des Ernteerfolges einbringen!
Ein Landwirt ernährt im Jahr 2015, 150 Menschen. Im Jahr 1900 waren es gerade mal vier.
Matthäus 6;25 -9-, Jesus: *„Darum sage ich euch: Sorget nicht um euer Leben, was ihr essen und trinken werdet; auch nicht um euren Leib, was ihr anziehen werdet."* Ergo: nach dem Muster wäre die Menschheit längst ausgestorben. Jesus, diese glorifizierte Persönlichkeit, hat als Zimmermann bei seinem Zieh(?)vater gelernt (?), aber sonst ist nicht bekannt, er wäre irgendwo einer Arbeit nachgegangen.

Konnte er vermutlich auch nicht wissen, dass man sich um das tägliche Brot zum satt werden, kümmern muss.
In der Bundesrepublik mögen diese Jesus-Worte gelten, wenn man in der sozialen Hängematte angekommen ist. Wer nicht für die kommende Zeit vorsorgt, hat schlechte Aussichten alt zu werden. Da hilft auch Beten nicht – wie es überhaupt nur geistige Selbstbefriedigung ist.

Auf der Seite seines Untertanen

Beim Propheten Nahum 1;3 -997-, lesen wir: *„Der HERR ist geduldig und von* großer *Kraft, vor dem niemand unschuldig ist."* Weil ER Vollkommen ist, ist vor ihm auch niemand unschuldig. Das klingt überzeugend, mit der Einschränkung: warum hat ER den Menschen nicht vollkommen erschaffen? Diese Schriftsteller brauchen Figuren, die widersprüchlich sind, um keine Langeweile aufkommen zu lassen. Wie auf der Theaterbühne. *„Und er ist voll großer Kraft,"* soll seinen furchtlosen Großmut ausdrücken. Braucht ein wirklicher Gott diese Kraftmeierei?
Schriftstellerische Weisheit ist auch der Spruch, bei 2Chron 7;1 -494-: *„Und als Salomos sein Gebet vollendet hatte, fiel Feuer vom Himmel und verzehrte das Brandopfer und die Schlachtopfer, und die Herrlichkeit des HERRN erfüllte das Haus, so dass die Priester* **nicht** *ins Haus des HERRN hinein gehen konnten, weil des HERRN Herrlichkeit das Haus des HERRN füllte...* und schließlich, weiter *„ ... sie fielen nieder auf die Knie und beteten an und dankten dem HERRN, dass er gütig ist und seine Barmherzigkeit ewiglich währt."*
Diese Ausdrucksweise kann nicht von einem Gott vermittelt sein. Da fällt Feuer vom Himmel... Heute kann man das aufgeklärten Menschen nicht mehr erzählen. Das ist Theater-Zauber. *„Die Herrlichkeit*

des HERRN erfüllt das Haus, so dass die Priester nicht hineingehen konnten." Diese „Herrlichkeit" war vermutlich Feuer und Rauch nach einem Blitzeinschlag.
In der Weitererzählung bei 2Chronik 7;3-494- lässt man uns wissen: *„Und alle Kinder Israel sahen das Feuer herabfallen und die Herrlichkeit des HERRN über dem Hause, und sie fielen auf ihre Knie mit dem Antlitz zur Erde aufs Pflaster und beteten an und dankten dem HERRN, dass er gütig ist und seine Barmherzigkeit ewiglich währt".* Diese Schwärmerei ist kein „Wort Gottes", das ist Theater-Literatur, groß aufgemischt. Die Kinder in ganz Israel sahen das Feuer herabkommen. Schon das ein Gag, wenn es nicht ein Blitz war. Welch eine theatralische Übertreibung. Vermutlich hat in dieser Märchengeschichte der Blitz in ein „Gotteshaus" eingeschlagen und alles verbrannt, so dass niemand hineinkonnte. Daraus eine Großtat zu machen, die „Gottes Herrlichkeit" demonstriert, ist schon arg an den Haaren herbeigezogen. Dankbar ist man nach einem Blitzeinschlag sicher gewesen, wenn man dabei sein Leben nicht verloren hat. Auch heute beten gut Gläubige, bei Gewittern.

Gerechter Gott

Gott ist ein gerechter HERR. Ein echter Menschen-Gott, von Menschen gemacht, mit allem positiven und negativen Eigenschaften, wie wir Menschen sie von uns kennen.
So lesen wir bei Hiob 37:23-592-: *„Den Allmächtigen erreichen wir nicht, der so groß ist an Kraft und reich an Gerechtigkeit. Das Recht beugt er nicht."* 37;24-592-: *„Darum sollen ihn die Menschen fürchten, und er sieht keinen an, wie weise sie auch sind."* Ist Gott auch

ein Ignorant, mag die Menschen, die er nach seinem Bilde erschaffen hat, nicht mehr, wenn sie ihr Hirn gebrauchen? Und zu fürchten ist er immer.
Und im NT: Mt. 9;13 -13-: *„Ich habe Wohlgefallen an Barmherzigkeit und nicht an Opfer"*, sprach Jesus. *„Ich bin gekommen, die Sünder zu rufen, nicht die Gerechten.* Jesus will die Sünder bekehren. Wenn er laut Trinität wiederum Gott selbst ist, muss man ihm zuerkennen, er ist lernfähig.

Der Eitle Gott

Der biblische Gott ist nicht nur blutrünstig und rachsüchtig, er ist auch ein eitler Gott. Besonders wenn er Konkurrenz mit anderen Göttern wittert Da lesen wir bei Jesaia 57;11-807-: **„Ist es nicht so: Weil ich schwieg und mich verbarg, hast du mich nicht gefürchtet"**? Dann zeigt er aber sein wahres Gesicht, das kein Verzeihen kennt, wenn man vor ihm keine Furcht hat: *„Ich will aber deine Gerechtigkeit kundtun und deine Werke, dass sie dir **nichts nütze** sind"*.
Im AT spricht Gott mit den Menschen ganz selbstverständlich. Warum macht er das heute nicht mehr? Ist er etwa verstorben? Seine Prediger müssten es wissen, denn sie wissen alles über ihn. Seinen Tod aber würden sie sicher verschweigen – des eigenen Nutzen wegen!
Sagt er bei Jesaia 57;3-806-: *„Ihr Söhne der Zauberin, ihr Kinder des Ehebrechers und der Hure"*, weil diese nicht nach seinem Willen leben, lässt er sie wissen, mögen sie sich noch so sehr anstrengen, wird ihre Arbeit, ihr Streben, für die Katz sein. Jes 57;13 -807-: In seiner „Liebe zu den Menschen": *„Wenn du rufen wirst, so sollen dir deine vielen Götzen helfen...... Doch wer auf mich traut, wird das Land erben und meinen heiligen Berge besitzen"*. Dieser Gott der

Bibel ist Eitel, schnell beleidigt, und großherzig wenn man ihm zu Füßen liegt. Wie es eben Menschen auch sind, wenn sie sich zurückgesetzt fühlen, reagieren, wie Kinder, aber alles geben, wenn man sie schätzt und lobt. Alles wieder recht menschlich, dieses „Wort Gottes".

Es ist alles sehr Menschen ähnlich. Der biblische Gott geriert sich wie Eltern, die möchten, dass ihre Sprösslinge sind wie sie. Dabei nicht bedenken, ihr Nachwuchs möchte sein eigenes Leben leben, nicht das seiner Eltern.

Die Eitelkeit setzt sich auch bei Jesaia 66;2 -814- fort: *„Meine Hand (also ein Handwerker) hat alles geschaffen, was da ist, sprach der HERR. Ich sehe aber auf den Elenden und auf den, der zerbrochenen Geistes ist und der erzittert, vor meinem Wort".* Wer sich vor ihm fürchtet, den mag er. Wenn man diese Äußerungen auf einen Menschen überträgt, würde man wohl hören: „Der hat nicht alle beieinander". Aber hier handelt es sich um einen Gott, da würde man mit Sicherheit der Blasphemie bezichtigt. Aber – ist dieser Schriftsteller-Gott denn ein wirklicher Gott, wegen dem man der Gotteslästerung angeklagt werden könnte??

Die Großmannssucht lesen wir auch bei Jesaia 43;10-793-: *„****Vor mir ist kein Gott gemacht****, so wird auch nach mir wird keiner sein. Ich, ich bin der HERR, und außer mir ist kein Heiland."* Der Satz eines Aufschneiders. Aus diesem Satz spricht doch wieder jemand, der um Anerkennung giert, dem es an Selbstbewusstsein mangelt. Ein Gott? Nein! Ein Schriftstellererguss!

Bei Jesaia 44;6 -794-: geht es mit dieser kleinkarierten Masche weiter: *„Ich bin der Erste und bin der Letzte, und außer mir ist kein Gott".* Muss sich ein echter Gott mit soviel Prahlerei immer wieder selbst bestätigen? Ein Schriftsteller will aber mit dieser Stärke eine Größe festigen.

Lesen wir im AT nicht auch, Gott fürchtet Nebengötter? Da muss er prüfen, ob auch andere Götter verehrt werden. Ist er selbst nicht so gut, überzeugend und muss „Fremdgehen" fürchten? Bei 5Mose 13;4 -224-: *„… denn der HERR euer Gott versucht euch, um zu erfahren, ob ihr ihn von ganzen Herzen und von ganzer Seele liebhabt."* Der alles wissende Gott muss immer wieder prüfen…. Ein

Misstrauen, wie man es von totalitären Staatenherrschern kennt, wo jeder verdächtig wird, dem Despoten ans Leder gehen zu wollen.
Wie bescheiden ist ER: von ganzen Herzen und von ganzer Seele will er geliebt werden.
Anspruchsloser geht es wohl nicht.
Um jemanden groß zu machen, genügt es auch, andere klein zu halten. Wie bei Jesaia 45;23 -797-: „*Mir sollen sich alle Knie beugen und alle Zungen schwören und sagen: Im HERRN habe ich Gerechtigkeit und Stärke:*" Ist das nicht wieder aufgeblasene Menschlichkeit? Äußerte sich so ein wirklicher Gott, der alles erschaffen hat? Es ist ein „Autoren-Gott", ein von Menschen „gebautes" Universalwesen – nur nicht universell! Existent nur auf dem Papier!
Um das alles hinzunehmen, muss man mit viel Glauben versehen sein. Oder einfach – nicht nachdenken!

Bibel Märchen

Ein „dicker Hund" im AT ist das Märchen vom Propheten **Jona**, den ein Fisch verschluckt, aber nach drei Tagen im Leib des Riesen wieder ausgespuckt wird. Und so was in einem Buch, das man „Heilige Schrift" nennt. Dass man solche wirren Fantasien als „Wort Gottes" zelebriert, ist eine Schande für den Glauben. Da schickt der HERR Jona (Jona 1;2 -989-) in die große Stadt Ninive, um gegen die Einwohner zu predigen. Warum? Weil sie Bosheit gegen den HERRN gezeigt haben. Wenn man dem HERRN gegenüber nicht ständig gehorsam und untertänig ist, kennt er keine Gnade. Das lässt das Buch der Bücher immer wieder erkennen.
Jona ist also **nicht folgsam**, schleicht sich auf ein Schiff, das der HERR dann in einen Sturm schickt und alle darauf ihr Ende fürchten

und *„jeder nach seinem Gott ruft".* Da findet der Schiffsherr den schlafenden Jona und fordert ihn auf, seinen Gott zu rufen (im „Wort Gottes" wird dazu aufgerufen, dass jeder seinen Gott ruft – weil es scheinbar doch mehrere Götter gibt -), weil dieser vielleicht die Ursache für die Ungemach mit dem wilden Meer sein könnte. Schließlich sieht Jona die Schuld für den Sturm bei sich und bittet darum, ins Meer geworfen zu werden, damit der Sturm sich legt.(Schon diese Bitte eine märchenhafte Zumutung!) Als die Schiffsleute das tun, *„da wurde das Meer still und ließ ab von seinem Wüten"* (Jona 1;15 -990). Dies als bare Münze zu nehmen, da gehört schon viel Glauben dazu. Es ist eine Märchengeschichte.

Jona 2:1 -990-: *„..der Herr ließ einen großen Fisch kommen, Jona zu verschlucken,"* lesen wir. Im Leib des Fisches winselt Jona und bekennt sein sündiges Verhalten. Drei Tage hatte er dazu Zeit. Bei 2;10 -990- jammert Jona: *„Ich will mit Dank dir Opfer bringen. Meine Gelübde will ich erfüllen dem HERRN, der mir geholfen hat.* „Welch eine Formulierung! Jona wendet sich direkt an Gott. Dann spricht er vom HERRN in der zweiten Person. Das scheint wieder beabsichtigte Verwirrung zu sein – rätselhafte Formulierung, um Eventualitäten der Interpretation zu ermöglichen. Dumm waren die Schriftsteller auch damals nicht. Oder man hat im Verlauf der Zeit verbessert (was ja nicht einmalig wäre, im Buch der Bücher), oder absichtlich mit undeutlichen Formulierungen, sich der Zeit angepasst. (2;11 -990-*):* Jona ist zwar noch im Bauch des Fisches (der war sicher sehr geräumig), spricht aber schon davon, der HERR habe ihm geholfen). *„Und der HERR sprach zu dem Fisch und der spie Jona aus ans Land."* Zu dieser Biblischen Zeit sprach der HERR noch mit den Menschen – **und** den Tieren, die ihn auch verstanden. Eine schöne Zeit muss das trotz allem gewesen sein.

Der Märchen nicht genug, lesen wir im „Wort Gottes", in der Apostelgeschichte bei Lukas: Apg.:10;9-16 -158-, die appetitliche Geschichte über Petrus, der *„auf das Dach stieg zu beten um die sechste Stunde. Und da er hungrig ward, wollte er essen. Als sie ihm aber zubereiteten* (zwei Diener und ein Kriegsknecht, die immer um ihn waren) *ward er verzückt und sah den Himmel aufgetan und herunterfahren ein Gefäß wie ein großes leinenes Tuch, an vier Zip-*

*feln niedergelassen auf die Erde. Darin waren allerlei vierfüßige und kriechende Tiere der Erde und Vögel des Himmels. Und es **geschah** eine Stimme zu ihm: Stehe auf, Petrus, schlachte und iss."*
Das Menü, das vom Himmel kam, der sich öffnete, hätte uns sicher nicht gemundet. Verwundert hätte uns aber die „Tatsache", dass sich der Himmel öffnete; die Stimme, *„die geschah"*, hätte uns sicher verzaubert. Das erzählt man uns im „Wort Gottes", mit dem Glauben, wir werden es glauben.
Bei 4Mose 22;28 -189-veranlasst der HERR auch einen Esel zu sprechen. Als Eselei im Buch der Bücher ist das sicher nicht zu werten. Wir glauben das. Wie auch, dass der schlaue Fisch verstanden hat und Jona an Land spie, sonst wäre der arme Kerl ersoffen.
Aber das Märchen um Jona ist nicht das Einzige – wenn nicht alles als Märchen anzusehen ist. Da haben wir die Kuriosität in der Offenbarung des Johannes: bei 10;9 -307-: da hört dieser eine Stimme vom Himmel, die ihm sagt: *„Geh hin, nimm das offene Büchlein von der Hand des Engels, der **auf dem Meer und auf der Erde steht**. Und ich* (Johannes) *ging hin zu dem Engel und sprach zu ihm: Gib mir das Büchlein! Und er sprach zu mir: „Nimm hin und verschling's! und es wird dich im Bauch grimmen, aber in deinem Munde wird's süß sein wie Honig. Und ich nahm das Büchlein von der Hand des Engels und verschlang's, und es war süß in meinem Munde wie Honig; und da ich's gegessene hatte, grimmte mich's im Bauch"*. Ich frag mich bei dieser Darstellung, wie viele „Kurze" hatte Johannes bei dieser Erklärung intus? So was verkündet man uns als „Wort Gottes". Johannes aber erzählt weiter*: „Und es ward zu mir gesagt: du musst abermals weissagen von Völkern und Nationen und Sprachen und vielen Königen"*. Vermutlich hat mit dem Büchlein Johannes so viel Weisheit (nein: nicht gefressen) verspeist und konnte dadurch den Menschen weitere „Weissagungen" weismachen. Muss man deshalb so lange Theologie studieren, um das als „Wahrheit" und „Wort Gottes" zu akzeptieren?
Bibel-Figuren verschlingen aber auch Schriftrollen. Der Prophet Hesekiel schluckt gewissermaßen die Gescheitheit, die ihn der HERR auf Schriftrollen zukommen lässt, um die widerspenstigen Israelis zur Räson zu bringen: Hes. 3;1 -890-: *„Iss, was du vor dir hast"* (die

Schriftrolle, die ihn der HERR übergibt). *„Da aß ich sie, und sie war in meinem Munde so süß wie Honig"* erzählt **Hesekiel**. Johannes schmeckte ein Büchlein und Hesekiel war eine Schriftrolle genauso knusprig (?) und Honigsüß. Was vom HERRN kommt, ist gut, haben wir schon in der Schule gelernt. Allerdings hat man uns nicht von Büchlein und Schriftrollen essen erzählt, sonst hätten wir unsere Weisheit – nein, nicht mit dem Löffel gefr…., sondern die gescheiten Bücher verschluckt, und wären schlau geworden, wie diese Bibel-Figuren und jene, die uns diese Geschichten als „Wort Gottes" offenbaren.

Wenn es kein Märchen wäre, müsste man annehmen, dem HERRN entgeht auch heute noch nichts. Nur schickt er keine Engel mehr. Welcher Grimm muss in ihm sein, wenn er guckt, was aus seiner „Schöpfung" geworden ist. Eine Fehlentwicklung müsste er sich eingestehen und sein Wort *„Macht euch die Erde untertan"* verfluchen. Heute, bei über sieben Milliarden Menschen, wo für ihm ständig alles zu beobachten und zu kontrollieren, viel ermüdender geworden sein muss, als zu der Zeit, als er noch mit seinen Untertanen und den Tieren redete, müsste er außer Rand und Band geraten.

Ein Märchen, die Geschichte mit Jona? Bestimmt nicht. Lesen wir doch auch im Buch der Bücher, bei 1Mose 5;28 -20-: *„Lamech war 182* (Hundertzweiundachtzig) *Jahre alt und zeugte einen Sohn und nannte ihn Noha und sprach: 'Der wird uns trösten in unserer Mühe und Arbeit auf dem Acker, den der HERR verflucht hat.* (Der HERR hat ihren Acker verflucht! Wie lieb von ihm). *Danach lebte er noch 595* (fünfhundert-und-fünfundneunzig) *Jahre und zeugte Söhne und Töchter -,* der Lamech! *„Sein ganzes Alter ward 777* (Sieben-hundert-und-siebenundsiebzig) *Jahre, und er starb."*

Das sind erstaunliche biblische Wahrheiten, an denen sicher nicht zu zweifeln ist. Mit 182 Jahre ist Lamech auf dem Geschmack gekommen, Kinder zu zeugen. Das hat ihn so gefallen, um in seinem hohen Alter noch weitere Söhne und Töchter in die Welt zu setzen. Da hat er wohl nachgeholt, was er in seiner Jugend wegen Opferns für den HERRN versäumt hatte. Es ist nie zu früh, und selten zu späht, heißt ein geläufiger Werbespruch der Neuzeit.

Turbo Engel

Der Märchen kennt das Alte Testament viele. Da lässt uns Jesaja 6;2 -760- von Engeln wissen, die sechs Flügel haben und den HERRN verehrten. *„Mit zweien deckten sie ihr Antlitz, mit zweien deckten sie ihre Füße, mit zweien flogen sie. Und einer rief zum anderen und sprach: Heilig, heilig, heilig ist der HERR Zebaoth…"*
Das waren sicher Turbo-Engel, wenn sie alle sechs Flügel zum Fliegen einsetzten – wozu Flügel ja gedacht sind. Sechs Flügel sind verständlich, denn im Weltall sind weite Strecken zurück zu legen. Man stelle sich das Bild vor, wenn diese Engel mit **sechs Flügeln** abrauschen. Das wäre sicher eine interessante Studie für Flugzeugingenieure – wegen des senkrecht Startens.
Ins Reich der Märchen ist wohl auch der Prophet Hesekiel abgedriftet. Er hat Engel gesehen deren Existenz er wohl harten Getränken zu verdanken hatte. Schildert er uns doch bei 1;4 -889- „…*wo die Hand des HERRN über ihn* kam und bei 1;4 sah er:… *„es kam ein ungestümer Wind von Norden her, eine mächtige Wolke und loderndes Feuer, und Glanz war rings um sie her, und mitten im Feuer war es wie blinkendes Kupfer. Und mitten drin war etwas wie vier Gestalten; die waren anzusehen wie Menschen. Und jede von ihnen hatte vier Angesichter und vier Flügel. Und ihre Beine standen gerade, und ihre Füße waren wie Stierfüße und glänzten wie blinkendes glattes Kupfer. Und sie hatten Menschenhände unter ihren Flügeln an ihren vier Seiten; die vier hatten Angesichter und Flügel, ihre Flügel berührten einer den andern. Und wenn sie gingen, brauchten sie sich nicht umzuwenden; immer gingen sie in der Richtung eines ihrer Angesichter. Ihre Angesichter waren vorn gleich einem Menschen und zur rechten Seite gleich einem Löwen bei allen vieren und zur linken Seite gleich einem Stier bei allen vieren und hinten gleich einem Adler bei allen vieren. Und ihre Flügel waren nach oben hin ausgebreitet; je zwei Flügel berührten einander und mit zwei Flügeln bedeckten sie ihren Leib. Immer gingen sie in der Richtung eines ihrer Angesichter; wohin der Geist sie trieb; sie brauchten sich im Gehen nicht umzuwenden."*

Bei 1;5 -889- lässt uns der Prophet Hesekiel folgendes wissen: „… *loderndes Feuer, und Glanz war rings um sie her und mitten im Feuer war es wie blinkendes Kupfer: Und mitten drin war etwas, wie vier Gestalten, die waren anzusehen wie Menschen. Und jede von ihnen hatte vier Angesichter und vier Flügel. Und ihre Beine standen gerade, und ihre Füße waren wie Stierfüße und glänzten wie blinkendes, glattes Kupfer. Und sie hatten Menschenhände unter ihren Flügeln an ihren vier Seiten; die vier hatten Angesichter und Flügel. Ihre Flügel berührten einer den andern: Und wenn sie gingen, brauchten sie nicht umzuwenden; immer gingen sie in der Richtung eines ihrer Angesichter. Ihre Gesichter waren vorn gleich einen Menschen und zur rechten Seite gleich einem Löwen bei allen vieren und zur linken Seite gleich einem Stier bei allen vieren und hinten gleich einem Adler bei allen vieren. Und ihre Flügel waren nach oben hin ausgebreitet; je zwei Flügel berührten einander, und mit zwei Flügeln bedeckten sie ihren Leib. Immer gingen sie in der Richtung eines ihrer Gesichter, wohin der Geist sie trieb; sie brauchten im Gehen sich nicht umzuwenden".* Das war ein Wiederholungstraum des Propheten, der sich nach der ersten Sichtweise in sein Hirn eingebrannt hatte.

Diese Engel müssen besondere Schönheiten mit außergewöhnlichen Fähigkeiten gewesen sein. Zwar konnten sie nicht gleichzeitig in vier Richtung gehen, auch nicht fliegen, aber in allen vier Richtungen gleichzeitig sehen, was sicher ein großer Vorteil war -, beim Fliegen, wie im Stehen. Sie hatten eine „Rundumsicht", was auch der eigenen Sicherheit diente.

Man fragt sich beim Lesen dieses „Gottes-Wortes", wie Blau muss der „Prophet" Hesekiel gewesen sein, als er solche Engel-Gestalten gesehen hat – und keine Skrupel hatte, dies niederzuschreiben? Und welche Gehirnregionen aktivieren unsere „Berufenen", wenn sie uns diesen Bibelzauber als Wort Gottes unterjubeln wollen.

Was man im „Buch der Bücher" uns alles erzählt – als Inspirationen durch einen Gott! Nur schade, dass diese himmlischen Gewächse nicht gleichzeitig in vier Richtungen gehen und fliegen konnten. Das würde gut in die Rubrik Wunder passen.

Vermutlich war der Prophet Hesekiel Alkoholiker. Denn an Weisheiten lässt er uns bei 10;9 -897- weitere Schlauheiten erfahren bis zum Kapitel 2.

Hesekiel muss den Traum öfter geträumt haben – mit Variationen. Nun, wenn es kein Alkohol war, dann vermutlich Altersdemenz. Zur Zeit der Bibel-Entstehung wurden die Menschen ja uralt. Da konnte sich schon Verwirrtheit einschleichen. Bewundernswert allerdings die Fähigkeit, solche Delirien niederzuschreiben. Man könnte die Prophetie des AT auch als religiösen Humor titulieren.

Solche „Wahrheiten" verkauft uns der Klerus als Wort Gottes. Vermutlich gehen die Kleriker davon aus, das liest eh niemand. Denn so etwas als „Wort Gottes" zu postulieren, ist ein starkes Stück an Zumutung! Aber man mutet uns ja auch eine ewige Jungfrau zu.

Im Himmel sind alle Engel, erklärte unser Pfarrer in einem so genannten Abend für „Erwachsenenbildung". Und enttäuschte damit Ehepaare, die aufgrund ihres harmonischen Zusammenlebens über vierzig Jahre zufrieden waren. Sie hatten geglaubt, im Himmel als Ehepaare weiter existieren zu können. Sinngemäß sagt Jesus über die Toten bei Lk 20;36 -106- *„Sie können auch hinfort nicht sterben; denn sie sind den Engeln gleich und Gottes Kinder, weil sie Kinder der Auferstehung sind:"* Wollen wir hoffen, wenn wir dereinst in den Himmel kommen, dass wir nicht Engel-Schönheiten mit vier Gesichtern, vier, oder auch sechs Flügeln, werden, wie die oben beschriebenen. Unsere ehemaligen Ehepartner würden wir gar nicht erkennen!

Es gibt Fragen über Fragen. Am bescheidensten wäre es, einfach zu glauben, die anderen für einem denken zu lassen. Wird schon richtig sein, was sie äußern. Sie haben es zu verantworten, wenn man dereinst im Himmel zur Rechenschaft gezogen wird. So könnte man glücklich zufrieden durchs Leben gehen: Einfach alles hinnehmen! Manche tun das ja. Bei irdischen Gerichten, die Menschen aburteilen, gilt allerdings die Prämisse Unwissenheit (Dummheit) schützt vor Strafe nicht.

Es wäre der Homo sapiens wohl nicht entstanden, wenn er sich nicht Fragen gestellt hätte; die einfachsten, zu Beginn seines primitiven

Lebens. Er würde heute noch, sich von Baum zu Baum schwingen, die Banane als Lieblingsspeise verzehren.

Haben wir Derzeitigen Glück, dass unser Ursprung in Ackererde gründet, auch wenn wir deshalb mit einer Erbsünde belastet, auf die schöne Welt kommen. Das „Sakrament" der Taufe erlöst uns ja von dieser Last, was wir, zumindest in Deutschland, mit Kirchensteuer im Erwachsenenalter ein Arbeitsleben lang honorieren. Ein langer Dank für Erbsündenbefreiung!

Hat Gott die Ruhe weg und beobachtet alles interessiert? Wirklich? Bei all der Selbstgefälligkeit und Selbstsucht, die wir aus der Bibel erkennen? Oder ist es nicht so, dass nicht aufbegehren kann, wem es nicht gibt? Es zeigt sich zum wiederholten Male, ER, der HERR, ist eine menschliche „Schöpfung". Eine, wenn nicht sogar die beste Erfindung der Menschheit! Denn eine bessere „Allzweckwaffe" hat das Menschengeschlecht nicht hervorgebracht, obwohl es sich eine Waffen strotzende Erde geschaffen hat. Leicht könnte es sich mit diesen tödlichen Werkzeugen vergänglich machen – was der Erde gut bekommen würde!

Haben Gebete schon etwas bewirkt? Beim Anflehen wegen Krankheiten, Armut oder aus sonst einem Grunde? Und das weltweit, täglich, rund um die Uhr! Gar um Kriege zu vermeiden, mit Hilfe der allerhöchst geweihten Spezies? Meist ergehen Hilferufe an die Hilfskräfte im Himmel, an „Heilige", „Märtyrer", gerne an die so genannte „Gottesmutter" Maria. Gewiss gibt es hier „Überzeugungen" für erbrachte Hilfe. Wenn nicht, dann ist es Gottes unerklärter Wille, wenn ER nicht hilft. Aber sind es nicht Einbildungen, die nur das Glauben bestärken? Oder weil es auch Zufälle gibt?

Beten hilft der eigenen Psyche. Man hat was getan – und wartet auf übernatürliche Hilfe. **Beten ist geistige Selbstbefriedigung**! Oder stimmt etwa gar, was bei Spr. Salomos 28,26 -739- steht: *„Wer sich auf seinen Verstand verlässt, ist ein Tor.*

Weiß Gott nicht alles?

Weiß Gott wirklich alles? Vermutlich nicht. Und eine eigene Lockig hat die Bibel ebenfalls, weil die Abfassungen oft rätselhaft sind. Es wird in Singular und im Plural gleichzeitig in einem Satz gesprochen, vermutlich, um nicht eindeutig zu werden. Betrachten wir bei 5Mose 13;4 -224-, wo es im Kapitel für Strafe von falschen Propheten und Verführer zum Götzendienst geht. Da lässt Gott wissen: *„Wenn ein Prophet oder Träumer unter euch aufsteht und dir ein Zeichen oder Wunder ankündigt und das Zeichen oder Wunder trifft ein, von dem er dir gesagt hat und er spricht: Lass uns andren Göttern folgen, die ihr nicht kennt, und ihnen dienen, so sollst du nicht gehorchen den Worten eines solchen Propheten oder Träumers, denn der HERR euer Gott versucht euch, um zu erfahren, ob ihr ihn von ganzen Herzen und von ganzer Seele lieb habt."*

Der HERR, der angeblich alles weiß, der auch alles erschaffen haben soll, muss seine Untertanen immer wieder prüfen, ob sie ihn denn lieben und folgen. Von *„ganzem Herzen und von ganzer Seele"*, will er geliebt werden. Was ist das für ein fragwürdiger Gott? Bei Abraham weiß er auch nicht, ob der seinen Sohn schlachten würde, um IHM seine Liebe zu erweisen. Dann will er auch noch *„von ganzen Herzen und ganzer Seele"* gefeiert werden. Welch ein kleinkarierter Gott wird hier beschrieben? Eindeutig das Produkt von Schriftstellern, aber nicht ein „Wort Gottes"! Propheten waren Schriftsteller.

Kann man einen universellen Gott sich so vorstellen? Ein Geschöpf, das alles erschaffen hat, was ist? Einen „allwissenden" Gott, der immer wieder prüfen muss, ob man ihm anhängt und massiv liebt? Ist das alles nicht weit hergeholt?

Wir erkennen einen Gott, der nicht alles weiß und einen Allwissenden. Was ist denn nun richtig? Richtig ist, diesen Biblischen Gott gibt es in Wirklichkeit nicht. Er ist ein menschliches Produkt, das sich der angeblich von Gott erschaffene Homo sapiens selbst erschaffen hat. Dieser Gott ist sein wichtigster „Gebrauchsgegenstand", auch wenn das die Kleriker nicht hören und wahrhaben wollen. **Sp**rüche Salomos: (wie bemerkenswert ehrlich, diese Bezeichnung) lassen uns bei 5;21-720- wissen: „*Denn eines jeden Wege liegen offen vor dem HERRN, und er hat acht auf aller Menschen Gänge*". Er kennt alles, muss sich aber immer wieder überzeugen, ob er denn geliebt wird – „*von ganzen Herzen*". Selbstbewusst ist dieser Gott nicht! Und wenn er auf alles acht hat, scheint er doch nicht auf alles zu achten.

Dieser Salomos Spruch ist Wasser auf die Mühlen jener, die von „Vorbestimmung" schwadronieren. Sie liefern damit jedem Verbrecher, Mörder, allen Kriegstreibern, Diktatoren, Mafiabossen und politisch krummen Kreaturen einen Freibrief. Der Spruch, die gleiche Weisheit, wie: „Nichts geschieht, wenn Gott es nicht will". Welch biblische Klugheit – welche Fehl-Formulierungen!

Dazu passen weitere Sprüche (eine ehrliche Formulierung) Salomos, wie „*Jedermanns Schritte bestimmt der HERR*": Spr. 20;24 -732-.

Gott weiß angeblich alles, wie uns seine Prediger immer wieder wissen lassen. Nichts ist ihm unbekannt, nichts geschieht ohne seinem Willen. Dennoch muss er immer wieder testen, ob „seine" Menschen ihn lieben, „*von ganzem Herzen*", usw. Welch kluge menschliche Dichtkunst! Das Alte Testament ein literarisches „Kunstwerk", dessen Absicht voll danebengeht und trotzdem als „göttlich" gepriesen wird – was einem nur wundern kann. Zumindest in der heutigen, aufgeklärten, Zeit. Die Kleriker, die alles wissen, sollten es in den Reißwolf geben. Das werden sie aber mit Sicherheit nicht tun, weil schon der bedeutende deutsche Kirchenkritiker („Kriminalgeschichte des Christentums") Karlheinz Deschner gewusst hat:" Ein Pfaffe hat auf alles eine Antwort", in: „Abermals krähte der Hahn".

Bei Sprüche Salomos: 16;9-728- lesen wir: „*Des Menschen Herz erdenkt sich seinen Weg; aber der HERR allein lenkt seinen Schritt.*"

Da weiß der HERR wieder über jeden Schritt Bescheid, lenkt sogar die Ereignisse. Er weiß wieder alles! Beim Autofahren wird er das Steuer in der Hand haben. Hier darf er von Glück reden, wenn er bei einem Verkehrsunfall nicht zur Rechenschaft gezogen wird. Könnte ja sein, ein Chauffeur beruft sich auf ihn, weil er nicht erklären kann, wie es zu seinem Unfall gekommen ist. Denken wir dabei an den Spruch: „*So wahr mir Gott helfe.*"

Wie hilflos sind wir Menschen doch. Sind wir Gottes Marionetten? Vermutlich! Wenn ER alles lenkt! Müssen wir alle dereinst ins Para-

dies kommen, weil wir für nichts verantwortlich sind. Danke, lieber Gott -, wenn es dich gibt!
Aber wozu braucht der Glaube dann ein Fegefeuer oder eine Hölle? Sind das nicht „Einrichtungen" die unnötig sind? Sie sollen aber Angst schüren, gleichzeitig Hoffnung machen und sind dennoch wertlos. Aber nein; die Prediger der Weisheiten gehen hoffnungsvoll davon aus, die Schäflein werden schon nicht nachdenken und das Ganze in Frage stellen.
In der Neuzeit, also im Neuen Testament, wird uns ebenfalls erzählt, wie umsorgt wir sind vom HERRN. Bei Mt 10;29 -15- erfahren wir, beim Kauf von zwei Sperlingen (bei Lk 12;6 -92- sind es fünf Sperlinge) wird keiner von denen auf die Erde fallen, *„ohne euren Vater"*. Bei Spatzen ist das sehr glaubhaft: die würden sofort davonfliegen! Es könnte auch sein, dieser Spruch soll ein Witz sein -, denn Vögel fallen nicht auf die Erde, wenn ihre Flügel ok sind, oder der plötzliche Tod der Grund dafür ist.
Auch unsere *„Haare auf dem Haupte sind alle gezählt"*: (Mt 10;30 -15- und Lk. 12;7 -92-). Das ist die veränderte Version aus dem Alten Testament, wo es heißt: *„nichts geschieht, wenn Gott es nicht will..."*. Ähnliches lesen wir auch bei: **Korinther**7;7 -208-: *„ein jeglicher hat seine Gabe von Gott, einer so, der andere so.*
Paulus Brief an die **Röm**er zeigt, auch er ist vom „Dirigismus" Gottes überzeugt und schreibt bei 9;16-195-: *„So liegt es nun nicht an jemandes Wollen oder Laufen, sondern an Gottes Erbarmen"*. Das ist **Schwärmerei** eines Fans, würde man heute sagen. In dem Brief an die Korinther schreibt er entsprechend: *„"Ein jegliche hat seine Gabe von Gott"*. Und bei Hiob 34;11-590- erfahren wir zum gleichen Thema: *„Gott trifft jedem nach seinem Tun"*. Und bei **Jere**mia 10;23-829- heißt es: *„Des Menschen tun liegt nicht in seiner Gewalt."* Das sind unüberlegte Sprüche von Schwärmern, die ihr Subjekt groß machen wollen, sich dabei aber lächerlich machen in ihrer Narrheit beim Stilisieren.
Welch ein Machwerk ist das AT! Darauf berufen sich „Berufene". Warum? Weil es ihnen ein „gottgefälliges" Leben ermöglicht. Sie leben schon den „Himmel auf Erden", genießen ihr sorgloses Dasein und nehmen sich heraus „ihren Schäflein" zu sagen, wo es lang zu

gehen hat. Selbst fürchten sie kein „jüngstes Gericht", für ihr Sündigen und den „armen im Geiste" und Materiellen, versprechen sie ein besseres Leben „nach dem Tode", wofür, wie schon angemerkt, es nicht den geringsten Beweis gibt!
Diese „Weisheiten" der Propheten (Schriftsteller) weisen auf Schwärmerei und Verliebtheit hin, ihre eigene Glaubensbereitschaft so leidenschaftlich anderen anzudienen, um es diesen nach ihrer eigenen Anschauung einzuflüstern. Man ist dann auch nicht mehr allein mit seiner „Überzeugung" und fühlt sich selbst bestätigt. So macht man aus Mücken Elefanten.
Dann lesen wir aber bei Jesaja 55;8 -805-: *„Denn meine Gedanken sind nicht eure Gedanken, und eure Wege sind nicht meine Wege, spricht der HERR, sondern so viel der Himmel höher ist als die Erde, so sind auch meine Wege höher als eure Wege und meine Gedanken als eure Gedanken."* Da spricht wieder ein Gernegroß. Ein Schriftsteller! Gewiss haben mehrere an der Bibel „gedreht", um etwas Konfuses zu kreieren, ohne dass es ihre Absicht war. Der Grund dafür: All die in der Bibel beschriebenen Geschehnisse wurden nicht gleichzeitig, sondern in unterschiedlichen Abständen erdacht und entwickelt, zusammengefügt, ohne das Ganze im Blickfeld zu haben.
Im weiteren Verlauf von *„Gottes wunderbarem Weg"* lässt uns dieser Biblische Absatz erkennen, dass wieder nichts ohne des HERRN Wille geschieht. **Jes**aia 55;11 -805-: *„... so soll das Wort, das aus meinem Munde geht, auch sein: Es wird nicht wieder leer zu mir zurückkommen, sondern wird tun, was mir gefällt, und ihm wird gelingen, wozu ich es sende."* Auch hier wieder der Anspruch, nichts geschieht, ohne Gottes Wille. Da kann er auf die Menschheit, wenn man ihre Geschichte betrachtet, nicht stolz sein – auf sich selbst auch nicht. IHM ist mit „der Menschwertung" ein Missgeschick widerfahren. Seine Prediger versuchen es täglich mit ihren Auslegungen ungeschehen zu machen.
Lesen wir nicht beim Propheten Jeremia 23;11-842-: *„Denn Propheten wie Priester sind ruchlos; auch in meinem Hause finde ich ihre Bosheit, spricht der HERR.".* Welch eine Erkenntnis des HERRN auf seine Diener! Weiter heißt es bei Jer 23;15 -843-: *„Darum spricht der HERR Zebaoth über die Propheten: Siehe, ich will sie mit Wer-*

mut speisen und mit Gift tränken; denn von den Propheten Jerusalems geht das ruchlose Wesen aus ins ganze Land." („Mein Gott": bei den Moslems gilt Jesus als Prophet!)

Zur „Schriftstellerzeit" der Bibel gilt all das Geschriebene vermutlich nur für Israel, für die Juden. Über den Tellerrand konnten diese „Propheten" nicht hinausschauen. Bei dem heutigen Schlamassel dort, könnte man allerdings glauben „die Bibel hat recht".

Da fällt auf, der HERR will seine Propheten und Priester *„mit Gift tränken"*. Ich frage mich in meiner „Bösartigkeit", warum hat er es nicht getan, vergessen oder war das Gift zu schwach dosiert?

Auch bei diesem Propheten weist Gott auf seine Größe hin, wie ein kleiner Angeber: Da sagt er bei Jeremia 23;24 -843-: *„Meinst du, dass sich jemand so verbergen könnte, dass ich ihn nicht sehe? spricht der HERR. Bin ich es nicht, der Himmel und Erde erfüllt? spricht der HERR"*. Da haben wir wieder den Anspruch auf Größe – und unbeabsichtigt den Hinweis auf schriftstellerische Schauspielgestaltung.

Hat es diese Zeit überhaupt gegeben, in der ein Gott, der irgendwo im riesigen Universum zu Hause sein soll, sich mit den Menschen – und den Tieren – unterhalten hat? Das kann selbst ein einfach gestrickter Mensch nicht für bare Münze nehmen. Vermutlich muss man ein Intellektueller sein und Jahre studiert haben, um das zu „begreifen".

NT Jesus

Den Namen Jesus hat wohl jeder schon mal gehört. Was dahinter steckt, hinter dieser Person, wissen wohl die allermeisten. Selbst Mohammedanern dürfte er geläufig sein. Gilt er bei ihnen doch als ein Prophet. Wir Christen haben ihn im Schulunterricht, sicher schon im Elternhaus und Kindergarten „kennen" gelernt. Uns wurde erzählt, er sei der Sohn Gottes. Jener universellen Größe, die Himmel und Erde erschaffen hat. Die Menschen, Pflanzen und alles was kreucht und fleucht. Ja, das ganze unermesslich große Weltall habe er entstehen lassen. Dabei soll dieser Gott aussehen wie ein Mensch -, denn er hat diesen nach seinem Ebenbilde gestaltet: 1Mose 1;27 -16-: *„Und Gott schuf den Menschen zu seinem Bilde, zum Bilde Gottes schuf er ihn."* Und: 1Mose 2;7 -16-: *„... da macht der HERR den Menschen aus Erde vom Acker und blies ihm den Odem des Lebens in seine Nase."*

Damit aber nicht genug, ist dieser „Gottes Sohn" Jesus in der Darstellung der Kleriker, denen er seine Größe zu danken hat, ein Tausendsasa, der zur selben Zeit überall ist – aber nirgend wo gesehen wird. Das ist das Wunderbare an ihm – dass er selbst ein Wunder ist.

Trinität

Es ist ihm alles möglich, laut Diktion der „geweihten" HERREN und Lk 1;37 -71-: *„Denn bei Gott ist kein Ding unmöglich."* Sie berufen sich auf ihn rund um die Uhr, wissen wie niemand sonst alles über ihn – und seinem Vater, der er in der so genannten **Trinität** wiederum selbst ist. Das ist ein Phänomen. Die Trinität ist ein ganz dicker Fisch im Glaubensgeschäft. Drei sind Eins: GOTT. Das muss man glauben – können.

Aber – kann das auch sein? Dieser Jesus, der in der Trinität Gott selbst ist, wird an seinem Lebensende grausam gekreuzigt. Gekreuzigt werden, ist einer der schlimmsten Arten der Tötung. Und warum wird er so elendig hingerichtet? Laut Prediger Fassung, weil ein universeller Gott, der alles erschaffen hat, damit der Menschheit (vor allem den Gläubigen), zeigen will, wie sehr er sie liebt – diese Menschen. Aus diesem Grunde lässt er seinen einzigen (?) Sohn hinrichten. Was für ein „lieber" Gott, der angeblich alles hat entstehen lassen. Bei Johannes 10;30 -129- lässt uns dieser Jesus aber wissen: *„Ich und der Vater sind eins."* Darauf gründet sich vermutlich die Trinität. Im Internet findet sich über diese Besonderheit mehrere Ansichten. Jedenfalls sagt einem der Verstand, Drei können niemals EINER sein – und umgekehrt ist es auch nicht möglich!

Zurück zu Jesu Tod am Kreuz: Hätte einen universellen Gott bei seiner Größe und seinen Möglichkeiten nicht etwas Klügeres einfallen können, um die Menschen von sich zu überzeugen? Aber, ach! Im Alten Testament kann dieser Gott ja nicht genug Blut sehen, von Opfern, die ihm immerzu dargebracht werden sollen. Er kann halt beim „eigenen" Sohn auch nicht anders.

Kann man die Liebe zu den Menschen, die man „erschaffen" hat, am überzeugendsten damit zum Ausdruck bringen, wenn man den eigenen Sohn grausam töten lässt? Was ist das für ein Vater?

Würden Sie eines ihrer Kinder töten und behaupten, sie hätten es aus Liebe zu ihren Mitmenschen getan, würden sie ihr Leben lang in der Psychiatrie schmoren, weil sie als gefährlich eingestuft würden.

Im Glauben ist solch eine Darstellungsweise „verständlich" (?)

Am Kreuze fleht Jesu bei, Mk. 15;34 -68-: *„Mein Gott, mein Gott, warum hat du mich verlassen?"* Wenn das mit der Trinität Wirklichkeit wäre, dann hätte sich Jesus selbst verlassen. Welch eine Forderung ist das an den menschlichen Verstand, das für bare Münze zu nehmen und zu „glauben"? Wird da nicht zuviel verlangt??

Da lesen wir weiter in der Bibel, dem „Wort Gottes" bei Markus 14;36 -66-: wo Jesus mit seinen Jüngern im Garten Gethsemane seinen Tod erwartet und betet: *„Abba, mein Vater, es ist dir alles möglich; nimm diesen Kelch von mir; doch nicht was ich will, sondern was du willst"* (geschehe.) Er betet zu sich selbst. Das zu verkraften, dafür ist ein starker Glaube notwendig. Denn in der Trinität ist Sohn Jesu Gott selbst. **Aber ach:** zu der Zeit war die Trinität noch gar nicht erfunden!

Also: Jesus hat seine große Bedeutung im Christentum den Geistlichen dieser Kirche zu verdanken, die er laut deren Darstellungsweise gegründet haben soll. Er weiß das allerdings nicht, weil er vorher verstorben ist. Er soll am dritten Tag nach einem schlimmen Kreuzestod wieder auferstanden sein: Mt. 28;1 -44-. Was aber niemand gesehen hat. Sein Grab war leer, als man den Toten besuchen wollte. Ein großer Stein, der die Grabeshöhle versperrte, den wegen seines Gewichtes ein Mensch allein nicht hätte beseitigen können, schob ein Engel, der vom Himmel kam (scheinbar lässig), beiseite, so dass *„Maria Magdalena und die andere Maria"*, ins Grab konnten: Mt. 28,1 -44-.

Um dem Ereignis mehr Bedeutung zu verleihen, ereignete sich gerade zu der Zeit ein Gewitter. Theaterdonner, gewissermaßen: Schriftsteller Dramatik. Die Erscheinung des Engels wurde von einem *„Blitz"* begleitet und *„sein Kleid war weiß wie Schnee"*. Ein Bühnendichter muss diese Zeilen verfasst haben, mit *„Blitz* und *Gewitter"* – um dem Vorgang mehr Größe zu verleihen.

Die religiösen Wissenschaftler rätseln heute noch, über die „Auferstehung". Neutrale Wissenschaftler werden sicher nicht über die **„Auferstehung"** grübeln. Sie halten sich an Fakten. Denn nach physikalischen Erkenntnis bleibt Tot auch tot. Auch der Herr Jesus, der angebliche Sohn Gottes, ist nicht wirklich auferstanden.

Allerdings in der Literatur und bei den Predigern dieser Geschichte, schon. Es ist eine Geistes-Auferstehung. Sie soll Gläubige beeindrucken und den Lebensunterhalt des Klerus sichern. Der positive Effekt dabei: In Deutschland hat der Himmelfahrtstag des Herrn Jesus den Arbeitern und Angestellten einen Feiertag beschert. Den bezahlt ihnen aber nicht die heilige Kirche, sondern die Arbeitgeber, die das „Honorar" für diesen Tag im Lohngefüge für das Jahres-Entgelt berücksichtigen.

Allerdings sei dazu angemerkt: In der Apostelgeschichte (Apg) 2;32 -147-) lügt der Heilige Petrus, der zu dieser Zeit noch kein Heiliger war: *„Diesen Jesus hat Gott auferweckt; des sind wir **alle** Zeugen."* Obwohl die „Auferstehung niemand gesehen hat, faselt Petrus in seiner Schwärmerei für Jesus doch davon. Bei Apg: 3;15 -148- (etwas später) mildert er aber ab und sagt: *„… des sind **wir** Zeugen".* Schwärmerei erfindet sich immer wieder neu.

Nach Diktion der Priester, ist Jesus als körperliche Person in den Himmel aufgefahren. Wie gesagt, einen Feiertag hat uns das in Deutschland eingebracht.

Nationen, wie die USA oder Russland, benötigen Tonnen von hochexplosiven Treibstoff, um die Erdanziehungskraft zu überwinden, um irgendein Ziel im unermesslich großen Kosmos zu erreichen. Allerdings darf man nicht vergessen, Jesu war ein Leichtgewicht, gegenüber den tonnenschweren Raketen der Russen und Amerikaner. An die Absolute Kälte im All wollen wir mal gar nicht denken. Jesus hat das ohne großem Federlesens und jeden körperlichen Schutz, gewissermaßen im Hau-Ruck-Verfahren, geschafft. Allerdings hat ihn auch dabei niemand gesehen, wie beim „Auferstehen" von den Toten. Das ist das Bemerkenswerte.

Vergleichen wir unseren christlichen Glauben mit dem der Moslems, müssen wir ins Grübeln kommen. Deren **Prophet Mohammed** war rund sechshundert Jahre nach Jesus noch genialer, als dieser. Er zog mit Pferden und Kutsche, in der er bequem sitzen konnte, in den Himmel. In einer Kutsche, auf der sicher langen Reise, ist das schon bequemer, als (vermutlich) im Stehen, wie Jesus. Es sei denn, der Weg des lieben Herrn Jesus war kürzer gewesen, als der des Herrn

Mohammed. Allerdings werden die beiden Himmelsfahrer im luftleeren Raum des Alls nicht tief durchgeatmet haben.

Mohammed musste, um den christlichen Glauben zu übertreffen, mit Kutsche und Pferden in den Himmel auffahren, sonst wäre es nichts Besonderes gewesen – wer Neues schaffen will, muss sich deutlich vom Alten abgrenzen! Über die Muselmann-Geschichte lächeln wir Christen ungläubig: Wie können die so etwas glauben? Unser Märchen nehmen wir als Realität, die uns sogar einen Feiertag beschert hat!

Da können sich die ungläubigen Russen und Amerikaner, bei allem technischen Fortschritt, ein Beispiel an den Herren von Antike und Mittelalter nehmen.

Der „liebe Herr Jesus", den man uns predigt, dessen Eigenschaften gepriesen werden, über den grünen Klee, gewissermaßen, hält man uns als Vorbild vor, dem es nachzueifern gilt. Dabei ist nicht zu vergessen, wir können uns in jeder Situation vertrauensvoll an ihn wenden. Denn: seine Hilfe wird gepriesen. Sein Vorbild ebenfalls, als das er uns von den Klerikern beschrieben wird. Und überall soll er auch gleichzeitig sein. Nur – man merkt ihn nicht!

Jesus katholisch?

Bei guten Katholiken habe ich die Frage gestellt, ob Jesus katholisch war oder evangelisch. Wie aus der Pistole geschossen, sagte eine „praktizierenden Katholikin": „Katholisch". Was sagt uns das? Gute Katholen verinnerlichen, was ihnen ihre Priester suggerieren, ohne nachzudenken. Das Schulwissen ist im Alter längst vergessen. Sie hören die Geschichte um Jesus immer wieder in ihren Gotteshäusern. Neben der Berieselung von der Kanzel werden keine Fragen gestellt, kritische schon gar nicht. Solche Fragen sind auch nicht gefragt. Es wird alles hingenommen. Schön! Man glaubt! Eine Frau, Gattin eines Verwandten von mir, sagte: „So haben wir es gelernt, dabei bleiben wir". Schön! Man wird doch nicht nachdenken! Das Hirn kann man auch nur zum Glauben gebrauchen.

Betrachten wir uns einmal Jesus, diesen Tausendsassa, der jederzeit überall ist und nirgends gesehen wird. Dessen Wiederkommen die Kleriker heute in den Kirchen predigen.

Wir lesen bei Lk: 12;49 -94-: (Jesus): *„Ich bin gekommen, dass ich ein Feuer anzünde auf Erden; was wollte ich lieber, als dass es brennte schon! Aber ich muss mich zuvor taufen lassen mit einer Taufe, und wie ist mir so bange, bis sie vollendet werde. Meint ihr, dass ich hergekommen bin, Frieden zu bringen auf Erden? Ich sage: Nein, sondern Zwietracht. Denn von nun an werden fünf in einem Hause uneins sein, drei wider zwei..."*

Ist das nicht ein wundervoll gehässiger Jesus (Gottes Sohn?), der da beschrieben wird? Einer, den man nacheifern, der einem in allen Dingen Vorbild sein soll? Den man verehrt und anbetet, dem man beim Winseln um göttliche Nachsicht anbettelt bis zur Selbstaufgabe? Das alles will man uns als „Wort Gottes" unterjubeln. Funktioniert nur, wenn wir gedankenlos glauben, den Glauben über das Wissen stellen. Nachdenken ist nicht gefragt.

Dieser Jesus, der über alles gepriesen wird, der überall ist und nirgends gesehen wird, soll Vorbild sein, für alle Menschen. Er will keinen Frieden, sondern Zwietracht bringen. Ein wirkliches Idol! Dann graut ihm auch noch vor seiner Taufe. Allerdings, zu seiner

Zeit konnte er gar nicht aufs Christentum getauft werden, weil für die Taufe aufs Christentum erst später er der Grund geworden ist. Oder graute ihm deshalb?

Nur ein Beispiel: im Alten Testament: Auge um Augen, Zahn um Zahn: 2 Mose 21;24 -98- -und 3Mose 24;20-153 Das ist mitunter zum Selbsterhalt notwendig. Im Neuen Testament, Mt. 5;39:-8-: „*...wenn dir jemand einen Streich gibt auf deine rechte Backe, dem biete die andere auch dar."* (Bergpr) Pazifismus pur! Aber dann erklären, er sei gekommen um **Zwietracht** zu bringen. Was ist das für ein „göttlicher" Mensch, der „Gottes Sohn"? Oder auch „Menschensohn" genannt (was der Wahrheit entspricht). Haben die Schriftsteller wieder geschlampt? Mit der Einstellung „rechte Backe, linke Backe", wäre ein langes Leben auf Erden nicht möglich

Allerdings hat dieser liebe Herr Jesus auch mehr schwarze Seiten, als die oben angeführte. Die hört man nicht von den Klerikern.

Was lesen wir bei Matthäus 18;6 -26- für Jesus Worte: „*Wer aber Ärgernis gibt einem dieser Kleinen, die an mich glauben, dem wäre besser, dass ein Mühlenstein an seinem Hals gehängt und er ersäuft würde, im Meer, wo es am tiefsten ist."* Das ist Größenwahn pur! Wer nicht von diesem Jesus überzeugt ist, wie man Kinder „überzeugen" kann, soll elendig ersäuft werden, „*Im Meer, wo es am tiefsten ist".* Wie gehässig, der Gottessohn, wenn ihm nicht alle Achtung zuteil wird. Hat man schon im AT gelesen, wo sein „Vater" ähnlich empfindlich ist. Allerdings: der Apfel fällt bekanntlich nicht weit vom Stamm – es wird auch hier so sein. Zumindest in der Theorie – oder besser: der Theologie.

Im tiefsten Meer versenken, damit ja nicht die geringste Chance besteht, dass einer wieder hochkommt, weil er Grund unter den Füßen spürt. Ein echtes Vorbild, der Herr Jesus (*entsprechend Markus 9;42 -52- und Lukas 17;2 -100-).*

Dabei sagt dieser „göttliche" Jesus bei Lk 17;1-100- zu seinen Jüngern: „*...es ist unmöglich, dass nicht Ärgernisse kommen; weh aber dem, durch welchen sie kommen!* Ja, und besonders *weh*e, wenn ein Gott sich ärgert.

Jesus möchte alle als unschuldige Kinder sehen und wer nicht so ist wie sie: ab mit Mühlenstein um den Hals, ins tiefe Meer. Welch einen grausamen Tod wünscht er jenen an den Hals, die nicht unschuldig sind, wie kleine Kinder. Glaubt dieser „Gottessohn" ernsthaft, erwachsene Menschen bleiben unschuldig, wie Kinder? Welch eine Bildung steckt hinter solcher Lebensweisheit? Oder besser: was hat sich der Schriftsteller Lukas dabei gedacht, bei seiner **Glorifizierung** für den „Gottes Sohn?

Ein Erstickungstod ist ein schlimmes Sterben. Bei diesem Ausspruch kann man wirklich glauben, er ist der Sohn des Gottes, den das Alte Testament verherrlicht. Der zürnt und grantig wird, wenn der Glaube an ihm fehlt, wenn ihm nicht unterwürfig gehuldigt wird.

Jesus, auch einer, dem es anscheinend am nötigen Selbstvertrauen mangelt, wie politischen Despoten, die alles unter ihre Knute zwingen wollen, um sich ihrer Größe sicher zu sein. **Aber, ach**: Ist Jesu in der Trinität nicht Gott selbst?

Weiter bei Mt. 18;8 -26-: *"Wenn aber deine Hand oder dein Fuß dir Ärgernis schafft, so haue ihn ab und wirf ihn von dir. Es ist dir besser, dass du zum Leben lahm oder als ein Krüppel eingehest, als dass du zwei Hände oder zwei Füße habest und werdest in das ewige Feuer geworfen".* Welche Vorstellung hat der Mann? Oder genauer, dieser Schriftsteller Matthäus.

Wenn ich mich nach der Bibel richten würde, würde mir mindestens ein Fuß und eine Hand fehlen, weil ich wegen „Ärgernis" mit der Gicht längst Invalide wäre. Der „Gichtpriester", den ich kannte, ist bis an sein Lebensende auf beidem Füßen herumgelaufen – trotz „Ärgernis" mit diesen. „Geweihte" richten sich auch nicht streng nach ihrer Bibel.

Auf der einen Seite will dieser Jesus verständlich machen, dass es Ärgernis geben muss (warum auch immer), auf der anderen soll man sich deshalb selbst zum Krüppel machen, um auf fremde Hilfe angewiesen zu sein. Welch eine Logik! Ganz sicher ist das auch wieder nur symbolisch und bildhaft gemeint. Vermutlich weil der Herr Jesus sich nicht besser auszudrücken verstand. Zum besseren Nachdenken kann es anscheinend auch anregen. Radikalität und überhöhtes ICH-Denken wird natürlich ausgeschlossen.

Hat ein Gott, ein Gottessohn, der laut Trinität ja Gott selbst ist, so wenig Selbstwertgefühl, dass er sich darüber mokiert, wenn ihm nicht in den Hintern gekrochen wird? Auch will er hier geliebt sein, wie ein Despot. Allzu menschliche Reaktionen sind das. Sie lassen auch Jesus als rein menschliches Wesen erkennen, behaftet mit menschlichen Schwächen – vergöttlicht wurde er erst nach seinem Tod.

Bei Jesus können wir davon ausgehen, was über ihn geschrieben steht, wurde niemanden vom „lieben Gott" eingeflüstert. Es soll Geschichtsschreibung sein. In „Abermals krähte der Hahn" von Karlheinz Deschner lesen wir, der bekannteste Geschichtsschreiber der damaligen Zeit hat von Jesus keine Notiz genommen, trotz dessen „Wundertaten". Weshalb er (Deschner) daraus schließt, Jesus war nicht die Größe, die ihm seine Prediger im Laufe der Jahrhunderte haben zukommen lassen. Übrigens: Deschners Feststellungen konnten bisher nicht widerlegt werden.

Auch bei Lukas 14;26 -97-: lesen wir von einem „Gottes-Sohn", der nicht mehr Einbildung und Größenwahn verkörpern könnte. Da heißt es: *„So jemand zu mir kommt und hasst nicht seinen Vater, Mutter, Weib, Kinder, Brüder, Schwestern, auch dazu sein eigen Leben, der kann nicht mein Jünger sein."* Ist noch mehr Selbstüberschätzung möglich? Man könnte es auch **Größenwahn** nennen. Um ihm nachzulaufen, soll man die ganze Verwandtschaft hassen – und sich selbst? Geht es nicht mit noch weniger Verstand? Das alles soll ein „Gottes-Sohn" gefordert haben? Ist das nicht wieder schriftstellerische Dramaturgie, die einen angeblichen Sohn Gottes zu was Außergewöhnlichen stilisieren will, für dem man alle Angehörigen der eigenen Gehässigkeit ausliefert? Ein dicker Hund! Und so etwas verklickert man uns als „Wort Gottes". Ist das nicht Gotteslästerung von Leuten, die einen Gott huldigen wollen?

Allerdings ist anzumerken, im Laufe der christlichen Geschichte ist auch hier „geschönt", „nachgebessert", verändert, **geä**ndert, worden. Ein „Glanzstück" für die Kleriker ist es deshalb auch nicht. Und: Weiß man denn, was Jesus wirklich geäußert hat? Wurden die ersten Schriften über ihn nicht erst Jahrzehnte nach seinem Tod verfasst? Hier ist **Nach**denken gefragt!

Human ist auch Jesus Anspruch nicht, bei Lukas 9;23 -86- und bei Mt. 16;24 -25-: „*Wer mir folgen will, verleugne sich selbst*". Mehr Bescheidenheit geht wohl nicht.

Dann wieder der liebe Jesus, dem man als Gläubiger nacheifern möchte, wenn man vom Humanismus geprägt ist. Lesen wir bei Mt. 9;13 -13-: „*Ich habe Wohlgefallen an Barmherzigkeit und nicht am Opfer.*" Er sei gekommen die Sünder zu rufen und nicht die Gerechten, heißt es weiter. Das klingt gut und ein wenig danach, was schon Karlheinz Deschner in seinem „Abermals krähte der Hahn" festgestellt hat: „Wie man's gerade braucht".

In der Bergpredigt begegnet uns ein selbstsicherer, selbstherrlicher Jesus, der bei Mt. 5;22 -7- wissen lässt: „*…wer sagt: Du gottloser Narr! der ist des höllischen Feuers schuldig.*" Es gibt scheinbar nur Narren mit Gott! Also, muss er in die Hölle. Wer zu seinem Bruder aber sagt: „*Du Nichtsnutz! der ist des Hohen Rats schuldig*". Bei diesem Ausspruch ist kein Gott beleidigt, da genügt ein menschlicher Richterspruch. Mein Gott, Walter!

Dieses Beispiel zeigt wiederum, die Bibel kann nicht das Wort eines Gottes sein. Hier werden menschliche Unzulänglichkeiten offenbar. Ein Gott, der um Liebe giert – ein wirklicher Gott würde sich sicher nicht so kleingeistig zeigen. An dieser Stelle wird mir wohl vorgeworfen werden, ich stelle mich über die Bibel und dem von „Gott Offenbarten" und leide selbst an Größenwahn. NEIN! Wenn man feststellen will, ob ein Ei faul ist, muss man nicht selbst Eier legen können!

Kritisches Nachdenken, oder gar Nachfragen, ist im Glauben nicht gewünscht. Deshalb heißt es ja auch „Glauben". Einfach hinnehmen, nicht denken, oder gar fragen. **Wissen schadet jedem Glauben.**

Selbstsicher und auch Bestimmend ist der Herr Jesus auch bei Mt. 8;22 -12-: Hier lehnt er die Bitte eines Schriftgelehrten ab, der ihn folgen, aber vorher noch seinen Vater begraben will. Was antwortet ihm dieser liebe und geachtete Herr Jesus? Er befiehlt: *"Folge mir und lass die Toten ihre Toten begraben."* Nun ist ja von dem „Gottessohn" nicht bekannt, dass er getrunken hätte, obwohl er aus Wasser Wein machen konnte. Und Witze von ihm sind auch nicht bekannt. Umso verwunderlicher die Antwort: Tote von Toten begraben zu lassen. So was nennt man „Wort Gottes". Es ist auch dies Schriftsteller-Getöse.

In früheren Zeiten war das Lesen der Bibel verboten – obwohl die wenigsten Menschen Lesen konnten. Die Kleriker, die die Bibel hüten, wie eine große Kostbarkeit, wussten warum. Heute funktioniert Verbieten nicht mehr. Die mediale Welt verschafft Aufklärung zuhauf. Die Kirche hat demzufolge einen schwereren Stand, bleibt aber nach wie vor erfolgreich. Ein Grund dafür ist sicher die Säuglingstaufe, durch die Menschen in eine Lehrweise verankert werden, die ihre Eltern (denen es genau so erging) unterstützen. Desweiteren trägt Phlegma dazu bei, dem System treu zu bleiben, weil es einem im Laufe des Lebens zur Tradition, zu eigen, geworden ist. Man ist ein Teil dieses Rituals geworden, fühlt sich mit anderen darin heimisch – und auch stark. Man ist darin „Gemeinschaft". Gewissermaßen darin „zu Hause". Würde man aussteigen, könnten Freundschaften, sogar Verwandtschaften, zerbrechen. Der innere „Schweinehund" ist auch hier aktiv, ohne sich dessen bewusst zu sein.

Als ich im August 1993 mit einer Reisegruppe in Peking war, hörte ich am frühen Morgen, beim Suchen von Motiven mit meiner Videokamera, das Läuten von Kirchenglocken in meiner Nähe. Meine Neugierde führte mich in das „Gotteshaus". Zwar verstand ich vom Singen kein Wort – aber es überkam mich ein heimisches Gefühl. Es war die Melodie, die mir eine vertraute Empfindung von zu Hause vermittelte. Und das ist es, was uns „bei der Stange" hält – das Gemeinsame!

Alles Gott?

Gott hin, Gott her. Gott ist überall. Aber auch Jesus. Im Kindergarten, wie mir eine Mutter erzählte, hat man den Kindern erklärt, sie brauchten keine Angst haben, wenn sie über die Straße gehen. Jesus passt auf sie auf.

Kein Aufschrei bei den Eltern. Kritik nur zu Hause und bei Bekannten, wo sie nichts bewirkt. Solche Kindergarten-Erzieherinnen gehören in die Industrie. Aber Scheuklappen sichern ihnen den Job. Und den HERREN des Herrn gefallen solche Sprüche, die einen ständig gegenwärtigen Jesus suggerieren. Der Spruch fiel in einem katholischen Kindergarten. Jesus, der überall ist und nirgends gesehen wird, der hilft. Ein Tausendsassa, wie kein zweiter, ist Vorbild in jeder Situation.

Wenn ein Kind über die Straße (Kreuzung) läuft, überfahren wird, war es unaufmerksam – wo hat da Jesus aufgepasst? Mit den „Schutzengeln" ist es ähnlich. Geht ein Unfall gerade noch glimpflich ab, jemand haarscharf am Tod vorbei, hatte er einen Schutzengel. Warum kommt man nicht darauf, der „Schutzengel" hat geschlafen, sonst wäre es gar nicht zu dem Unfall gekommen?

Im amerikanischen Spielfilm, von Henry Koster, mit dem Schauspieler James Stuart, von 1950, mit dem Titel: „**Mein Freund Harvey**" spielt der Hollywood Schauspieler einen geistig Defekten, der glücklich ist, wenn er seinen weißen Hasen, der so groß ist wie er, in seiner Nähe wähnt. Niemand außer ihm sieht diesen Löffelmann, der ihn begleitet und selig macht, seine Psyche stärkt.

An diesem weißen Filmhasen denke ich, wenn ich die Kreativen höre, wenn sie von Jesus faseln.

Gott weiß alles, sieht alles – und Jesus ist überall. Ein ständiger Begleiter, eine Hilfe in allen Lebenslagen: suggerieren die HERREN des Herrn. Nur – es merkt keiner! Und die geweihten HERREN, die sich auf ihn berufen, wissen alles – was Gott will. Oder nicht will. Sie wissen es besser als er – sie wissen es immer.

Und der allerhöchste Kleriker, der in Rom auf den so genannten Stuhl Petri sitzt, weiß nicht nur alles über Gott – er vertritt ihn sogar auf Erden. Behauptet er jedenfalls, und seine Untergebenen, die HERREN des Herrn, stehen ihm beruflich bedingungslos bei.

Weiß man wirklich, wie er gelebt hat, der Herr Jesus? Aufzeichnungen über sein Leben wurden erst Jahrzehnte nach seinem Tod vorgenommen. War er wirklich der Sohn Gottes? Gibt es überhaupt einen Gott? Einen allwissenden Gott, der Himmel und Erde erschaffen hat? Das ganze unermessliche Universum mit seinen Millionen von Galaxien und zig Milliarden Sternen? Dieser Gott sieht aus wie ein Mensch, den er nach seinem Ebenbild erschaffen hat und der soll all dies erschaffen haben? Wirklich?

Seit dem Urknall, **vor 13,7 Milliarden Jahren, wissen die Forscher heute, hat sich aus einem Steck-Nadel großen Energiebündel** – was sich ein einfacher Mensch nicht vorstellen kann – das Universum entwickelt und ausgedehnt – und dehnt sich weiter aus. Was die Wissenschaftler hier behaupten, kann ich nicht verstehen. Glaube einem von ihnen aber mehr, als allen Klerikern zusammen!

Kann ein menschengleicher Gott, das alles bewerkstelligt haben? Einer, der jeden Tag 24 Stunden lang sieht, hört, was inzwischen über sieben Milliarden Menschen heute Tag und Nacht auf dieser Erde tun, tun wollen, denken, sündigen oder Gutes tun? Gibt es diesen Gott, der Menschen gleicht, wie dir und mir?

Ich kann es nicht glauben. Wie kann man so was glauben?

Die Kleriker, „geweihte" HERREN im Namen des HERRN, sind sich sicher (?), dass es diesen menschengleichen Gott gibt. Behaupten sie jedenfalls immer wieder. Zumindest vermitteln sie dies jederzeit Jedermann und Jederfrau. Die Bibel nehmen sie als Zeugen. Und sie wissen immer, was er will, oder nicht will, dieser Gott. Das ist fürwahr göttliches Denken, wenn nicht schon göttliche Selbstherrlichkeit – oder, wenn es einen Gott gibt: Gotteslästerung!

Die HERREN berufen sich auf die Bibel. Das „Wort Gottes", wie sie behaupten. Wenn sie sich dabei immer wieder widersprechen, die Widersprüche im Buch der Bücher nicht in Frage stellen, gehört das zu ihrem Selbstverständnis. So werden die Sprüche aus der Bibel verwendet, wie sie gerade genehm, für ihre Aussagen, ihrer Beeinflussung, sinnvoll sind. Morgen kann genau das Gegenteil davon bei ihrer Berieselung für die ideologische Beeinflussung wichtig sein.

Bringt unser **Diakon am** Sonntag 18. September 2011 beim Festgottesdienst zum Pfarrfest um 9 Uhr das Beispiel von dem biblischen Arbeitgeber, der jenem, der in der elften Stunde seine Arbeit im Weinberg beginnt und nach einer Stunde soviel Lohn bekommt, wie jene, die schon Stunden malochten. Das hält der biblische Arbeitgeber für rechtens, denn **er** belohnt ja und so ist es **ihm** überlassen, wie er das regelt.

Tatsächlich steht in der Bibel, dem „Wort Gottes", bei Matthäus 20; 1 bis 15 -29-, wer nur eine Stunde gearbeitet hat bekommt genau so viel Lohn, wie jene, die stundenlang schufteten. Da meint dieser Biblische Arbeitgeber gegenüber den Aufmüpfigen: *„Habe ich nicht Macht, zu tun, was ich will?"* Hofiert der Klerus nicht besonders die Wohlhabenden? Hat er es nicht so weit gebracht überall dabei zu sein, wo auf hoher Ebene über dem Fußvolk geglänzt, gehandelt und regiert wird?

Ähnlich bei 2Mose 30;15 -110-*: „Der Reiche soll nicht mehr geben als der Arme."* Heißt im Umkehrschluss, alle gleichbehandeln, ob sie viel, oder weniger geleistet haben. Sozialistisches System, ähnlich dem der verflossenen DDR, wo der Faule so gut belohnt wurde wie Fleißige. Das System in Deutschland krachte im November 1989 zusammen.

Es steht auch geschrieben: Spr. 22;7 -733-: *„Der Reiche herrscht über die Armen".* Da braucht man sich nicht wundern, wenn sich die „Berufenen" in der Nachbarschaft von Wohlhabenden besonders wohl fühlen – und gerne zu denen gehören, deren Geldsäcke gut gefüllt sind.

Diese Entwicklung, die die „Auserwählten" heute pflegen, geht vermutlich auf die Entstehung des Glaubens zurück. Die Intelligenteren in der menschlichen Entwicklungsgeschichte haben Vorteile gegenüber den „geistig Lahmen" erkannt, die sie sich zum Nutzen bei der Ausbeutung Minderbemittelter machten. Ein Prinzip, das über Generationen bis heute funktioniert.

Fragt sich, ob die Unternehmen Weltweit sich heute nach der Bibel richten, oder ob ihr Verhalten „nur" das Resultat der menschlichen Entwicklungsgeschichte ist. Gerecht ist, was der Vermögende, der Mächtige, dafür hält. Auch die HERREN des Herrn, die sich ja gern mit dem Mächtigen und Reichen aufgrund ihrer Gottgefälligkeit auf einer Stufe stellen, versinnbildlichen diese biblische Weisheit. Dabei vergessen, dass ihr Vorbild, der Herr Jesus, Armut und Bescheidenheit, predigte. Die lehren sie gerne den Unterdrückten, den Benachteiligten im Leben. Trösten sie mit einem besseren Leben im Jenseits, im Himmel, im Paradies, über das die HERREN des Herrn so gut Bescheid wissen, wie sonst niemand. Selbst stehen sie gerne auf der Sonnenseite des Lebens, wollen nicht erst warten, bis sie im Reiche des himmlischen Vaters leben dürfen. Tun auch alles, um möglichst ein langes Leben auf Erden „fristen" zu können. Obwohl sie immer wieder suggerieren, wie schön es bei Gott in seinem Paradiese ist, dass man sich diese Glorie auf Erden nicht vorstellen kann. Trotz all diesem „Wissen" wollen sie unter all den irdischen Sündern gesund, gut – und **lange** hier leben.

Das lässt tief blicken!

Das gilt auch für die jeweiligen Stellvertreter Gottes, die auf dem angeblichen Stuhl des Heiligen Petrus, verweilen. Sie glauben und behaupten Gott auf der Erde zu vertreten – reden es allen anderen ein. Wie schön. Ein göttliches Dasein, mit irdisch geistiger und politsicher Macht. Entsprechend ist das Ansehen, dieser Autoritäten. Und das ist es: Autorität! Der Würdenträger bestimmt, ob der Schnee weiß ist, oder eine Farbe hat. Ihre Autorität geht im Himmel beim HERRN flöten, wo dieser Befehlsgewalt verkörpert. Oder glauben sie etwa gar nicht an ein „Weiterleben nach dem Tod"? Das kann es auch sein.

Da predigt man das süße Leben im Paradiese beim „Schöpfer von Himmel und Erde", erzählt in den „Gottesdiensten" der HERR habe sie „berufen vor ihm zu stehen" und will doch möglichst spät zu IHM kommen. Die Ursache dafür kann auch sein, unter der Herrschaft des HERRN im Himmel ist man nur ein Würmchen, wie jene, denen man auf Erden verklickert, dass sie einem, der über Gott alles weiß, gehorchen sollen. Wenn sie denn Glauben, was sie erzählen!

So implantiert man ihnen, schon im frühesten Kindesalter, Hölle und Fegefeuer in die Gehirne, um mit dem Machtmittel Angst sie zu lenken, zu beeinflussen, damit sie nicht ihrem eigenen Willen verfallen,

sondern dem ihrer Vormünder, die alles besser wissen – zum eigenen Vorteil.
Immer berufen sich die „Berufenen" auf die Bibel, dem „Wort Gottes", wie sie uns einreden. Gleichzeitig lassen sie wissen, noch niemals hat jemand den Allmächtigen gesehen. Als er die zehn Gebote an Moses übergeben hat, versteckte er sich hinter einem Feuerbusch. Dabei kann man annehmen, sein Äußerliches ist sicher nicht hässlich, um es verborgen zu halten. Hat er laut Bibel – dem „Wort Gottes" – doch den Menschen nach seinem Ebenbild geschaffen. Unter diesen „Erschaffenen" gibt es wirklich schöne Menschen. Männlein und Weiblein. Die Schönen, aus einer Adamrippe hervorgegangen, wirken auf das männliche Geschlecht anziehend, aufreizend, faszinierend, Kopf verwirrend. Eine herrliche Kreation aus einer Rippe. Da musste Adam schwach werden – und wird es noch heute.
Allerdings ist dem Schöpfer dabei ein Fehler unterlaufen. Denkt man an **Lesben und Schwule**. Die werden von den HERREN des Herrn noch heute im 21-Jahrhundert missachtet (zum Teil, jedenfalls), von den Bibeltreuen verstoßen. Wenn diese Gutgläubigen könnten, wie sie gerne wollten, alles nach ihrem Sinne des Buches der Bücher, hätten diese „missratenen" Menschen kein freudiges Leben zu erwarten.
Vergessen diese Bibeltreuen den Inhalt ihres Buches, das doch „Gottes Wille" ausdrückt, im Alten und Neuen Testament? Gott ist unfehlbar! Und doch gibt es Wider-Sprüche. Eine Feststellung im Alten Testament die da lautet: *„Vom HERRN kommt, was die Zunge reden wird":* Spr.16;1 -728-. Es heißt auch bei Mt: 10;29 -15-: *„Nicht ein Spatz fällt vom Dach, wenn Gott es nicht will"*. Nun, das sagt doch alles aus. Jede weitere Ansicht über Gott ist müßig. Alles was auf dieser Erde geschieht, was Menschen tun, Gutes und Schlechtes, Mord und Zwietracht, Hilfe in Not – alles geht auf Gott zurück. Auf seinen Willen. Kann man noch jemanden für sein Tun verantwortlich machen? Gar vor Gericht zitieren?
Wer kann da noch verurteilt werden, wenn er irgendwie gesündigt hat? Ist diese biblische Feststellung (und die Ähnlichen mit dem selben Sinn) nicht der größte Glaubenswitz im Buch der Bücher überhaupt?

Damit ist der Mensch ein willenloses Geschöpf, das von Gott gesteuert wird, ein Werkzeug Gottes, was man ja immer wieder mal zu hören bekommt. Jede Fürsorge ist Gottes Wille, der Mord ist Gottes Wille. Ja? **Spr**üche Salomos 16;9 -728-: „Des Menschherz erdenkt sich seinen Weg; aber der *HERR allein lenkt seinen Schritt"*. **Der Mensch eine Marionette Gottes!** Das Geschehen auf Erden alles Gottes Unzulänglichkeit? Allein diese Sprüche weisen darauf hin, dass die Bibel nicht „Gottes-Wort" sein kann. Es ist ein Widersinn. Wie kann man all dies als „Wort Gottes" postulieren?

„Wort des lebendigen Gottes", bekommen wir heute in katholischen Kirchen verklickert.

Lesben und Homosexuelle, Männer, Frauen, „Opfer" Gottes. Er hat sie so geschaffen. Sie sind Produkte seines Willens – oder nur „Produktionsfehler"? Allerdings, dennoch Wesen göttlicher Macht. Wie sagen seine HERREN; wenn sie Rätselhaftes, Unverständliches, erklären sollen und keine Antwort wissen? Sie sprechen von „Gottes unerklärlichen Willen", oder auch vom „Geheimnis unseres Glaubens". Oder sie müssen an Hiob 36;26 -591- denken, wo mitgeteilt wird: *„Siehe, Gott ist groß und unbegreiflich."* Ja, wirklich – es ist (sehr) vieles unbegreiflich, im Buch der Bücher!

Aber sie verurteilen Lesben und Homos, die HERREN des Herrn. Dabei sind Homos auch unter ihres Gleichen. „Berufene", Kinderschänder! Warum sind sie noch nicht darauf gekommen, Kinderschänder (wenigstens die Ihresgleichen) sind das Produkt von Gottes Willen? Wäre doch eine dufte Entschuldigung. Sie sind nur arme Werkzeuge Gottes, warum auch immer. Wie kann man die bestrafen? Vermutlich haben die HERREN des Herrn doch nicht immer den Inhalt vom Buch der Bücher, ihrem „Grundgesetzt", im Kopf.

Wahrscheinlich müssten sie auch zugeben, die Bibel hat nichts mit Gott zu tun. Sie ist ein rein menschliches Machwerk, mit durchaus vernünftigen Gedanken. Das Beste sind die Zehn Gebote. Ein Buch mit Vorstellungen von gescheiten Leuten, die den Menschen eine Anleitung für ein sinnvolles Miteinander geben wollten. Aber auch mit Denkfehlern, die dabei im Übermaß ihrer Schwärmerei den Boden unter den Füßen verloren haben. Da sind Widersprüche unvermeidlich. Auch weil die Ansichten der unterschiedlichen Denker naturgemäß nicht gleich sein können. Weil jede Lebenserfahrung andere Schlüsse zieht – und jede Begeisterung auch.

Schriftsteller, die hier tätig waren, waren mit Fantasie ausgestattet, die oft normale Menschen verwundert. Auf deren dramatischen Vorstellungen die Gehässigkeiten eines Gottes fußen, um Besonderes entstehen zu lassen. Die Frage bei all diesen Grässlichkeiten, besonders im Alten Testament, ist die, warum sich „geweihte" HERREN darauf stützen, dies als „Gottes Wort" zu verkaufen – gegen jeden Verstand. -
Ach ja, es dient ja ihrem Lebensunterhalt!
Goethe, der in der Bibel nichts Einzigartiges findet (Deschner, Hahn, Seite 663), nennt das katholische Rom ein „Babel" und „Mutter so vieles Betrugs und Irrtums" und meint, „nicht Jesus sei der Gründer unserer Religion gewesen, sondern einige weise Männer hätten sie unter den Namen verfasst und die christliche Religion ist nichts anderes als eine vernünftige politische Einrichtung" (Deschner Hahn, Seite 16).
Wer schreibt, will mitteilen. Wer die Schriftsteller der Bibel verstehen will, muss auch denken, diese Menschen wollen belehren, auf Missstände hinweisen, Verhaltensregeln geben. Dass dabei der eine oder andere glaubte, seine Gedanken sind göttliche Eingebungen, weil er sie für gut, für Außergewöhnlich, noch von keinem anderen für gedacht hält, sollte man dabei nicht vergessen. Selbstüberschätzung als göttliches Auserwählt sein, solches Gedankengut öffentlich zu machen, mag ein weiterer Grund dafür sein.
Ohne Regeln kommt die Menschheit nicht miteinander aus. Sie hat Regeln, sie braucht Regeln, tut sich trotzdem mit dem Miteinander schwer. Die Bibel ist vielen Richtschnur – auch wenn vieles widersprüchlich und ekelhaft darin ist. Mit einem Gott hat sie nichts zu tun. Sie ist ein rein menschliches Werk. Im Laufe der Jahrhunderte verändert, geschönt, angepasst und immer mit dem Hinweis versehen, „Wort Gottes" zu sein. Sie ist es trotz aller Behauptungen nicht!
Ein Geistlicher kann den größten Unsinn im Namen Gottes predigen, als besondere Weisheit aus der Bibel (re)konstruieren, man wird es stillschweigend hinnehmen. Man wird ihm nicht attestieren, dass er

nicht alle Tassen im Schrank hat. In diesem Punkte genießen die HERREN des Herrn eine gewisse Narrenfreiheit. Man kann sagen, eine gewisse geistige Bevormundung ist ihnen Landesweit gelungen. Sie können für „ihrem" Glauben jedes Blech äußern, man wird es erdulden, einfach hinnehmen, als hätten sie nichts gesagt (was ja in gewissen Sinne stimmt). In dieser Disziplin sind anderen überlegen.
Die Gutgläubigen schlucken sowieso alles, was von den Kanzeln kommt. Denken nicht darüber nach. Sollen sie auch nicht. Denn Denken ist jedem Glauben schädlich. Ungläubige setzen sich sonntäglichen Predigten erst gar nicht aus. Verschließen die Ohren vor Süffisanz. Lesen auch nicht Artikel in der Tageszeitung über göttliche Abhandlungen, Gottes Willen, von Geistlichen, Diakonen oder sonstigen Schulfuchsern. Oft findet man solche Geschmeidigkeiten unter der Rubrik: „Wort zum Sonntag". Welch ein Unsinn wird hier oft verzapft. Würde ein als Atheist Bekannter ähnlich Hanebüchenes von sich geben, Redaktionen würden es gar nicht annehmen. Aber wenn es um Glauben an einen Gott geht, ist selbst die größte Schrulle nicht verwerflich. Immer wieder bekommen diese Süßholzraspler eine Plattform. „Mitwirken an geistiger Unvollkommenheit" könnte man es auch nennen.
Moral predigen, sich aber selbst moralisch verhalten? Das sind zwei Seiten. Denke ich daran, als meine Frau im Kreiskrankenhaus lag und neben ihr im Zweibettzimmer eine Frau aus der nahen Kurstadt, da besuchte sie „ihr" Pfarrer, der auch Dekan im Landkreis war. Ein salbungsvoller Nächstenliebe-Prediger vor dem Herrn. Ich hatte ihn schon in unserer Kirche erlebt; mit Kolumnen im „Wort zum Sonntag" hat er sich mehr als einmal in der Heimatzeitung hervorgetan. Dieser „geweihte" HERR des Herrn, beachtete meine Frau mit keinem Blick, wie sie mir später erzählte. Von wegen ein „Grüß Gott", wie es bei uns üblich ist, oder „Wiedersehen" oder gar „auch Ihnen gute Besserung", beim Weggehen, wie jeder Bauer es macht. NICHTS!
Solche selbstherrlichen Typen wollen andere belehren. Richtig! Es sind nicht alle so. Aber einer, ist schon eine Schande für den ganzen Berufszweig. Von „Berufenen" sollte man wohl reden, die sie bei Weitem nicht sind!

Den Menschen Moral zu predigen, ist nichts Schlechtes. Katastrophal sind oft Predigen in der katholischen Kirche, oder bei katholischen Fernsehpredigern (Wort zum Sonntag), die dabei den Boden unter den Füßen verlieren. Evangelische Diener Gottes, besonders auch bei Beerdigungen, bleiben eher auf dem Boden der Wirklichkeit, driften nicht ab in Esoterik, bei der einem die Haare zu Berge stehen möchten. Wenn, habe ich sie sachlich erlebt, auch wenn sie vom allmächtigen Gott raspelten. Aber auch sie wissen, was Gott will, oder nicht will.

Kriege sind in Gottesnamen geführt worden. Millionen Menschen dabei ums Leben gekommen. Den Verursachern, Kriegstreibern, dieser Metzeleien, haben sie nicht das Herz berührt! Die Berserker sind aus „großen Schlachten" zurückgekommen, sind Größen der Weltgeschichte geworden. Schlächter, eben *„Der Herr lenkt jeden Schritt"*: Spr. 16;9 -728-

Gott ist besser als ein Gummi-Paragraph. Für jeden, für alles zu gebrauchen – zu missbrauchen. Wenn es ihn nicht gäbe, müsste er erfunden werden.

Er ist erfunden. **„Nicht Gott hat den Menschen erschaffen. Der Mensch hat sich Gott erschaffen"**. Dieser Gott erduldet alles!

Gott erschaffen?

Ein englischer Philosoph soll diesen Satz geprägt haben. Ich bin sicher, er hat recht. Religion ist aus der Angst der Urmenschen heraus entstanden. Da geht morgens die Sonne auf, wandert über das Firmament, verschwindet in der Erde. Am nächsten Tag das Gleiche. Das jeden Tag, das ganze Jahr. Der Mond ähnlich. Geht auf, wird kleiner, sichelförmig, verschwindet ganz am Himmel – und erscheint wieder als Sichel. Regen fällt auf die Erde, es blitzt und donnert. Es muss da draußen im Unbekannten etwas sein, das all dies verursacht.

Ein Mensch, einer der uns ähnlich ist? Das kann nicht sein. Es muss was Größeres sein. Es ängstigt, es ist mächtig. Vor ihm muss man sich fürchten. Es kann einen vernichten, wenn man nicht gefügig ist. Es muss was Übermäßiges sein, unbegreiflich in seiner Gesinnung. Angst kennen die Menschen unterschiedlich. Die allerwenigsten gar nicht. Wenige empfinden sie geringer, erkennen, dass andere ängstlicher sind, als man selbst. Und machen sich dies zu Nutze.
Angst dient dem Selbsterhalt. Angst macht auch gefügig. Ein Wesen der Religionen. Dies machen sich alle Glaubens-Richtungen, Sekten und Heilsprediger zu nutze. Hölle und Fegefeuer, welch wunderbare Einrichtungen zur Läuterung, um ins gepriesene Paradies zu kommen. Jahrelanges Schmoren in den Flammen des Fegefeuers, lohnt, um eine Ewigkeit beim himmlischen Vater sein zu können. Bei all dem Feuer Tag und Nacht, wird die Seele nicht verbrennen. Seelen brennen nicht! Alles aushalten, um die letzte Prüfung für die ewige Seligkeit zu bestehen. Welch eine Erkenntnis – und Hoffnung!
Und wer da nicht qualvoll schmoren will, der füge sich auf Erden den Empfehlungen der HERREN des Herrn. Sie allein wissen, was gut ist und schlecht. Wissen, wo es langgeht, auch wenn zu den Waffen gerufen wird, die Freiheit des Christentums zu verteidigen ist, auch wenn dabei Christen getötet werden – auf falscher und richtiger Seite. Und – das angesammelte Vermögen der Kirche, der Kleriker selbst, geschützt wird.

Kirche u. Gläubige

Als der Papst im September 2011 nach Deutschland kommt, sind Zeitungen voll von Berichten darüber. Untersuchen den Zeitgeist des Papstes, sein Festhalten am Alten, sein Unvermögen, sich den Gläubigen zu öffnen, der evangelischen Kirche entgegen zu kommen. „Kirchenführer und ihre Schäflein leben sich auseinander", wird da in den Medien konstatiert.
Vertritt die katholische Kirche doch den Anspruch, die allein (seligmachende) richtige Kirche Gottes zu sein. **Überheblichkeit** kommt vor dem Fall, weiß ein altes Sprichwort. LK 14;11 -96-: *„Wer sich selbst erhöht, der soll erniedrigt werden."* Doch diese Selbstgerechtigkeit währt schon rund zweitausend Jahre und sicher noch länger. Und das wird noch so weitergehen. Die Catholica wird diesen Anspruch weiter behaupten, sonst müsste sie das Papsttum opfern. Das wird sie niemals tun. Aber auch andere Religionen halten sich für die einzig wahren Vertreter eines Gottes.
Gute zwei Drittel der Deutschen glauben an einen Gott. Keine 20 (zwanzig) Prozent gehen in die Kirchen. Viele brauchen die Institution Kirche nicht, um an ein allmächtiges Wesen zu glauben. Wo immer dieses auch im unendlichen All sein soll. Machen sich wohl auch keine Gedanken, wie ihre Seele jemals dorthin kommen kann. Seele ist Geist, friert nicht im Vakuum des Weltraums, in absoluter Kälte, wenn sie auf dem Weg zu dem einen Gott ist. Der absolut tiefste Gefrierpunkt liegt bei Minus 273,15 Grad Celsius. Eine Seele auf dem Weg zu Gott, zur Hölle oder „nur" ins Fegefeuer, wird das schon überstehen. Seelen schmoren und leiden im Fegefeuer, wird uns immer wieder von den gescheiten Leuten weisgemacht. Würde sie, die Seele, verbrennen, wäre die Qual des Fegefeuers eine kurze. Es muss aber eine lange Zeit währen, sonst könnte man damit keine Furcht erzeugen. Gut, dass es „Berufene" gibt, die alles wissen.
Was ist Seele? Nichts Greifbares. Nichts, das je ein Mensch gesehen hat. Kein Arzt, kein Pathologe, kein Forscher, irgendeiner wissenschaftlichen Disziplin. Es wird sie auch niemals jemand sehen, diese Seele, von der wir überzeugt sind, wir haben sie in uns. Seele ist

Gewissen, Gefühl, Mitgefühl und Verstehen. Das was den Menschen vom Tier unterscheidet.

Papst Wojtila **(Johannes Paul II)** hat auf Anfrage erklärt, auch Tiere kommen in den Himmel. Die haben also auch eine Seele. Der Oberhirte der einzig wahren Kirche, weiß das. Für einen Stellvertreter Gottes auf Erden gibt es keine Frage, die er nicht beantworten kann. Zumal für einen, den der Himmel (?) auserkoren hat, nach seinem Ableben (bald) ein Heiliger zu werden. Er würde auch nicht sagen, er weiß über den Himmel nichts. Er würde eher herumeiern und eine Antwort finden, die keiner versteht.

Nichts destotrotz, ist er ein Heiliger geworden, der Herr Wojtila, und mischt jetzt im Himmel mit – „fast wie im wirklichen Leben", würde da ein Bayerischer Satiriker spotten.

Sicher haben auch Viecher Gefühle, ängstigen sich – vor allem vor dem Tod. Es ist die Angst des Selbsterhaltungstriebes, die jedem Lebewesen zu eigen ist. Der Grund dafür ist wohl in der Nahrungskette zu suchen. Die Kleinen werden von den Großen gefressen. Die Kleinen müssen die Großen fürchten. Das ist bei den Menschen nicht anders. Die Natur hat das so vorgesehen. Wenn es nicht die war, dann muss es der allmächtige Gott gewesen sein, der alles erschaffen haben soll. Aber der ist auch zu fürchten, in seiner Größe, wie uns das Alte Testament verklickert.

Wie sollten die Spezies leben, wenn sie sich nicht untereinander auffressen würden? Nur von Pflanzen leben? Wissen wir, ob die sich nicht auch ängstigen, wenn sie geerntet oder gefressen werden? Leben vom Manna? Das würde aufgrund von fehlenden Mineralien, und sonstigen Nährstoffen nicht funktionieren. Oder Gott hätte die Nahrungskette anders programmieren müssen? Wenn er denn der Verursacher von all dem ist, das uns umgibt.

Hat er aber nicht. Besser gesagt, die Natur hat es so eingerichtet, wie es ist (Darwin lässt grüßen). Und diese Natur könnte, oder besser, sollte, „unser Gott" sein. Die ist allerdings mit Gebeten nicht zu beeinflussen (wie der angebliche Gott auch). Aber zu schonen ist sie, damit sie uns weiter dienen kann – das sollten wir nicht vergessen, um uns nicht selbst vergessen zu machen.

Da sind wir wieder bei Gott direkt. Gibt es ihn überhaupt? Braucht es einen Gott? Man merkt keinen. Man mag auch noch so viel Beten, auch mit Unterstützung der HERREN des Herrn. Es ist vergebene Mühe. Zeit-Verschwendung. Es dient lediglich der **geistigen Selbstbefriedigung"**.

Hat Gott Himmel und Erde erschaffen? Den Menschen, die Tiere, Pflanzen, alles was ist? Warum? Wollte er nicht allein sein? Wo war er, was hat er getan, bevor er alles „Erschaffen" hat? Wie ist ER entstanden? Auch die Wissenschaft wird keinen Gott finden. Niemals! Ebenso wenig wie eine Seele.

Ach: *„Am Anfang war das Wort, und das Wort war bei Gott, und Gott war das Wort*: Joh. 1;1 -114-. So hat es angefangen! Sind wir durch diese Mitteilung aufgeklärt – oder eingelullt? *„Alle Dinge sind durch das Selbe gemacht, und ohne das Selbe ist nichts gemacht, was gemacht ist"*. Fühlt man sich jetzt noch bei klarem Verstand?

Joh. 1;14-114-: *„ Und das Wort ward Fleisch und wohnte unter uns."* Welch eine Formel! War Johannes bei klarem Verstand, als er diese Zeilen niedergeschrieben hat? Wie kann ein Wort Fleisch werden? Wird hier nicht irritiert und versucht, etwas Unfassbares verstehbar zu machen?

Gott, „der nie begonnen, der immer wahr", hat sich wohl gelangweilt, hat Weltall und Erde erschaffen, wie es die Bibel, das „Wort Gottes", beschreibt. In sieben Tagen. Da formte er Adam, nach seinem Bilde. Und hegte sogleich Mitleid mit diesem aus Ackerland geschaffenen Geschöpf, das so alleine die Erde „bevölkerte". Nahm ihm eine Rippe, „erschuf" Eva, die man *„Männin" heißen soll"*. Das erste Weib. Als allwissender Gott prüfte er beide Erstmenschen mittels einer Schlange und einem Apfel vom Baum der Erkenntnis, ob sie rechte Untertanen sein würden. Und siehe da, der geile Adam ließ sich verführen. Knabberte an den Äpfeln Eva's und beide wurde sterblich. Wie all ihre Nachkommen.

Das war ein großer Fehler, für die nachkommende Menschheit. Durch den Apfel erkannten die beiden nabellosen Homo sapiens, Sex ist etwas Schönes – und vermehrten sich. Gott machte sie mit diesem Fehltritt sterblich. Was wäre geschehen, wenn Adam sich nicht hätte verführen lassen? Wie wären weitere Menschen nachgekommen?

Wären sie gewachsen wie Pflanzen, oder lebten Adam und Eva heute noch alleine auf diesem Erdball? Der Erde würde das sicher gut bekommen. Sie wäre ein Paradies, das die Nachkommen der künstlich Erschaffenen zum Teil zur Hölle gemacht haben. Keine Umweltverschmutzung, keine Gefahr durch Atomverstrahlung, durch schädlichen Müll, durch vergiften von Luft und Ackerland, mit Chemie und Gasen. Durch Überbevölkerung. Keine Kriege! Was Geilheit alles anrichten kann. Sex könnte doch Sünde sein.

Gleiches sagte er auch zu Adam und Eva, als er sie erschaffen hatte (1Mose 1;28 -16-). Aber wie hätten sie sich vermehrt, ohne die sexuelle Erkenntnis? Hätten die von Gott geschaffenen ersten Menschen nicht die lüsterne Lust entdeckt, wie schon gesagt, sie wären heute noch alleine auf dem Erdball. Mit ihnen ihr Schöpfer, wenn er nicht gerade im Himmel logieren würde. Alle drei alleine im weiten All – wäre sicher langweilig, für das Trio.

Musste da ein Gott nicht etwas unternehmen, um sich Abwechslung zu schaffen? Wenn laut Forschungsergebnisse die Erde seit **4,5 Milliarden Jahre** besteht, und Gott den Menschen erst vor etwa 400 000 Jahren erschaffen hat (Archäologen entdecken 2015 in Israel einen **400 000 Jahre alten Unterkiefer** eines Homo sapiens), muss es ihm verständlicher Weiße langweilig geworden sein. So allein im riesigen, unendlichen All.

Aber halt! Da gibt es doch laut klerikaler Aufklärung, im Himmel die Seraphim, Cherubim, die Drohnen und Mächte. Die waren der Unterhaltung wohl zu wenige. Nach Erschaffen der christlichen Religion, kamen die Seligen, Heiligen, Engel und Erz-Engel – und weiß Gott, welches Geflügel, noch dazu.

Der Stellvertreter auf Erden würde die Frage sicher beantworten können. Doch an ihn kommt man nicht einfach heran, um sie zu stellen. Als irdischer Gott (Vertreter) wäre er um Antworten sicher nicht verlegen. Der Herr Wojtila, wenn noch lebte, wüsste bestimmt Bescheid.

Gott will prüfen

Dass die Bibel nicht Gottes Wort sein kann, verdeutlicht auch das Beispiel um Abraham. Von diesem verlangt Gott, er soll seinen Sohn Isaak schlachten, um zu beweisen, dass er Gott mehr liebt als diesen.
Ein Unding in zweierlei Hinsicht. Einmal, und nicht nur in diesem Beispiel, wird gezeigt, Gott, der Allmächtige im ganzen Weltall, ist ein blutrünstiger Despot, für dessen Zufriedenheit Blut fließen muss. Ein Vampir der Religion, gewissermaßen. Zum anderen wird mit diesem Beispiel gezeigt, Gott ist doch nicht allwissend. Wäre es so, wüste er, Abraham wird ihm zuliebe seinen Sohn schlachten.
Ähnlich bei 5Moses 13;4-224- weiß Gott wieder nicht Bescheid und will prüfen ob er denn geliebt wird und fürchtet Neben-Götter: Da heißt es: „*... denn der Herr, euer Gott, versucht euch, ob ihr ihn von ganzen Herzen und von ganzer Seele liebt...*" Und bei 5Moses 13;10 -225- verlangt er gegenüber dem Verführer für einen fremden Gott:" *Deine Hand soll die erste wider ihn sein, ihn zu töten...*" Dieser biblische Gott will ständig geliebt sein, „*das von ganzer Herzen und ganzer Seele*"! Und am Töten seiner Feinde scheint er große Freude zu haben. Den Tod und das Töten fordert er immer wieder. Welch ein klein karierter Gott, ohne Selbstvertrauen, ohne Selbstbewusstsein! Wie menschelt es da!
Der allmächtige Gott, der alles weiß, muss prüfen. Was für ein Gott! Ein Beweis dafür, die Bibel kann nicht „Gottes Wort" sein. Menschenwerk von der ersten Zeile an. Aufgeschrieben von Menschen, die Anleitung für das Miteinander geben wollen. Und wie es bei Menschen eben ist, über all die Generationen hinweg, mit unterschiedlichen Ansichten, Meinungen, Vorstellungen. Und im Hintergrund das Denken, das Hemd sitzt einem näher als der Rock. So kommt es auch zu Widersprüchen im Buch der Bücher, die man von einem allmächtigen, allwissenden Gott, nicht erwartet.
Ein allwissender Gott würde solchen Unsinn nicht für ein Buch diktieren, das sich auf ihn berufen soll. Also: Menschenwerk, die Bibel. Auch wenn in den Gottesdiensten nach jeder Lesung aus dem Buch

der Bücher, den Evangelien, nach Art von Seelenmassage gesagt wird: „Wort des lebendigen Gottes".

Damit will man den Gläubigen suggerieren, Gott, der Lebendige, hätte dies erst vor kurzem verkündet. Auf diese Behauptung kommt vom gedankenlosem Volk das: „Dank sei Gott". Man hätte den Gläubigen auch den geläufigen Spruch „Gott sei Dank" empfehlen können. Doch das wäre zu offensichtlich gewesen. Brav! So mag der Klerus seine Schäflein. Bei Erwachsenen könnte man schon von Schafen sprechen, wenn es nicht als beleidigend empfunden würde.

Allerdings sagt im Tempel Jesus zu den Juden: *„Aber ihr glaubt nicht, denn ihr seid nicht von meinen Schafe*n":Joh. 10;26 -129-. Jesus darf (seine) gläubigen Erwachsenen Schafe nennen. Bei ihm gilt das nicht als Beleidigung. Man kann hier aber auch zu der Erkenntnis kommen, was er von jenen hielt, die ihm nachgelaufen sind.

Im wirklichen Leben werden erwachsene Schäflein als Schafe bezeichnet. Im **wirklichen** Leben – eben.

Schon Albert Einsstein war der Meinung: „Um Mitglied einer Schafherde zu werden, muss man vor allem Schaf sein", in „Oben ohne" Seite 182 von Karl-heinz Deschner.

Altes Testament: Aug um Auge, Zahn um Zahn. Neues Testament: Wenn du eine auf die **rechte Backe** bekommst, halte auch die linke hin Matthäus 5;39 -8-.

Das soll alles von Gott kommen. Kirche:" Wort des lebendigen Gottes"?

Dieser Bibel-Gott wusste gestern nicht, was er heute will. Recht menschlich erscheint das. Das „juckt" die heilige Kirche (Kirche, das sind die Kleriker!) aber nicht. Die Prediger suchen sich bei ihren Belehrungen das aus, was ihnen gerade nützlich erscheint. Was ihrer Absicht in der Predigt dient. Morgen kann es das Gegenteil sein. Da hat man keine Skrupel, das zu zelebrieren.

Morgen haben die Gläubigen die Worte von Gerstern vergessen. Man geht auch davon aus, sie werden nicht lange darüber nachdenken, das Momentane verinnerlichen und das morgen wieder, wenn sie das Gegenteil serviert bekommen. „Wort des lebendigen Gottes". Das wirkt. Da braucht man nicht nachdenken. Denken ist eh schädlich für

den Glauben. Das Denken überlässt man den Pferden, weil die größere Köpfe haben. Die der HERREN des Herrn sind zwar nicht größer als die der Allgemeinheit. Aber die HERREN haben jahrelang studiert, wissen im Glauben dadurch besser Bescheid als Lieschen Müller und jeder nur einfach Getaufte.
Dieses Argument überzeugt. Jeder Studierte ist belesener als ein reiner Volksschüler. Einer der Theologie studiert hat, muss über Glauben und Gott, mehr wissen. Ein Geweihter ist im Glauben prädestiniert, weiß zwangsläufig über Gott Bescheid.
Nun gibt es ja auch Studierte, die gläubig sind, alles für bare Münze nehmen, was von „Geweihten" HERREN kommt. Lassen die sich auch hinters Licht führen, wie einfache Menschen? Das kann doch nicht sein. Wenn ein Professor, egal welcher Disziplin, auch der Bibel glaubt, muss es doch stimmen, dass sie „Gottes Wort" ist.
Na klar. Professoren sind hoch gelehrte Persönlichkeiten. Studierte eben. Voller Wissen, mit höchstem Ansehen. Hat man aber nicht schon gelesen, gehört, oder im Fernsehen davon erfahren, wie Hochgelehrte von dümmeren Mitmenschen hereingelegt wurden? Ihnen beispielsweise Wertpapiere aufgehalst wurden, die hochprozentigen Gewinn versprachen? Der Grund hierfür: Weil Geldgier ihren Verstand ausschaltete! Und was alles schaltet noch die Vernunft aus? Indoktrination! Die beginnt in der Religion sinnvoller Weise im Kindesalter – die Taufe ist eine guter Ausgangspunkt.

Franz von Assisi

Unsere gelehrten HERREN des Herrn, weisen zum Beispiel beim Namen Friedrich Nietzsche, einem hoch angesehenen Philosophen, in Glaubensfragen kritischen Menschen, hin, dieser sei Irre geworden. Womit sie seine Kritik an ihren Weisheiten verunglimpfen und

abwerten wollen. Hingegen loben sie einen Franz von Assisi, der mit den Vögeln gesprochen hat. Das ist für sie natürlich kein Irrsinn.
Hier könnte man sich fragen: was ist normal? Normal ist es im Irrenhaus, wenn die meisten irre sind.
Normal ist es scheinbar auch bei Hiob 12;7 -574-, wo es heißt: *„Frage doch das Vieh, das wird dich's lehren, und die Vögel unter dem Himmel, die werden dir's sagen...."*, wo es darum geht, dass des HERREN Hand alles gemacht hat. Das Getier könnte also Antwort geben. Vermutlich hat der bei den Klerikern hoch angesehene Franz von Assisi bei den Vögeln nachfragen wollen.
Ein dem Herrn geweihter HERR darf alles verzapfen. Und sei es noch so widersinnig. Hinter ihm steht eine mächtige Organisation, ein Staat im Staat, der sich nicht scheut, diesen Staat zu bevormunden, ihm Vorschriften zu machen, damit dieser seine Gesetze und Verordnungen in seinem Sinne gestaltet. Im Umkehrschluss lässt sich die heilige Kirche in ihre Angelegenheiten nicht reinreden. Hat den Staat in ihrem Sinne dahin gesteuert, eigene Gesetze zu schaffen. Beispielsweise im Arbeitsrecht. Da kann die Firma Kirche ihren Mitarbeitern eigene Verpflichtungen auferlegen, die bei Gewerkschaftern das Blut in Wallung bringt.
Scheinbar entwickeln die HERREN des Herrn im Studium ein unverschämtes Selbstbewusstsein, das mit dem Glauben an einen Gott, dem man geweiht ist und der gefühlt hinter einem steht, eine gewisse „Narrenfreiheit" zum Ausdruck kommen kann.
Dabei wissen die HERREN von Gott, Himmel, Paradies, Hölle und Fegefeuer, mögen sie auch ein Leben lang studieren, so viel, wie der Dümmste auf dem Globus. Noch niemals hat je ein Mensch Gott gesehen, was die Kleriker selbst gerne bekennen. Noch niemals hat je ein Mensch in den Himmel oder das Paradies geblickt, weder ein Fegefeuer gesehen, oder eine Hölle. Falls es diese Einrichtungen gibt, was sehr zu bezweifeln ist!
Ergo, sind darüber alles Sprüche und Behauptungen und Spekulation: also Nicht-Wissen. Mit anderen Worten: Dreistigkeit, Tollkühnheit, oder „nur" Anmaßung. Vermutlich sogar „Gotteslästerei" – wenn es IHN denn wirklich gibt, was sehr fraglich ist.

Der SPD-Politiker Egon Bahr hatte geäußert:"Alle die den Himmel loben, waren niemals droben".

Herolsbach

Allerdings, mit „in den Himmel schauen", habe ich da wohl nicht ganz recht. Denke ich an den „Erscheinungsort" Heroldbach, in Oberfranken, bei Forchheim, wo im Jahr 1949 Kinder die „Mutter Gottes" gesehen haben wollen. Da hatte man in den Himmel gesehen. Ein ehemaliges „Seherkind" hatte mir 1999, nach fünfzig Jahren, kein Interview in ihrem Devotionaliengeschäft gegeben. Mir aber eine reich bebilderte Broschüre empfohlen und das Büchlein einer Christel Altgott, über die „Erscheinungen" in Heroldsbach, mit den Worten: „Das steht alles drin". Ich habe gekauft.

Und was da drinsteht! Da teilt diese Christel Altgott in ihrem Büchlein „Heroldsbach", Teil I und II von 1979 mit, was (auch sie) im Himmel gesehen hat: wie der *„heilige Geist den Segen geflogen"*, oder *„mit einem Flügel gesegnet hat"*, wie *„**das Herz Jesu** mit den Kindern sprach"*. Das muss man sich bildlich vorstellen! *Oder „die erhabene Gestalt unsres Himmlischen Vaters"* erschien. *„Er saß auf einem goldenen Throne und trug Zepter und eine hohe Krone. Um seine Schultern war ein kostbarer mit Brokat durchwirkter Mantel gelegt – ein Zeichen eines hohen Festes im Himmel"*. Und *„Vor dem Throne stand der 12-jährige Jesusknabe"*. Nach rund 2000 Jahren, der 12-jährige Jesusknabe. Bei der Opferung *„flog der Heilige Geist den Segen..."*

Ganz nah muss der liebe Gott dieser Himmels-Seherin gewesen sein. So konnte sie sogar erkennen, dass der Himmlische Vater *„auf seinem goldenen Throne mit einem kostbaren Brockt durchwirkten Mantel saß."*

In der reich bebilderten Broschüre, in der (auch) *„alles drinsteht"*, lässt die Gottesmutter wissen: *„Ich bin immer da, wenn ich auch nicht erscheine, so bin doch immer da und höre die Gebete"*.

So viel Blendwerk wird Menschen zugemutet – und auch geglaubt. Das ehemalige Seherkind will mir weismachen, in dem Machwerk steht alles drin, was sie einst selbst gesehen hat. Die Besucherscharen zeigen, wie Menschen aber auch bereit sind, jede Einfältigkeit zu konsumieren, wenn sie mit Glauben an einen Gott oder die „Gottesmutter" verbunden wird. Die Gebäude und Einrichtungen, die seit 1949 hier mit Spenden entstanden, beweisen die besondere Intelligenz von Gläubigen!

Zu Heroldsbach sollte man auch wissen, der damalige Geistliche hat in 38 Jahren in dem damals 1500 Seelen zählenden Ort, 40 Kinder dazu gebracht, Priester zu werden, oder einen Orden beizutreten. Der Erzbischof von Bamberg hat ihn am 4. August 1951 strafversetzt. Dem hochgeweihten HERRN in Bamberg war das Treiben in Herolsbach wohl über die Hutschnur gegangen. Nichts desto weniger wurde der „Erscheinungshügel" nach 49 (neunundvierzig) Jahren, am 1.Mai 1998 als „Gebetsstätte" (nicht als Erscheinungsort), vom damaligen Bamberger Erzbischof anerkannt. Das „Ding" mit der „Gebetsstätte" wird wohl nach hundert Jahren offiziell „Erscheinungsort" werden – wenn Zeitzeugen nicht mehr leben.

Barmherzigkeit

Die heilige Kirche – Kirche, das ist nicht die geführte, gelenkte Masse von Menschen, die an einen Gott glaubt, wie uns die Priester glaubhaft machen wollen. Kirche, das ist Klerus. Eine Einrichtung, ja, eine Firma mit Unternehmen, Immobilien, Firmenbeteiligungen und Aktienpaketen, größtem Landbesitz nach dem Staat, die vorgibt, im Namen des allmächtigen, allwissenden Gottes, zu handeln. Deren Führer, Päpste, mit Unterstützung der unteren Rangstufen, im Verlauf ihrer Geschichte, zu Kriegen trieben, um ihre Macht zu stabilisieren und auszubauen. Die Waffen segneten, damit diese erfolgreich im Kampf würden. Im Kampf auch gegen Gottesfürchtige ihrer

eigenen Interessen. Und die dafür waren, Frauen als Hexen zu verbrennen. Öffentlich sogar. Diese Kirche kennt in ihren Reihen heute Militärseelsorger. Wäre sie so „jesuanisch" wir ihr Vorbild (linke Backe, rechte Backe) würde sie es ablehnen, kriegerisches Gedankengut zu unterstützen.
„Als im Herbst 1939 bei den deutschen Bombenangriffen auf Warschau polnische Katholiken massenhaft ums Leben kamen, beteten die deutschen Katholiken, aufgefordert von ihren Kardinälen und Bischöfen für den Schutz des Nazireiches. (Deschner in Hahn, Seite 600).
Immer berufen sie sich auf Gott. Der wollte dies oder jenes, in seinen Namen hat man gemordet, morden lassen. Kleriker wissen immer, was Gott will. Was Gott will, ist gut. Dieser Gott der heiligen Kirche ist das Größte. Ein Gott, der sich wie Gummi biegen und verbiegen lässt. Der immer das will, was die HERREN „seiner" Kirche wollen. Das ist frappierend. Solch einen Gott lieben Kleriker, verehren ihn, weil sie ihn Tag und Nacht, für jeden ihrer Zwecke nutzen können – ohne dass ER jemals aufmuckt. „Herr, wir danken dir, dass du uns berufen hast…"
Kriegerischem steht die Kirche nicht unbedingt feindlich gegenüber. Heute, im 21. Jahrhundert, sind es Islamisten, die nicht davor zurückschrecken, ihren Gott für ihr Morden zu gebrauchen. Und auch dieser islamische Gott lässt alles zu, was Besserwisser von sich geben. Er schreitet nicht ein, scheint ein Sadist und blutrünstiger „All(ah)mächtiger" zu sein. Erduldet alles, wie der christliche Gott. Sind beide nicht derselbe, weil es angeblich nur einen gibt?
Gott, der Morde legalisieren soll, ist aber auch Barmherzig. Sonst würde er sich nicht ständig missbrauchen lassen. Alles kann man ihn in die Schuhe schieben. Siehe Altes Testament: Spr. 5;21 -270.: „…*und er hat acht auf aller Menschen Gänge."* Gäbe es diesen Gott nicht, müsste er erfunden werden, wie schon angeführt.
Seine **Barmherzigkeit** ist sprichwörtlich, wird als seine wahre Größe gepriesen. Er kann selbst dem größten Verbrecher vergeben, wenn der sich an seinem Lebensende zu ihm bekennt, sich seiner unterwirft und ehrlich bereut. Dies zeigt allerdings auch, dieser Gott scheint an Minderwertigkeitskomplexen zu leiden. Wenn man sich ihm unter-

würfig erweist, ihn anbetet, oder anbettelt, zeigt er Großmut, wahre Größe, die es auf Erden zu preisen gilt.

Dagegen ist man herzlos gegenüber „abgefallenen" Christen, die sich Evangelisch nennen. Sie lässt man in der einzig wahren Kirche Gottes nicht einmal am Abendmahl teilnehmen. Sie anerkennen Martin Luther als ihr Vorbild im Glauben, der vor 500 Jahren den Betrug mit den Ablass-Verkäufen nicht mehr mitmachen wollte. Der Mann hatte in diesem Punkt Gewissen demonstriert und 95 Thesen an der Kirchentür zu Wittenberg öffentlich werden lassen.

Obwohl er keine **Kirchenspaltung** wollte, hat es sie dennoch gegeben, dank der Catholica. Als keine richtigen Christen gelten in den Augen von Ober-Katholiken diese Evangelen heute noch. Zwar redet man mit ihnen, gibt sich kulant, lehnt aber nach wie vor eine gemeinsame Kommunion ab. Weil das katholische Verständnis zur Oblate, dem „Fleisch Jesu", ein anderes ist, als in der evangelischen Kirche. Hier sieht man die Erinnerung daran an das letzte Abendmahl Jesu mit seinen Jüngern. Kommuniziert in diesem Gedenken. Als Katholik schluckt man ein eine Oblate, die zum Fleische Jesu wird. Religiöser Kannibalismus, gewissermaßen, ohne jemanden zu töten.

Ein katholischer Priester aus meinem Umfeld, sagte zu einer Katholikin, die mit einem evangelischen Lehrer verheiratet ist: „Genau genommen ist ihr Mann ein Ungläubiger". So bescheiden zeigte sich ein HERR des Herrn. Das große Symbol dieser Erzkatholen, der Herr Jesus, hätte sich bestimmt nicht so geäußert (Er war ja auch kein Katholik). Schlimmer noch ist die Glaubensdiktion im Islam, der jüngeren Religion (und daher der „richtige Glaube", wie mir ein türkischer Islamgläubiger verklickern wollte). In der islamischen Bibel, dem Koran, gibt es eine Sure, in der steht, Ungläubige sollen verfolgt und getötet werden. **Ein Staat, in dem eine Religion solche Glaubensätze gelten lässt, müsste einschreiten, weil sie das Zusammenleben gefährdet.**

Im Verlauf der Kirchengeschichte war man mit Fälschen, Beschönigen, Verändern, nicht gerade zimperlich. Man hat sich nicht gescheut, einen Satz in das Buch der Bücher aufzunehmen, auf dem sich das Dasein der christlichen Kirche gründet: *„Du bist Petrus, und auf diesen Felsen will ich bauen meine Gemeinde…":* Mt. 16;18 -24-

Dieser Satz stand nicht von Anfang an in der Bibel, wurde später hineingefälscht, um das Papsttum zu begründen (kann man in „Abermals krähte der Hahn" von Karlheinz Deschner (unwidersprochen) nachlesen.

„Das älteste bekannte Verzeichnis römischer Bischöfe, das offizielle Papstbuch, nennt einen Linus als ersten Bischof, den Petrus und Paulus den Dienst des Episkopates übertragen hätten. Dann setzte man Petrus auf seinen Platz und ließ Linus an die zweite Stelle rücken" (schreibt Karlheinz Deschner in seinem Buch „Abermals krähte der Hahn", zum Thema „Römische Bischöfe" (in diesem Buch findet man Aufschlussreiches, nicht Widersprochenes, über die Entstehung der christlichen Kirche). Und da von Petrus nicht bekannt ist, dass er jemals in Rom war (schon gar nicht im Petrusgrab im Petersdom seine letzte Ruhe gefunden hat, was Fremdführer bekennen), kann Petrus schlecht der erste Papst gewesen sein. Von Paulus ist bekannt, er war zweimal in Rom. (Deschner, Hahn Seite 263) Bei Deschner kann man zu diesem Thema weiterlesen: „Die Papstliste der berühmten Liber pontificialis, ist so problematisch wie die alexandrinische und antiochinische Bischofsliste."

Und noch ein Hinweis, dem man durch Kleriker nicht erfährt: Peter und Paul sollen sich nicht grün gewesen sein!

Alle neutralen Forscher sind sich einig, Jesus hat keine Kirche gestiftet! Hätte er das getan, hätte er mit Sicherheit schriftliches hinterlassen. Als Urheber der christlichen Kirche gilt Paulus, der mal Saulus war. „Geläutert" und dann ins andere Extrem gefallen. Einer, der von Frauen nicht viel hielt, was die katholische Kirche heute noch praktiziert. Nach Erkenntnis kritischer Geistlichkeit war es Paulus, der Heidenchrist, der Jesus Vergöttlichte, eine mystische Gestalt aus ihm machte. Diese kritischen Köpfe sind auch sicher, Paulus hat Jesus gar nicht gekannt.

Dennoch ist die Kirche nicht müßig den Gläubigen glauben zu lassen, Petrus sei in Rom begraben und der erste Papst gewesen. Da wird es wieder deutlich: Glauben heißt nicht wissen!

Der beim westlichen Wahlvolk politisch umstrittene, brillante Kopf, **Gregor Gysi** (Die Linke), hat gesagt, er glaube nicht an Gott, aber er fürchte eine gottlose Gesellschaft. Da geht es ihm wie den meisten

Gläubigen, die sich ein schlimmes Erdenleben der Menschen vorstellen, wenn nicht an einen Gott geglaubt wird. Dabei vergessen sie, wie viel Unheil Glauben an einen Gott im Verlauf der Menschheitsgeschichte angerichtet hat – und heute noch anrichtet!

In der Zeitschrift Stern, Nr. 3, vom 14.1.2016, Seite 130, liest man vom angesehenen **Dalai Lama** (der 14. Dalai Lama ist der buddhistische Mönch, dem man auch „Seine Heiligkeit" nennt), dass dieser Ethik für wichtiger hält als Religion- Dieser Ausspruch eines Religionsführers lässt aufhorchen. Wäre für die Menschheit wohl von Vorteil, wenn alle Prediger auf unserem Globus zu dieser Einsicht kämen!

****

Nachwort

Bei all meinem Unglauben, frage ich mich doch immer wieder mal, wie wäre das Leben ohne Religionsfantasien?
Ein Pfarrer hat einmal in unserer Kirche gesagt, „die Menschen wollen glauben". Damals dachte ich, der hat nicht alle. Wenn ich meine Mitmenschen aber beobachte, mich Gedanken über ihr Verhalten mache, die weltweite Kulturen betrachte, komme ich immer wieder zu dem Schluss: Der geweihte HERR hatte recht.
Religionen in fremden Ländern, Asien, Lateinamerika, oder sonst wo auf dem Erdball, in den entferntesten Winkeln der Erde, verehren Menschen Götter. Selbst solche mit Elefantenrüssel, mit Bäuchen wie Fleischberge und was der gleichen mehr an Kuriositäten, als „Gottheiten" gelten. In Indien behindern „Heilige Kühe" den Verkehr, wir hauen sie in die Pfanne.
Götter will man huldvoll stimmen, durch flatternde Fähnchen im Wind, durch drehen von Gebetstrommeln und Gebeten und der gleichen Nutzlosem mehr -, um mit all dem Zauber sich selbst zu beruhigen, weil man dabei für sich Gutes von Gottheiten erhofft.
Die Menschen wollen sich an etwas orientieren, das möglichst unbergreiflich ist, ja mitunter sogar widersinnig. Je geheimnisvoller desto faszinierender. Und wenn es dann Menschen gibt (Kleriker, Medizinmänner, Zauberpriester, Schamanen), die dieses Unmögliche ausschmücken, „sinnvoll" bekräftigen und „beweihräuchern", dann ist man erst recht bereit, dies als „Wahrheit" zu billigen. Deshalb kennt der Katholizismus auch den salbungsvollen Spruch: „Das Geheimnis unseres Glaubens". Ein guter Spruch, wenn man keine Antwort mehr hat, nicht mehr weiter weis.
Soll jeder nach seiner Fasson glücklich werden. Wenn er dabei keinen anderen schädigt, ist die Welt für alle in Ordnung, das wusste schon der alte Fritz.
Religionen, Glaubensrichtungen, haben Künstler beeinflusst, sie zu Werken angeregt, die über Jahrhunderte, Jahrtausende die Menschen noch heute in Erstaunen versetzen. Hätte es diese Kunst ohne Religion, Glaubensüberzeugungen, gegeben?

Ich denke schon. Der Hintergrund von künstlerischen Werken wäre natürlich ein anderer. Künstler hätten einen anderen Ideenreichtum entwickelt, hätten Menschen beeinflusst, ein Ventil gefunden, ihre Kreativität auszuleben. Es wären andere Meisterstücke entstanden. Schönere – oder auch weniger Faszinierende.

Auch das Heidentum war eine Religion, hat Kunstfiguren hinterlassen, die von den Christen in ihrer Überheblichkeit geschliffen – oder zu christlichen Objekten umgewidmet wurden. *„Der HERR ist zornig über alle Heiden und ergrimmt über alle ihre Scharen. Er wird an ihnen den Bann vollstrecken und sie **zur Schlachtung** hingeben.":* Jesaja 34;2 -784.- „Liebet eure Feinde", lesen wir aber auch in der Bibel!

Darf man nicht vergessen, dass es im christlichen Glauben viele heidnische Elemente gibt. Hat der größte Kirchenkritiker Deutschlands, Karlheinz Deschner (2014 in Hassfurt verstorben), unwidersprochen festgestellt, dass es „in der christlichen Kirche nichts gibt, das es nicht schon bei den Heiden und Juden gegeben hat". Der Ursprung im christlichen Glauben findet sich ja im Juden- und Heidentum.

Die Angst hat Glauben und Religionen entstehen lassen. Zwangsläufig durch die Ereignisse vor dem Unbekannten, wie Sonne, Mond und Sterne, Gewitter mit Blitz und Donner, Regen und Hagel, die Urmenschen nicht deuten konnten. Trotz aller Wissenschaft, Aufklärung und Lehre in den Schulen, gibt es auch heute noch Menschen die am biblischen Weltbild festhalten wollen. In den USA sind Bestrebungen besonders groß, den Glauben über die Wissenschaft zu stellen – und das in den Schulen zu lehren. Wissen allein scheint nicht alle Menschen glücklich zu machen.

Nun habe ich die Bibel nicht wissenschaftlich gelesen (was ich gar nicht könnte), auch nicht Wort für Wort. Aber, wie ich denke, mit nüchternen Verstand und meine Gedanken nicht ohne einen gewissen Zynismus und Ärger, auch mit Respektlosigkeit, geäußert, weil mir die Selbstherrlichkeit und „Allwissenheit" der „Berufenen" und „Geweihten" über Gott dem Herren dem HERRN gewaltig auf den Keks geht.

Meine Erkenntnis ist die, wie öfter angemerkt, die Bibel kann nicht „Wort Gottes" sein! Sie ist das Produkt menschlicher Ergüsse, mehr geprägt von Hass, als von Liebe. Um Angst zu erzeugen, wird ein rächender und blutrünstiger Gott beschrieben um Menschen hörig und gefügig zu machen. Nach meinem Empfinden ist es gut, wenn die Menschen die **Bibel nicht lesen** – und nicht an einen Gott glauben!

Das AT, das die Existenz eines Gottes beweisen soll, ist eher der Nachweis für das Gegenteil. Der Unsinn, der hier niedergeschrieben steht, ist nicht der geringste Nachweis auf einen Gott!

Jesu Aussagen im Neuen Testament sind Jahrzehnte nach seinem Tod entstanden. Es ist sehr fraglich, ob die von den Evangelisten gemachten Niederschriften über Jesu Aussagen der Wirklichkeit entsprechen. Wie denn auch? Was angeblich geschehen ist, wurde mündlich weitergegeben. Aber mit welcher Präzision? Da haben die Evangelisten fabuliert, eigene Gedanken zur Verherrlichung ihres Vorbildes freien Lauf gelassen und „Tatsachen" aufgeschrieben, die ihrer Vorstellung von einer Geschichte passend erschienen.

Der Geheimrat Goethe liegt da wohlrichtig, wenn er in einem Brief an Herder im Mai 1775 schreibt:"... die ganze Lehre von Christo...ein Scheinding" (Deschner Hahn, Seite 16).

Bei der Entstehung der Evangelien hat man mit Theater-Donner und Wunschdenken, das erzeugt, womit sich Wissenschaftler über die Jahrhunderte zur „Klärung" der religiösen Geschichte(n) herumplagen. Es wurde im Laufe der Jahrhunderte an dem „Phänomen" „gedreht", geschönt, ausgeschmückt, verändert, angepasst verbessert. Und heute noch wird „gedreht". Denken wir an die Synoden, wo die „Berufenen" zusammenkamen (und kommen), zwecks neuer „Erkenntnisse", um sich dem Zeitgeist anzupassen, um zu beschließen, was dem glaubensfrohen Volk als „Gottes Wille" neu zelebriert werden kann.

Bedenken wir zum Schluss: Nicht ein Wort in der Bibel ist von Gott, oder Jesus selbst. Das AT, das die Existenz eines Gottes beweisen soll, ist eher der Nachweis für das Gegenteil. Der Unsinn, der hier niedergeschrieben steht, ist nicht die geringste Bestätigung für einen Gott! Eher einer dagegen!

Deshalb sollten wir uns von „Berufenen" nicht bevormunden lassen und unseren eigenen Verstand gebrauchen.

Eva und die Schlange / Eine ironische Betrachtung

Als Eva, die Schlange…, also, die Schlange Eva, mit der Frucht vom Baum der Erkenntnis den Adam verführte, wurde diesem bewusst, das Paradies bietet mehr als Eintönigkeit. Beim Kosten von Evas Äpfeln bemerkte er, das sich sein kleiner Adam meldete, was ihm bisher fremd war. Der Kleine war für zwei Aufgaben bestimmt. Und Eva ist bewusst geworden, warum sie mit „Äpfeln" gesegnet war. Damit hatte die Langeweile im Paradies ein Ende – die Kurzweil war geboren.
Warum hat Gott das nicht gefallen? Wollte er mit ihnen alleine sein? Als All-Wissender hätte er sich denken können, „Mann" und „Frau" werden seine Mahnung, die Äpfel zu missachten, keinen Erfolg bescheren. Denkt man daran, *„dass nichts geschieht, außer Gott will es...* hätte er über den Missbrauch der Äpfel nicht verwundert sein dürfen. Da menschelt es halt arg sehr in der Bibel, dem „*Wort Gottes*".
Im technischen Bereich würde man von einem Konstruktionsfehler sprechen, wenn eine Maschine nicht so funktioniert, wie geplant. Gott hätte seinen Planungsfehler einsehen müssen. Aber was macht er? Er bestraft die ersten Menschen mit Sterblichkeit. Eva und alle ihr folgenden Frauen, mit Geburtsschmerzen. Frauen, die für Evas Erkenntnis, der Lust fürs Laster, nicht im Mindesten verantwortlich sein können, nach tausenden von Jahren mit Schmerzen beim Gebären zu bestrafen, das ist ungerecht – heute noch.
Das zeigt wieder die Fehlbarkeit eines Gottes, der nicht göttlich sein kann. Warum? Weil die Geschichtenschreiber fehlbare Menschen waren, wie sie es heute noch sind. Nur ist keiner mehr dreist genug, zu behaupten, was er von sich gibt, habe ihn Gott eingeflüstert. Er würde mit Spott und Hohn Tag und Nacht in allen Medien verfolgt werden. Also nicht „*Wort des lebendigen Gottes*", wie es in den Gottesdiensten suggeriert wird, sondern Wort fantasievoller Geschöpfe, die etwas Besonderes erschaffen wollten.

Juden, und nach der Erfindung Allahs, durch den gescheiten Mohammed, werden auch die moslemischen Männer, im zarten Säuglingsalter vergewaltigt, mit der Beschneidung konfrontiert. Ideologische Sicht und Glaubenseifer führen dazu, den völlig wehrlosen Geschöpfen am Pipimacher die Vorhaut weg zu schneiden. Die es tun, empfinden dabei keine Schmerzen, haben ihre eigenen längst nicht mehr Erinnerung. Ob die religiösen Invaliden darüber im Mannesalter über diese Schnipselei glücklich sind, ist ungewiss. Auf Anfrage werden sie es wohl bejahen, weil die religiöse Indoktrination ihnen keine andere Wahl lässt. Gott ist laut Bibel für dieses Handeln verantwortlich.

Stellt sich für Un- oder weniger Gläubige, oder verschonte Christen, die Frage, hätte der Erschaffer des Menschen die Schnipselei nicht gleich beim „Schöpfen" berücksichtigen können? Den Kleinkindern wären Schmerzen erspart geblieben – über Generationen hinweg. Allerdings könnte es sich auch hier um einen Konstruktionsfehler handeln. Beim nächsten Schritt in der technischen Entwicklung, wird ein Fehler ausgemerzt. Bei Adam handelt es sich aber um ein Unikat, wie später auch bei Eva. Da werden Fehler mitgeschleppt.

Es war vorgesehen, die beiden alleine im Paradies zu lassen. Mit der Apfel-Sünde hat sich die Planung durch Ärger verändert.

Jesus sagte, es muss Ärgernis geben. Das sagte er als Sohn in der Trinität viel später – konnte er als einfacher Gott vermutlich vorher noch nicht wissen.

Die beiden ersten Menschen wurden gezwungen, sich zu vermehren: *„machet euch die Erde untertan"*.

Das können zwei alleine nicht. Menge ist gefordert. Darunter leidet die Qualität zuerst. Selbstentwicklung war aktuell. Was daraus geworden ist, zeigt die heutige Menschheit mit ihrem Verhalten. Sie wird die Erde klein kriegen und damit sich selbst dezimieren. Auch wenn sie es noch nicht begreift. Auf über sieben Milliarden ist das Menschengeschlecht inzwischen angewachsen. Und es vermehrt sich täglich! Die Vielfalt von Tieren hat es schon reduziert; die Pflanzen manipuliert es und wird auch sie dezimieren und letztendlich sich selbst. Der Erde wird es guttun!

Zurück zur Vorhaut. Ist sie mit schuld an der Menschenvermehrung? Wird sie gebraucht – oder nicht? Der Vermehrung der Bevölkerung hat es sichtbar nicht geschadet –, egal, ob vorhanden, oder nicht. Ihr Entfernen geht auf göttlichen Wunsch zurück, laut Bibel. Wegen des Bundes mit Gott. Nur – diese Weisheiten hat nicht Gott, sondern haben Menschen niedergeschrieben. Sein angeblicher Sohn hat keine Zeile Schriftliches hinterlassen!
Verstand sollte es jedem im Alter entscheiden lassen, ob er sie behalten will, oder nicht – die Vorhaut.
Im Glauben an die Bibel, wissen wir, Gott will die Vorhaut wegen des Bundes mit ihm, weggeschnitten haben. Warum hat er Adam mit solch einem „Schutzschild" erschaffen? Oder ist er dahintergekommen, für Frauen ist es „ohne" schöner, weil es bei den Männern bis zum Orgasmus länger dauert? Aber sie gelten doch bei ihm wie bei seinen HERREN weniger als ein Mann!
Dann hätte sich Gott wiederum verrechnet. Die Organisationen, die ihn als „Non plus ultra" sehen, legen auf Frauen eh nicht den größten Wert: Sie sind ihnen „Unrein", dürfen sich aber für die Herren ihrer Glaubensgemeinschaft abbuckeln, ihr persönliches Umfeld durch putzen „reinhalten" und – gelten trotzdem weniger als ein Mann. Ob die Geschichte für Frauen anders gelaufen wäre, wenn sich die Bezeichnung „*Männin*" erhalten hätte?
Glaubensgemeinschaften sind männergeprägt. Und die formen die Gesellschaft, was Juden- und Christentum, wie auch die jüngste Glaubensschöpfung, der Islam, täglich beweisen.

„Schlussgebet" eines nicht mehr Gläubigen

Lieber Gott, es wäre besser, dich gäbe es nicht. Die Welt würde anders aussehen. Ein viel zu großer Teil der Menschen richtet sein Leben nach dir aus, weil er nach seinem Hinscheiden bei dir sein möchte. Bei dir, in deinem himmlischen Paradies, mit ewiger Glückseligkeit. Dabei hat noch niemals je ein Mensch dieses Paradies, oder dich gesehen, wo es laut „deinen" Predigern so schön sein soll, dass menschlicher Verstand nicht ausreicht, sich dies vorzustellen. Ein völlig unbekanntes Refugium wird verklärt und zum Höchsten der Glückseligkeit erhoben.

Auf diese Ungewissheit richten Menschen ihr Dasein aus. Auf etwas völlig Unbeweisbares, auf ein Hirngespinst. Denn dich gibt es so wenig, wie dein Paradies. Da sprengen sich Irrgläubige in die Luft, reißen unschuldige Menschen mit in den Tod, um in dein fragwürdiges Eldorado zu kommen, wo angeblich 72 Jungfrauen auf sie warten. Auf der schönen Erde vermummen sie ihre Frauen, bis auf einen Sehschlitz, damit man ihre Schönheit, ihre sexuelle Erregbarkeit, mit keinem Augenzwinkern erkennen kann, und im Paradies wollen diese Vollidioten gleich von 72 Jungfrauen in Wartestellung empfangen werden. Welch ein Irrsinn!

Gäbe es das Wort Gott nicht, die damit verbundenen Illusionen, gäbe es auch keine Dummköpfe, die sich mit Unschuldigen aus dem Leben sprengen. Es gäbe keine Illusionisten, die Kinder von frühauf auf dich einpeitschen und ihre Sinne verwirren. Es gäbe keinen „Gottes-Wahn". Die Menschen würden sich auf ihr Leben auf der Erde konzentrieren, und diesen blauen Planeten, der im Weltall glänzt, wie ein Smaragd auf einem schwarzen Tuch, zu ihrem Paradies gestalten.

Dabei bis du, Gott, ein menschliches Fantasieprodukt, erfunden während der frühesten Menschwerdung, zu einer Zeit, als der Affe dabei war, sich zum Menschen zu entwickeln, zum universalen Geschöpf auf Erden. Und dennoch ist er zu einer streckenweise dummen Kreatur mit viel geistigem Unvermögen geworden. Durch eben diesen Größenwahn, der in unterschiedlichen Variationen die Menschheit in Unfrieden stürzt. Alle Gebete an dich sind wirkungslos, im Höchst-

fall eine Selbstbefriedigung des Geistes, selbst wenn ein solcher nur bescheiden vorhanden ist.
Gäbe es dich nämlich nicht als das Fantasie-Geschöpf, als das du von „deinen" Predigern gepriesen wirst, müsste die Menschheit eine friedliche Spezies sein. Doch laut der Bibel bist selbst Du nicht unfehlbar und ausgewogen, sonst würden im Buch der Bücher nicht solche widersprüchlichen Ungereimtheiten stehen, die von Dir den Menschen mitgeteilt sein sollen. Die Menschheit, die Du mit Adam und Eva erschaffen haben sollst, ist auf Unfrieden, Zwiespältigkeit, auf Intelligenz und Dummheit, ausgerichtet – und nicht fähig zu erkennen, dass sie nur ein begrenztes Leben hat, das sie paradiesisch gestalten könnte – wenn sie nur wollte! Aber sie kann es nicht. Dafür verrennt sie sich in eine Fantasiewelt, die nicht beweisbar ist, aber hartnäckig behauptet und verteidigt wird.

Trotz all meiner Ungläubigkeit, den Unsinn im AT und die Fragwürdigkeiten im NT, bin ich überzeugt, auch in tausend Jahren wird es die christliche Religion noch geben. Der Grund dafür ist nicht nur die Säuglingstaufe und das operettenhafte Gehabe der Kleriker, was die Gläubigen beeindruckt, sondern vor allem die Tatsache, dass die Menschen glauben wollen. In den abgelegensten Winkeln der Erde haben sich Glaubensgemeinschaften gebildet, sind „Götter" entstanden, Figuren mit groteskem Aussehen zu Gottheiten erklärt worden. Und je widersinniger die Vorstellungen, desto williger die Bereitschaft, zu Glauben!
Wie hatte Goethe schon festgestellt: „Das Märchen von Christus ist Ursache, dass die Welt noch 10 000 (zehntausend) Jahre stehen kann und niemand recht zu Verstande kommt, weil es ebensoviel Kraft des Wissens, des Versandes, des Begriffes braucht, um es zu verteidigen, als zu bestreiten".

Die Menschen werden auch im Laufe der Jahrhunderte sich nicht von ihrer Jenseitshoffnung verabschieden und die Erde zu ihrem Paradies machen. Die Gründe sind „vererbte" Tradition, mangelnde Intelligenz und Nachlässigkeit.

Inhaltsverzeichnis

Gott	5
Name Gottes „ich werde sein"	12
Alte Menschen, 100 Jahre	14
Erlösung durch Jesu TOT?	15
Die römische Kirche	18
Wo bleibt da das „Miteinander?"	19
Erbsünde	24
Orgelspieler	26
Mammon	27
Gottesdienste	30
Entstehung des Glaubens	31
Gott und Abraham	35
Blut muss fließen	42
Gott fürchten	47
Gott der Blut-Fan	52
Karol Józef Wojtyla	55
Gott erschafft die Menschen	56
Vom Baum der Erkenntnis	61
Bauchredner	68
Die Beichte	69
Wachset und mehret euch	70
Huren	76
Nochmals: Die Beichte	79
Priester wähnen Gott überall	82
Papst in Deutschland	83
Firmung 2004	86
Exorzismus	91
Opfern	95
Die „Berufenen"	96
Priester Ehelosigkeit	99
Zölibat	100
Austritte	105
Vielweiberei	106
Papst Wertstellung	109
Der Heilige Geist	113
Der Hl. Geist wird zum 1. Male „Erzeuger".	113

Heiliger Geist modern	116
Der Heilige Geist schlägt zum 3 (?) Male zu: Abraham Sara	117
Der Hl Geist macht sein viertes Kind: Johannes den Täufer	119
Der wohl 5. Einsatz des Heiligen Geistes!	121
Einsatz Nr. 6 durch den Heiligen Geist	122
AT	124
Ohne Blut geht es nicht	132
Gott fürchtet Nebengötter	134
Gott der Rächer	138
Gott gerecht	140
Gott straft bis ins vierte Glied	141
Wert der Frau	147
Bierdeckel	150
Auf der Seite seines Untertanen	154
Gerechter Gott	155
Der Eitle Gott	156
Bibel Märchen	158
Turbo Engel	162
Weiß Gott nicht alles?	166
NT Jesus	171
Trinität	172
Jesus katholisch?	176
Alles Gott?	182
Gott erschaffen	190
Kirche und Gläubige	192
Gott will prüfen	196
Franz von Assisi	198
Heroldsbach	200
Barmherzigkeit	201
Nachwort	207
Eva und die Schlange	209
Schlussgebet	212